Écrits autour de la pensée d'Alain Badiou

La Philosophie en commun
Collection dirigée par Stéphane Douailler,
Jacques Poulain, Patrice Vermeren

Nourrie trop exclusivement par la vie solitaire de la pensée, l'exercice de la réflexion a souvent voué les philosophes à un individualisme forcené, renforcé par le culte de l'écriture. Les querelles engendrées par l'adulation de l'originalité y ont trop aisément supplanté tout débat politique théorique.

Notre siècle a découvert l'enracinement de la pensée dans le langage. S'invalidait et tombait du même coup en désuétude cet étrange usage du jugement où le désir de tout soumettre à la critique du vrai y soustrayait royalement ses propres résultats. Condamnées également à l'éclatement, les diverses traditions philosophiques se voyaient contraintes de franchir les frontières de langue et de culture qui les enserraient encore. La crise des fondements scientifiques, la falsification des divers régimes politiques, la neutralisation des sciences humaines et l'explosion technologique ont fait apparaître de leur côté leurs faillites, induisant à reporter leurs espoirs sur la philosophie, autorisant à attendre du partage critique de la vérité jusqu'à la satisfaction des exigences sociales de justice et de liberté. Le débat critique se reconnaissait être une forme de vie.

Ce bouleversement en profondeur de la culture a ramené les philosophes à la pratique orale de l'argumentation, faisant surgir des institutions comme l'École de Korcula (Yougoslavie), le Collège de Philosophie (Paris) ou l'Institut de Philosophie (Madrid). L'objectif de cette collection est de rendre accessibles les fruits de ce partage en commun du jugement de vérité. Il est d'affronter et de surmonter ce qui, dans la crise de civilisation que nous vivons tous, dérive de la dénégation et du refoulement de ce partage du jugement.

Dernières parutions

Jean-Claude BOURDIN (Sous la direction de), *Les Lumières et l'idéalisme allemand*, 2006.
Jean-Edouard ANDRE, *Heidegger et la politique*, 2006.
Shirani TAKASHI, *Deleuze et une philosophie de l'immanence*, 2006.
Gabriel NARDACCHIONE, *Contester en infériorité en Argentine*, 2006.
Béatrice HAN (KIA-KI), *Lignes d'erres*, 2006.
Philippe SERGEANT, *Du principe espérance à l'éternel retour*, 2006.

Sous la direction de
Bruno BESANA et Oliver FELTHAM

Écrits autour de la pensée d'Alain Badiou

*La réalisation de ce livre n'aurait pas été possible sans le soutien
du département de philosophie de l'Université Paris 8, et de l'équipe de recherche LLCP*

L'Harmattan
5-7, rue de l'École-Polytechnique ; 75005 Paris
France

L'Harmattan Hongrie	**Espace L'Harmattan Kinshasa**	**L'Harmattan Italia**	**L'Harmattan Burkina Faso**
Könyvesbolt	Fac..des Sc. Sociales, Pol. et Adm.	Via Degli Artisti, 15	1200 logements villa 96
Kossuth L. u. 14-16	BP243, KIN XI	10124 Torino	12B2260 Ouagadougou 12
1053 Budapest HONGRIE	Université de Kinshasa – RDC	Italie	BURKINA FASO

www.librairieharmattan.com
diffusion.harmattan@wanadoo.fr
harmattan1@wanadoo.fr

© L'Harmattan, 2007
ISBN : 978-2-296-02685-8
EAN : 9782296026858

Sommaire

Préface des éditeurs p. 9

PREMIERE SECTION AUX SOURCES DU CONCEPT DE MULTIPLICITE

A- BADIOU ET LA PENSEE ANCIENNE
quelles sources pour une pensée renouvelée de l'être ?

Bruno Besana : Quel multiple ? Les conditions ontologiques du concept
d'événement chez Badiou et Deleuze p. 23
Réplique Lenin Bandres : Badiou et l'atomisme ancien p. 41

B- BADIOU ET LA PENSEE CONTEMPORAINE DU MULTIPLE
*multiplicité mathématique : une question de goût, une source du pensable ou
une métaphore de l'être ?*

Ray Brassier, L'Anti-Phénomène : présentation et disparaître p. 55
Réplique Oliver Feltham : L'acte de hétéro-identification : « les mathématiques p. 65
sont l'ontologie »
Sam Gillespie : L'être multiple présenté, représenté, rendu vrai p. 71
Edoardo Acotto : L'ontologie du monde perdu chez Badiou p. 83

Entre deux sections
Alain Badiou : à propos du « et » entre être et événement p. 103

**DEUXIEME SECTION
L'EVENEMENT, DEHORS DE L'ONTOLOGIE**

A- THEORIE DE L'EVENEMENT
Y a-t-il disjonction entre être et événement ?

Oliver Feltham : Et l'être et l'événement et : la philosophie et ses nominations p. 107
Réplique Bruno Besana : L'événement de l'être p. 125

B- PRATIQUE DE L'EVENEMENT
Est-ce que tout événement s'inscrit en situation de la même manière ?

Dariush Moaven Doust : Index et anticipation p. 133

Entre deux sections
Alain Badiou : comment tenir le cap de l'événement p. 149

TROISIEME SECTION
BADIOU EN SITUATION

A- THEORIES DU POLITIQUE
Quels sont les fondements et les sources de la pensée politique de Badiou ?

Fabio Agostini : Logique récursive et événement politique p. 153
Réplique Edoardo Acotto : sur la violence avec un *non* préalable p. 165
Sophie Gosselin : La parole Manifeste p. 171
Jason Barker : De l'Etat au Maître : Badiou et le post-marxisme p. 187

B- LES SITUATIONS DU CONTEMPORAIN
Peut-on nommer des situations grâce aux outils conceptuels de Badiou ?
Peut-on nommer les outils conceptuels de Badiou dans des situations ?

Oliver Feltham : Singularités politiques – luttes des peuples indigènes
en Australie p. 197
Barbara Formis : Evénement et ready-made – le retard du sabotage p. 215
Dominiek Hoens : L'amour selon Badiou p. 233
Notes biobibliographiques sur les auteurs p. 245

Oliver Feltham et Bruno Besana
PREFACE DES EDITEURS

Aux sources de ce livre

Ce livre a pour origine une série de rencontres que nous avons organisée auprès du département de philosophie de l'Université Paris VIII au cours de l'année 2002-2003. Si pour ces rencontres nous avons décidé d'adopter la forme d'un atelier, plutôt que celle d'un colloque, c'est pour ne pas avoir une multiplicité désarticulée d'interventions. Notre objectif était en effet de suivre collectivement une ligne d'interrogation capable de nous amener au cœur de certains parmi les différends contemporains les plus sensibles. Pour ce faire nous avons sollicité la participation de chercheurs provenant de contextes philosophiquement divers : la psychanalyse, le marxisme, la déconstruction, la philosophie analytique, la non-philosophie ainsi que l'ontologie deleuzienne. Pour les solliciter au mieux, nous avons demandé à chacun d'écrire sur une problématique donnée, enchaînée de manière spécifique aux autres. Pour le dire avec les mots de Badiou : nous voulions avoir en même temps une multiplicité autant variée que possible et un principe d'enquête, un compte pour un, aussi universel – et donc promoteur de différences – que possible. Pour nous, c'était la seule chance de faire un petit événement sur le dos de Badiou.

Les journées se sont donc déroulées autour de ces thèmes, que le lecteur peut retrouver ici dans l'intitulé des trois sections qui articulent le livre. Nous avons accordé une importance particulière au fait que les exposés soient suivis de courtes répliques (dont certaines sont reprises dans ce volume), qui ont permis de mieux focaliser, par intégration de perspectives, les thèmes de la journée; c'est dans les discussions communes – auxquelles nous avons choisi d'accorder le double du temps qu'aux exposés – que ces thèmes, ces différends, ont pu être focalisés et articulés au mieux. Il est naturel que les articles, tout en reprenant les sujets des interventions, portent l'écho du feu critique auquel les intervenants ont été soumis.

Il nous paraît enfin important de souligner que tous les textes ont été retravaillés par leurs auteurs après le colloque, de manière à être redevables de l'esprit et des débats de ce dernier, tout en s'adaptant au mieux à la forme écrite.

Situations et ontologie

Ontologie, théorie de l'événement, théorie des pratiques

Une ontologie renouvelée de la multiplicité, une pensée du surgissement incalculable du nouveau, une analyse des transformations radicales dans les pratiques contemporaines de l'art et de la politique. Ces trois thèmes, qui ont articulé nos trois ateliers, et qui structurent les trois sections du présent ouvrage, sont nommés par Badiou à travers les concepts de multiplicité, événement, situation. En les traçant nous avons parcouru un trajet que l'œuvre de Badiou nous invite à suivre : nous avons essayé ainsi de parcourir un mouvement à deux voies entre des concepts qui se veulent capables de modeler la pratique, et des pratiques qui interrogent le bien fondé de ces mêmes concepts. Autrement dit, l'enjeu de notre texte est de donner vie à un parcours structuré, qui part d'une analyse de l'ontologie du multiple et de la théorie de l'événement de Badiou, pour parvenir à penser la résistance de son système conceptuel au sein de ces mêmes pratiques politiques, artistiques et scientifiques dans lesquelles il lit le surgissement des événements.

Le texte se développe autour de ces trois grands volets, qui sont à leur tour structurés autour de deux ou trois questions fondamentales (voir table des matières). De cette manière, le texte se veut en même temps hétérogène et lié, et on espère ainsi qu'il puisse fonctionner comme outil pour le chercheur qui connaît déjà l'œuvre de Badiou, mais aussi comme un instrument agile pour des lecteurs qui ont une familiarité partielle avec les textes de l'auteur, et qui sont attirés plus par les thèmes que par les nuances de son œuvre même.

Le passage entre sections est assuré par les réponses que Badiou a eu la gentillesse d'apporter à des questions qui nous paraissaient toucher les articulations de son système.

Décortiquer un système, pour avancer dans l'obscurité

La philosophie d'Alain Badiou est un monumental *système*, dont les parties s'articulent avec une très grande précision. Dans l'ouvrage présent, il s'agit donc d'interroger les *articulations de ce système* : celles-ci nous montrent comment les différentes parties se combinent, en permettant à la pensée de se mettre en mouvement, mais nous montrent aussi en quoi ces différentes parties rentrent en contradiction, en produisant des ajustements boiteux, des moments d'aphasie. Et les points d'aphasie, on le sait depuis Deleuze, sont les points les plus proches du cœur creux d'une pensée, de ce vide structurant qui nous permet de voir par quels écarts il nous est possible de faire un pas nouveau. Dans cette introduction il sera question d'identifier ces articulations, afin de montrer comment nos auteurs y trouvent les points de départ de leurs interrogations.

Or, il y a deux articulations essentielles à l'œuvre dans la pensée de Badiou. En *premier lieu*, nous pouvons remarquer l'existence d'une « articulation disjonctive », celle qui clive l'assertion selon laquelle l'ontologie a pour objet le multiple, et l'assertion selon laquelle du nouveau a lieu, et donc *existe* : il s'agit donc de l'articulation qui disjoint l'être et l'événement. En *deuxième lieu*, il y a une autre articulation, celle qui se joue entre les événements et les situations dans lesquelles ces derniers ont lieu. Or, cette articulation produit elle aussi une sorte de disjonction, une divergence entre deux manières de l'interpréter. En effet, d'un côté Badiou souligne à plusieurs reprises que les caractères contingents d'une situation sont à même d'influencer les modalités d'inscription d'un événement ; mais d'un autre côté il y a chez lui une axiomatisation si forte des procédures d'inscription des événements, que ces dernières finissent par former comme une sorte de structure transcendantale.

Pour montrer comment ces articulations disjonctives sont à l'oeuvre dans les textes qui composent ce recueil, il peut être utile d'en parcourir brièvement les lignes d'interrogation qui en découlent.

La disjonction entre l'être et l'événement

Soit donc en premier lieu le problème du rapport de l'être et de l'événement. Or, l'odyssée spéculative de Badiou commence dans le rapport de la philosophie à l'ontologie : ce rapport se tient à la fameuse proposition « les mathématiques sont l'ontologie », qui se justifie par le fait que seules ces dernières seraient aujourd'hui capables de dire l'être en tant que tel (et de déployer les conséquences d'une telle idée), c'est-à-dire, de dire l'être en tant que multiple pur, multiple de multiple, multiple d'aucune unité, multiple de rien (on verra les différentes conclusions qui peuvent être tirées quant à une ontologie de l'inconsistance en lisant les articles de Ray Brassier, *L'Antiphénomène*, et d'Edoardo Acotto, *L'ontologie du monde perdu*).[1] A coté de cela, Badiou soutient que l'événement relève strictement de ce qui n'est pas l'être en tant qu'être, qu'il est donc soustrait au domaine de l'ontologie (l'événement est alors, pourrait-on dire, ce supplément qui pose la différence entre l'être et l'apparaître). C'est bien pour cela que pour

---

[1] Et d'ailleurs cette capacité des mathématiques à dire l'être est proprement 'événementielle', ce qui suffit déjà à révoquer en doute la distinction nette entre être et événement. Or, Badiou définit en effet l'invention cantorienne de la théorie des ensembles comme un événement, et son axiomatisation, déployée par Zermelo-Fraenkel, comme une procédure de vérité qui conditionne sa philosophie.

Situations et ontologie

Badiou, ce qui a lieu entre l'être et l'événement devrait être dit « disjonction » plutôt que « conjonction ». Le partage paraît ainsi bien établi entre l'ontologie d'un côté, et la phénoménologie – comme étude du surgissement événementiel d'une configuration d'une situation – de l'autre.

Mais à regarder de plus près on se rend compte que cette belle distinction est quelque part brouillée. Certes pour Badiou il faut être capable de penser séparément l'être et l'événement ; mais d'autre côté, au cœur même de sa pensée, deux autres configurations peuvent être entrevues : l'idée qu'il y ait la possibilité de nommer ontologiquement l'événement, qu'il y ait donc un *être de l'événement*, et l'idée que ce qui apparaît événementiellement dans une situation ne soit que l'être innommable de cette même situation, qu'il y ait donc un *événement de l'être*. Ces deux options nous présentent des conjonctions qui relient différemment l'être et l'événement.

Conjonction 1 : l'être de l'événement

Badiou adopte une ontologie ensembliste qui pense les situations comme des multiplicités structurées. Pour autant qu'un événement a lieu *dans* une situation, Badiou est alors contraint de schématiser la structure-multiple de l'événement. A ce fin, il produit un mathème de l'événement : $e_x = [x \in X, e_x]$. Ce mathème se compose d'une part du nom de l'évènement lui-même – e_x, l'événement indexé selon le site événementiel X où il apparaît –, et d'autre part des éléments x de son site événementiel X.

De cela on peut d'abord tout simplement en tirer que pour autant qu'il y a une écriture mathématique (et donc, pour Badiou, ontologique) de l'événement, il faut bien que de cet événement il y ait un être.

Mais le fait est que cette écriture en particulier désigne une sorte d'impossibilité pour le langage ensembliste, et cela parce que ce qu'il décrit, c'est un ensemble paradoxal, du type identifié par Russell.[2] Ce qu'il a de paradoxal, c'est le fait de s'auto-appartenir : en s'auto-appartenant, il brise l'axiome de fondation, qui est une loi fondamentale de l'axiomatisation de la théorie des ensembles. Donc, cette conjonction possible entre l'être et l'événement s'avère illusoire ; elle n'est pas néanmoins une voie sans issue. En effet, de la contradiction dans laquelle on tombe en l'explorant, s'ouvre une autre voie.

---

[2] La question de son paradoxe était la suivante : est-ce que l'ensemble de tous les ensembles qui ne s'appartiennent pas, s'appartient ou non ? Zermelo a vu que ce paradoxe présupposait qu'un ensemble peut s'auto-appartenir. A ce fin il a posé l'axiome de fondation, qui, en posant que pour tout ensemble non vide il existe toujours un élément tel que l'intersection entre cet élément et l'ensemble donné est *vide*, a parmi ses conséquences que les ensembles ne peuvent pas s'appartenir.

Conjonction 2 : l'événement de l'être

Tout événement, en tant que tel, est autre par rapport à la situation dans laquelle il advient, sans quoi il ne serait pas un événement, mais juste un fait de plus. Mais en même temps, pour faire ainsi effraction, l'événement, qui ne se fonde guère sur l'ordre de l'apparaître de la situation, doit néanmoins avoir un rapport avec celle-ci, sans quoi il ne pourrait même pas advenir, sans quoi il ne pourrait pas être *son* événement. On peut alors dire que l'événement présente ce sans fond de la situation qui n'est pas dicible en elle et qui pourtant lui est si intime : l'événement serait le moment paradoxal où l'être de la situation fait effraction sur la surface de son apparaître.[3]

Ainsi, l'événement provoque la venue paradoxale en situation de l'incomptable de celle-ci, dont toute nouveauté dans la formulation même du principe de structuration et de représentation de la situation peut advenir. Il y aurait donc quelque chose comme un événement de l'être (pour l'analyse de ce forçage opéré sur la pensée de Badiou nous renvoyons au texte de Bruno Besana *L'événement de l'être*).

Et l'effet de cela se fait sentir sur tout l'ensemble de la situation. Or, une situation est une multiplicité comptée selon un principe du compte - que Badiou appelle un 'compte pour un' - qui détermine ce qui appartient à la situation et ce qui n'y appartient pas. Ce qui se passe quand ce multiple paradoxal qu'est l'événement advient en situation, c'est qu'une telle 'loi du compte' de la situation vient se briser. La situation se délie, elle se montre comme multiplicité non comptée, elle montre donc son être, tout en se rendant disponible pour une nouvelle modalité d'organisation, de compte.

Conjonction 3 : l'événement conjoint l'être et l'apparaître

L'être donc, par le biais de l'événement, se présente sur la surface bien ordonnée de l'apparaître d'une situation. Il se présente, sans néanmoins y 'apparaître', au sens propre du terme. Et en effet, remarque Badiou tout au long de ses textes, l'événement apparaît de manière disparaissante, car, en tant que tel, en tant que véhiculant une multiplicité pure, non comptée, il ne peut pas apparaître comme élément compté de la situation. C'est d'ailleurs bien pour cela, on dira, qu'il 'fait événement'.

Apparition paradoxale et évanouissante de l'être de la situation dans la surface phénoménologiquement ordonnée de la situation, l'événement agit alors comme une conjonction entre le plan de l'être et le plan de l'apparaître, entre le plan ontologique et le plan phénoménologique. Or, si l'être est

---

[3] Et en effet, du point de vue mathémique, en se auto-présentant, il présenterait sur la surface de la situation ce vide que l'axiome de fondation nous dit gire au centre de toute situation, mais être irreprésentable en elle.

multiplicité pure, et l'apparaître est multiplicité comptée selon un principe du compte, on est obligé de dire que ces deux plans ne sont pas pensables ensemble. Etre et apparaître ne sont pensables, normalement, que dans leur disjonction. L'événement est le seul point extraordinaire où l'on peut voir l'être de la situation faire face sur la surface bien ordonnée de celle-ci. On dira alors qu'il n'y a rien de pensable dans le rapport de l'être à l'apparaître qui ne passe pas par la médiation d'un événement. Donc, la conjonction entre l'être et l'apparaître peut être nommée, comme suggère le titre de son ouvrage principal, à partir de la conjonction de l'être et de l'événement.

Conjonction 4 : le 'et' de *l'être et événement* se nomme 'sujet'.
    Comme on sait, pour Badiou l'événement, en tant que tel, n'apparaît pas. D'un côté sa manifestation est évanouissante, car la situation n'a pas les moyens pour le représenter ; de l'autre côté, son advenue même est ce qui peut produire – s'il est reconnu comme tel – une procédure d'inscription qui produit une fissure dans les modes de représentation de la situation.
    Mais en même temps nous savons bien qu'un événement est caractérisé par son inscription forte dans une situation donnée. On est donc dans une impasse apparente : un événement, pour 'faire événement' ne peut pas apparaître dans la situation, mais en même temps il n'y fait événement que s'il y apparaît lourdement, de manière invasive et diffusée.
    Badiou répond à cette impasse de la pensée en remarquant que les événements s'inscrivent bien en situation, mais seulement dans leurs conséquences. L'événement, ni vrai ni faux, ni apparaissant ni inexistant, déploie sa vérité dans ses conséquences, devient progressivement vrai, 's'avère' en situation, au fur et à mesure que des éléments de la situation tranchent sur son évanouissance, sur son indécidabilité, et déclarent que oui, il a bien eu lieu (sur les rapports entre l'illégalité de l'événement et son indécidabilité on verra le texte de Barbara Formis *Evénement et Readymade*). Ces éléments, que Badiou nomme « sujets », sont des points de la situation (des militants, des œuvres d'art, des inventions scientifiques, etc.) qui, par leur existence, déploient les conséquences de l'avoir-eu-lieu de l'événement, et par cela même accomplissent deux actions : premièrement ils déclarent qu'un *choix* a été fait, de l'intérieur de la situation, qui tranche sur la nature indécidable de l'événement : ce choix affirme que la présentation événementielle de l'être de la situation est apte à introduire dans celle-ci une nouvelle forme de structuration ; et deuxièmement, par leur *fidélité* à cet événement, par le fait même d'en déployer les conséquences, en *rendent de plus en plus vrai l'avoir eu lieu*. Le sujet se définit ainsi comme fragment de la procédure d'inscription en situation de l'événement,

comme point qui *fait* le lien impossible entre l'être et l'événement, comme point qui déploie événementiellement les conséquences de l'irruption événementielle de l'être de la situation dans la situation (sur les logiques d'inscription subjective d'un événement on verra en particulier les analyses de Fabio Agostini dans *Logique récursive et événement politique*, et on se référera à l'article de Dariush Moaven Dust *Les lieux de l'anticipation* pour les modalités d'anticipation subjective d'un événement). Le sujet est alors le point productif d'inscription de la double disjonction entre l'être et l'événement, et entre l'être et l'apparaître.

La disjonction entre deux manières d'interpréter le rapport entre l'événement et la situation

L'événement est alors le point qui articule la théorie de l'être à la théorie de l'apparaître. En ce sens la philosophie pense, comme nous avons vu, la relation qui lie l'événement et l'être, et comme nous allons voir, la relation entre la théorie de l'événement et la théorie de l'apparaître. Sans rentrer dans la nature technique de ce rapport (dont les atouts et les limites théoriques sont très efficacement mis en évidence par l'article de Sam Gillespie *L'être multiple présenté, représenté, rendu vrai* ainsi que par le texte de Oliver Feltham *Et l'être et l'événement et*), nous pouvons néanmoins nous limiter à souligner un aspect problématique de celui-ci, qui est à notre avis assez révélateur des lignes fondamentales de la pensée de Badiou.

Plus en détail, il est ici question du rapport entre la structure de déploiement de l'événement et les particularités irréductibles des situations dans lesquelles l'événement a lieu. A ce propos, on peut se demander dans quelle mesure l'axiomatique du protocole d'inscription de l'événement en situation peut être affectée par les caractères essentiels de la situation dans laquelle cette inscription a lieu.

Que les événements soient sous condition des spécificités des situations dans lesquelles ils ont lieu, c'est quelque chose qui est maintes fois mis en avant par Badiou ; mais à cette déclaration s'opposent une série de constats contraires. En premier lieu, la philosophie s'arroge le droit de délimiter le champ des situations dans lesquelles des événements peuvent avoir lieu : en effet, Badiou décrit trois structures fondamentales des situations : la naturelle, l'historique et la neutre.[4] Pour Badiou des événements peuvent

---

[4] Chacune de celles-ci est déterminée par une relation spécifique entre les éléments de l'ensemble et ses sous-ensembles. Une situation naturelle se définit par une homogénéité absolue, telle que tout élément qui lui appartient est un ensemble dont les éléments répondent aux mêmes règles. En nature tout ce qui est présenté est aussi parfaitement représentable, ce qui, pour Badiou, signifie qu'aucun élément n'est en mesure d'être un site dont la situation n'arrive pas à représenter les éléments, qui échappe à l'ordre de celle-ci, et

avoir lieu seulement dans les situations historiques. Par une telle discrimination, Badiou détermine, en dehors des situations elles-mêmes, une liste de caractères des situations, en fonction desquels nous pouvons savoir à priori où des événements ne pourront pas avoir lieu (il est en revanche impossible de savoir où des événements auront sûrement lieu, car des événements, par leur nature même, on ne peut qu'en décrire le lieu d'inscription possible).

Mais c'est dans les modes de déploiement de l'événement que nous retrouvons la plus frappante des invariables, à savoir le fait qu'un événement ne soit décidable que rétroactivement, dans une procédure de fidélité qui en déclare l'avoir-eu-lieu, et qui en déploie les conséquences, en l'avérant dans une série, virtuellement universelle, de sujets, qui déterminent à chaque coup le devenir-plus-vrai de l'événement. Nul événement ne se donne, dans les textes de Badiou, dans des structures d'avération autres que celle-ci.

Il y a donc une multiplicité d'invariances chez Badiou : invariance du partage, déterminé à priori, entre situations naturelles et situations historiques, invariance des modes d'inscription de l'événement (procédure de fidélité), ainsi qu'invariance de l'échelle qui définit un événement (l'événement est toujours macroscopique, étant donné qu'il n'est tel que si son adresse est universelle).[5]

Il en reste néanmoins que Badiou a toujours porté une grande attention aux spécificités des situations. En effet, il montre bien qu'il n'y a pas de garantie qu'une procédure x soit générique, que son adresse soit universelle : il s'en suit que cela dépend des spécificités de la procédure. Badiou, et c'est un point majeur de force, en lieu de repérer une source immuable de nouveauté potentielle dans une catégorie omniprésente et générale (telle "les multitudes" de Negri et Hardt), pointe des situations très spécifiques qui sont susceptibles d'être des sites de transformation.

---

dans lequel un événement peut donc apparaître. Dans les situations historiques et neutres une telle homogénéité n'a pas lieu. Il y a donc au moins un site de possible inscription événementielle. L'historique se distingue enfin car un événement y a effectivement eu lieu. Elle se distingue donc pragmatiquement, mais non pas ontologiquement, de la neutre. A ce propos voir Alain Badiou, *L'être et l'événement*, Paris, Seuil, 1988, méditations 11 et 12.
[5] il faut néanmoins remarquer que dernièrement Badiou paraît nuancer des tels propos, en mettant en avant l'idée qu'un événement dépend toujours du niveau de lecture que l'on applique à une situation : on peut avoir un événement à une échelle très particulière ou à une échelle très générale. Mais en ce cas, c'est ce que l'on prend comme « situation » qui varie, lorsque la nécessité de l'adresse universelle de l'événement par rapport à la situation reste inchangée. Voir à ce propos l'entretien de Badiou avec Jean Lebrun du 4 janvier 2005, dans le cadre de l'émission radiophonique Travaux, sur France Culture (consultable sur le site web de la radio, à la page www.radiofrance.fr/chaines/france-culture2/emissions/travaux/archives)

La philosophie est-elle une théorie de la conjonction ? La philosophie et ses conditions

Il est intéressant de voir que la même duplicité de rapport que nous avons repérée entre l'événement et les situations, nous la retrouvons dans la relation qui lie la philosophie à ses conditions.

Or, pour Badiou la philosophie garde toute son indépendance quant à ses conditions : la philosophie doit penser non pas ce qui se passe dans ses conditions – qui savent penser très bien toutes seules – mais la compossibilité des procédures de vérités qui ont lieu en elles (on verra ainsi la philosophie prise dans son rapport à sa condition politique à condition de coupler cette dernière aux procédures de la psychanalyse dans *De l'Etat au Maître* de Jason Barker). Et cela, sans pour autant se suturer à aucune condition : la philosophie articule leur système, en circulant entre elles comme un fantôme.

La philosophie est sous condition des pratiques dans lesquelles des événements peuvent avoir lieu, mais en même temps 'condition' est le nom d'une opération philosophique qui nomme et pense les procédures qui ont lieu en dehors de la philosophie. On pourrait alors décrire la philosophie comme condition de ses propres conditions, car c'est la philosophie qui définit la liste des critères qui nous permettront de dire que ce qui se passe dans une certaine situation est bien un événement, et que donc cette situation est bien une condition de la philosophie. Entre la philosophie et ses conditions il y a alors un rapport instable : et cela car d'un côté c'est la philosophie qui nomme ses conditions, mais de l'autre elle se trouve, par cela même, à dépendre des sables mobiles des vérités émergentes en celles-ci ; d'un côté elle dépend toujours du terrain mouvant de ses conditions, mais de l'autre elle en affirme certaines invariables sans lesquelles, à son dire, il ne peut pas s'agir de conditions (les conséquences de cela – dans le cadre du rapport entre la philosophie et la politique – sont mises en lumière par l'article de Sophie Gosselin, *La parole manifeste : Marx, spectre de Badiou*, qui interroge les conditions de la nomination philosophique du sujet politique).

Comme dans le cas du nouage entre événement et situations, aussi le nouage entre philosophie et conditions se revèle être contradictoire, car il nous montre d'un côté la philosophie en train de dicter les lois invariables[6] de nomination des événements, tout en insistant de l'autre sur la variation

---

[6] On retrouve d'ailleurs une certaine nature éternelle de la philosophie, qui, en se définissant comme « lieu de la pensée où s'énonce le "il y a" des vérités, et leur compossibilité », s'oriente « vers l'essence intemporelle du temps », Alain Badiou, *Conditions*, Paris, Seuil, 1992, pp. 79-80.

continue de ses conditions, qui ne sont rien d'autre que les situations qui fournissent la matière même dans laquelle les événements viennent s'inscrire (cette instabilité de rapport est saisie par Dominiek Hoens dans *De l'amour selon Badiou*, comme un rapport amoureux, où l'amour est un concept de la psychanalyse, et la psychanalyse une pratique que la philosophie convoque parmi ses propres conditions).

On est ici à une sorte de multiplication exponentielle des points de tension, des alternatives de la pensée auxquelles Badiou nous force. Du dilemme entre les lois invariables de l'événement et la dépendance de celui-ci des caractères contingents de la situation dans laquelle il a lieu, nous sommes remontés au rapport, par certains aspects analogue, qui a lieu entre la philosophie et ses conditions. Et à partir de l'analogie entre ces deux dilemmes nous pouvons nous demander si dans la philosophie elle-même il y a – différemment de ce que dit Badiou – des événements (comme l'avènement de la théorie des ensembles semble nous le suggérer[7]), ce qui ferait de la philosophie une procédure de vérité ancrée dans l'histoire, et non pas une puissance atemporelle. Il n'est pas ici le lieu de suivre ce dilemme ultérieur. Néanmoins, nous sommes parvenus à l'impression que les parcours dans sa pensée sont parsemés de points indécidables, c'est-à-dire de points dans lesquels il faut choisir. Autrement dit, Badiou ne nous présente pas de contradictions dialectiques (où le choix entre antagonistes serait obligé, et où il n'y aurait alors rien à choisir), mais il nous met face à des points de conflit, à des points d'incompossibilité. Et les points d'incompossibilité sont les points où il devient possible de penser.

Enfin, une philosophie sans objet

La philosophie nous apparaît ainsi comme une suite, une *théorie de* conjonctions, et comme une *théorie des* conjonctions. Et en effet la philosophie n'a que les conjonctions à dire, dépourvue comme elle est de toute sorte d'objet : elle n'a pas d'objet propre, ou plutôt elle n'a pas d'objet au sens propre. Comme avait déjà pu remarquer Nietzsche, ce dont elle parle ne se soumet pas aux lois de consistance et de vérifiabilité des phénomènes et des théories qui portent sur ces derniers. Mais en même temps cela ne signifie certes pas qu'elle aurait pour tâche de dire l'essence ou la vérité de ce qui se passe en dehors d'elle, ou de produire des événements en dehors d'elle : les différentes pratiques (se) pensent toutes seules, sans besoin que la

---

[7] Nous savons que pour Badiou, du point de vue de l'ontologie, on ne peut pas démontrer le fait que l'être est pure multiplicité. Au contraire, on peut parier sur cela quitte à le prouver dans les conséquences que ce pari aura été capable de susciter. Pour que donc cela devienne vrai, il faut avant tout être fidèle au pari que cette proposition implique – et ce à quoi on est fidèle est, pour Badiou, un événement.

philosophie vienne à leur secours. Autrement dit, ce qu'elle a pour objet, ce ne sont pas des objets, ni intérieurs, ni extérieurs. D'où une certaine tendance à soulever des contradictions quand elle parle, mais aussi, comme remarque Badiou dans *Conditions*, une certaine tendance à pointer quelque chose d'éternel, de soustrait à la temporalité propre des objets. Les livres de Badiou visent au mieux ce manque d'objets propres susceptible de l'amener à l'aphasie : ils se situent ainsi 'au bord du vide' de la parole philosophique. Ces livres situent en effet la parole philosophique dans l'entre-deux entre l'impossibilité de dire l'être, de dire le multiple pur – ce qui est la tâche des mathématiques –, et l'impossibilité de dire ce qui advient dans les situations, ou de faire en sorte que quelque chose ait effectivement lieu – ce qui est la tâche contingente des sujets historiques.

Les livres de Badiou éclairent cette zone matricielle, cette zone presque déserte située à mi-chemin entre le déploiement infini d'une ontologie matérialiste et le développement de nouvelles pensées de la praxis. Nul comme Badiou n'est capable de faire parler la philosophie dans cet entre-deux de l'être et de l'apparaître, de lui assigner un « propre » qui fonctionne par désappropriation, en assignant à la philosophie la tâche de penser leur conjonction événementielle, qui ne peut se faire qu'au risque de s'abîmer dans les contradictions qui en révèlent la puissance.

Le présent recueil est dédié à la mémoire de Sam Gillespie et de la chaleureuse puissance spéculative avec laquelle il a su animer nos rencontres philosophiques.

PREMIERE SECTION
AUX SOURCES DU CONCEPT DE MULTIPLICITE

A- BADIOU ET LA PENSEE ANCIENNE
quelles sources pour une pensée renouvelée de l'être ?

Bruno Besana
QUEL MULTIPLE
Les conditions ontologiques du concept d'événement
chez Badiou et Deleuze[1]

> « Il y aura donc différents ensembles, et chacun de ceux-ci apparaîtra comme un, mais il ne le sera pas, étant donné que l'Un n'est pas. »
> Platon, *Parménide*, 164d

C'est au milieu de son *opus magnum*, *L'être et l'événement*, que Badiou annonce : « Il y a du nouveau dans l'être »[2]. Quelque chose de l'ordre du nouveau, de l'inattendu, de l'incalculable, bref, quelque chose d'événementiel, vient se rajouter à l'être. Et il s'y rajoute sous la forme de l'« il y a », sous la forme de l'apparaître. De son côté Deleuze tout au long de son œuvre reprend en considération les mille accidents qui ponctuent la réalité sensible, les mille événements qui s'inscrivent dans la vie d'un individu, et qui plus encore la *constituent* en tant que vie essentiellement singulière. C'est ainsi que Deleuze peut mettre en avant un nouage nécessaire entre l'ontologie et la théorie de l'événement, en déclarant que « tous les événements communiquent en un seul et même Événement, qui ne laisse plus d'espace à l'accident »[3] (au sens d'affection non essentielle), et plus encore que « l'être est l'unique événement où tous les événements communiquent »[4].

Mais il ne s'agit pas ici de creuser la théorie de l'événement chez les deux auteurs, mais plutôt de nommer les préconditions ontologiques qui rendent nécessaire le surgissement d'une théorie de l'événement au sein de leurs systèmes de pensée.

Le fait est qu'un seul et même souci, une seule et même question de « goût philosophique », comme aurait dit Deleuze, semble traverser les deux auteurs : pour expliquer le devenir qui affecte ce qui apparaît, pour en expliquer la multiplicité des différences qui le traversent, ne faudrait-il pas

---

[1] Cet article reprend partiellement certaines thèses soutenues dans « Ein einziges oder mehrere Ereignisse? Die Verknüpfung zwischen Ereignis und Subjekt in den Arbeiten von Alain Badiou und Gilles Deleuze » dans Marc Roelli (éd.), *Ereignis auf französisch*, Fink, Munich, 2005.
[2] Alain Badiou, *L'être et l'événement*, Paris, Seuil, 1988, p. 231.
[3] Gilles Deleuze, *Logique du sens*, Paris, Les Editions de Minuit, 1969, p. 179.
[4] *Ibid.*, p. 210.

faire passer ces mêmes différences, ces mêmes multiplicités, du côté des caractères de l'être, faire donc en sorte qu'elles deviennent l'objet propre de l'ontologie ? Ne faudrait-il pas redonner un statut ontologique aux infinis caractères multiples de l'étant, à ceux que l'ontologie a longtemps appelé accidents en les excluant *ipso facto* de toute considération ontologique ? En d'autres termes, se peut-il que la simple question « *qu'est-ce que* », qui renvoie à l'évidence de l'unité de l'objet concret qui est en face de nous, soit une question mal posée, du moins en philosophie ? En effet, c'est en cette direction que Deleuze s'interroge, déjà en 1967, en se demandant : « apparemment l'histoire de la philosophie est traversée par la question : « Qu'est-ce que ? ». Cette question noble est censée cerner l'essence, et s'oppose à des questions vulgaires qui renvoient seulement à l'exemple ou à l'accident. Ainsi, il se peut que des questions du type qui ? combien ? comment ? où ? quand ? soient meilleures, tant pour découvrir l'essence que pour découvrir quelque chose de plus important »[5]. Quelque chose de plus important, c'est-à-dire une certaine multiplicité essentielle qui viendrait constituer cette unité apparemment indissoluble de l'objet du « qu'est-ce que ». Il se peut donc que la philosophie, en déplaçant son analyse sur la multiplicité, y découvre quelque chose de plus essentiel que l'apparence individuelle de l'essence, quoique ce quelque chose de plus essentiel ait été souvent refoulé dans le champ de l'événementiel, de l'accidentel, de l'inessentiel.

La mise en discussion, voire la dissolution, de l'unité de l'être et de l'un, de l'*en kai on* – qu'elle soit déclinée dans sa version platonicienne ou aristotélicienne – sera alors la condition première de cette démarche. D'ailleurs, on se souviendra du fait qu'Aristote affirme de manière péremptoire, au livre Teta de la métaphysique : « être, c'est être uni, c'est être un », et plus encore : « n'être pas, c'est ne pas être uni, c'est être multiple »[6]. En effet pour Aristote toute détermination accidentelle exprime l'étant saisi dans la multiplicité de ses caractères, lorsque toute détermination essentielle exprime la totalité de l'étant, son unité et sa simplicité : simplicité et unité qui sont les garanties de son indivisibilité, et donc de son essentielle éternité. Or, Badiou entame sa démarche justement en renversant le lien d'équivalence entre unité et essence ; plus encore, étant quelque part aristotélicien dans le fait de ne pas rendre raison des principes premiers qui lui permettent de philosopher, affirme de manière péremptoire

---

[5] Gilles Deleuze « La méthode de dramatisation », dans *L'île déserte*, Paris, Les Editions de Minuit, 2002, p. 132.
[6] Aristote, *Métaphysique*, Teta 10, 1051 b 10, traduction de Jean Tricot, Paris, Vrin, 1933-1991.

que « le *point de départ* de mon propos spéculatif pourrait se formuler ainsi : peut-on desceller l'un de l'être, rompre l'arraisonnement métaphysique de l'être par l'un ? »[7].

Or, chez les deux auteurs nous pouvons retrouver deux analyses parallèles et divergentes de passages de Platon, à savoir la deuxième partie des hypothèses sur l'Un du *Parménide* et la discussion autour du concept de simulacre dans le *Sophiste*, exposées respectivement au début de *L'être et l'événement* et à la fin de *Logique du sens*. Dans ces commentaires il est possible de faire résonner une certaine assonance divergente dans la manière de concevoir l'être comme multiplicité, et aussi dans la manière de concevoir le rapport entre l'être comme multiplicité et sa présentation identitaire. En effet les manières respectives de traiter le problème du rapport entre l'être et sa propre présentation, finissent par impliquer une différente conception du lieu dans lequel l'événement se produit effectivement, ce qui n'est pas sans effet sur la conception de la nature de ce dernier.

1. Où est le multiple ?

C'est dans les toutes premières pages de *L'être et l'événement* qu'Alain Badiou exemplifie son hypothèse ontologique majeure ; et pour ce faire il s'appuie, en guise d'introduction, sur la deuxième partie des hypothèses sur l'être du *Parménide* platonicien. Il s'agit dans ce passage, nous dit Badiou, de la « décision ontologique d'où tout mon propos s'origine, à savoir le non-être de l'un »[8]. On voit bien que Badiou, pour déclarer sa thèse de départ – la réalité ontologique du multiple – décide de la renforcer par une sorte de corollaire : le multiple est, et *l'un n'est pas*. On verra ensuite l'importance de ce point : si la critique de l'équivalence entre l'être et l'un implique la réhabilitation ontologique du multiple, pourquoi devrait-elle impliquer aussi le non-être de l'un ? On verra en effet que Deleuze affirme la réalité ontologique du multiple en même temps que la réalité actuelle de l'un. Et c'est bien d'une telle différence que découle chez les deux auteurs leur

---

[7] Alain Badiou, *Court traité d'ontologie transitoire*, Paris, Seuil, 1998, p. 26. Pour Aristote il ne faut pas rechercher « la raison de ce dont il n'y a pas de raison : le principe d'une démonstration ne peut pas être démontré à son tour », Aristote, *Métaphysique*, Gamma 6, 1001 a 10. Et Badiou montre que son propos ne se démontre pas, mais s'illustre par l'action efficace des conséquences : ainsi l'ontologie « doit avérer de l'intérieur d'elle-même l'impuissance de l'un» (Alain Badiou, *L'être et l'événement*, *op. cit.*, p. 29).
D'autre part, il y a sans doute aussi un antiaristotélisme de Badiou, qui se résume dans le fait que pour le Stagirite « la mathématique est une grammaire de l'existence possible » (Alain Badiou, *L'être et l'événement*, *op. cit.*, p. 113), et non pas pensée de l'être en tant qu'être.
[8] Alain Badiou, *L'être et l'événement*, *op. cit.*, p. 41.

différente manière d'agencer le lieu de l'être et le lieu de l'apparaître (ce qui n'est pas sans conséquence si l'on veut savoir où se produisent les événements).

Or, dans la partie du *Parménide*[9] prise en considération par Badiou, nous trouvons l'énumération complète des conséquences premières de l'assertion « l'un n'est pas ». En particulier, parmi les déterminations que l'on doit penser à propos des Autres (en soi et par rapport à l'Un) si l'Un n'est pas, Badiou pose son attention sur le fait que *si l'Un n'est pas, les autres ne peuvent point être autres-de-l'un, mais doivent être autres des autres*. Voilà donc que « chaque terme, considéré comme un ensemble, est une multiplicité infinie : quoi que l'on prenne le plus petit possible, tout de suite, à cause de l'infinie division des parties, ce qui *apparaissait* être Un se révèle être multiple »[10].

Par ce biais, en premier lieu, c'est la dialectique *unité – multiplicité* qui est bouleversée : les multiples autres ne sont pas des multiples unités, mais sont des multiples de multiples : il s'ensuit que l'unité n'est pas ce qui permet la distinction des multiples (trois bananes sont des multiples copies d'une banane, ou des multiples sujets appartenant à l'espèce banane et partageant la même définition essentielle) ; au contraire l'unité est ce qui permet de rassembler les multiples, en les comptant comme « un » selon un critère donné (une poire est l'ensemble des éléments qui la composent, chacun d'entre eux étant composé d'autres éléments, à l'infini ; une poire est donc la présentation de ses éléments). Mais, en même temps que la dialectique *unité – multiplicité*, c'est aussi la dialectique *identité – altérité* qui est complètement remise en cause. Et c'est en jouant sur le constant renvoi entre polla (beaucoup, multiplicité) et alla (les autres), renvoi qui traverse le texte platonicien, que Badiou fait avancer son raisonnement. En effet, si l'on fait l'économie de l'Un, les *multiples « Autres »* ne peuvent pas être autres-que-l'Un, car l'Un n'est pas : il s'en suit que tous les « Autres » sont différents entre eux, réciproquement. La différence entre les autres est alors originaire, car les autres ne diffèrent d'aucun « même » : l'altérité, la différence, ne renvoie plus à aucune identité originaire. De cette différence originaire entre les autres, Badiou en trouve la confirmation dans le texte platonicien même, qui affirme que « les autres sont différents » (τα αλλα ετερα εστιν) Et comme les « autres » sont les « multiplicités », il s'en suit que les « termes multiples » sont originairement différents, qu'ils sont réciproquement différents, à l'infini, sans renvoyer à aucune identité

---

[9] Platon, *Parménide*, traduction de Auguste Dies, Paris, Les Belles Lettres, 1923-1991, 160b suiv..
[10] *Ibid.*, 164d.

comme terme premier de comparaison. Badiou trouve la confirmation ultime de cela dans la possibilité de traduire τα αλλα ετερα εστιν par « les autres sont Autres », en la justifiant par la considération que « l'autre ne peut ici désigner l'écart entre l'un et les autres-que-l'un, puisque l'un n'est pas. Il en résulte que c'est à l'égard d'eux-mêmes que les autres sont autres »[11], car « l'altérité simple renvoie à l'altérité fondatrice (l'Autre), c'est-à-dire à la pensée de la différence pure, du multiple comme dissémination hétérogène »[12].

Mais il y a plus : à bien songer, Platon, en disant que « ce qui *apparaissait* être Un se révèle être multiple » nous dit que l'Un est la *modalité* propre de *l'apparaître* de la multiplicité. Loin d'un simple « renversement du platonisme », c'est au contraire Platon lui-même qui nous paraît fournir un nouvel agencement entre le multiple et l'un : le multiple ne serait plus ce qui participe de l'un sous différentes formes, mais au contraire l'un serait l'image, l'apparaître, du multiple. Et cela parce que nul multiple, en tant que pur multiple de multiple, ne peut apparaître. Comme on le voit, l'opération de Badiou consiste à prélever le noyau dur de son ontologie directement dans Platon, dans une sorte de Platon contrarié. Certes, on le sait, Platon expose cette hypothèse comme un songe, car, remarque Badiou, « la multiplicité inconsistante est, comme telle, impensable »[13], car elle ne s'arrête sur aucun terme premier. Badiou remarque justement que cela ne signifie nullement que Platon abandonne, refoule, l'hypothèse qu'il vient de formuler, effrayé peut-être par la radicalité de ses conséquences. Au contraire, cette hypothèse tout en étant présentée « comme un songe », serait bien fondée chez Platon lui-même : il faut simplement concevoir que si d'un côté l'être est pure multiplicité (et le multiple pur en tant que tel est impensable), de l'autre « toute pensée [de ce multiple] suppose une *situation* du pensable, c'est-à-dire une structure, un compte pour un, où le multiple

---

[11] Alain Badiou, *L'être et l'événement, op. cit.*, p. 43. Il faut rappeler que Badiou ne met aucune note au texte, et il ne donne aucune référence exacte des passages cités, ce qui rend toujours suspecte la démarche de traduction. Le texte platonicien est en effet riche de contre-exemples, que Badiou ne mentionne pas. Soit par exemple *Parménide* 160d, quidit « τααλλαετερααυτουειναι,η μηδεεκεινοετερουτοναλλονλεγεσθαι » : en accord avec son contexte ce passage est souvent traduit par « les Autres sont différents de lui [de l'Un], sans quoi on ne le pourrait pas dire différents des autres ». Comme on le voit, l'expression que Badiou emploie ici pour témoigner de l'existence d'une différence première entre multiplicités pures est employée par Platon aussi pour témoigner de la nécessité de renvoyer la différence entre termes à un terme premier.
[12] *Ibid.*, ibid..
[13] Alain Badiou, *L'être et l'événement, op. cit.*, p. 44.

présenté est consistant, nombrable »[14]. Badiou peut ainsi voir à l'œuvre chez Platon non seulement une ontologie du multiple pur, mais aussi une phénoménologie fondée sur la possibilité de reconnaître l'individualité des choses : *l'un comme apparaître du multiple*. On peut remarquer à ce point deux conséquences transitoires de cette opération : en premier lieu le fait que Badiou fasse ici renverser Platon par Platon lui-même quant à l'ordre hiérarchique de l'un et du multiple, en tranchant – et c'est très important – par une *décision infondée*, dans les différentes hypothèses que Platon formule sur la nature du multiple et sur son rapport à l'un. En deuxième lieu le fait que, dans ce choix opéré quant au rapport hiérarchique de l'un et du multiple, *Badiou reste complètement platonicien dans l'idée d'une division entre le plan transcendant de l'être (le multiple pur) et le plan immanent des phénomènes (l'apparaître de phénomènes comptés dans une situation)*. On a en effet d'un côté un être multiple, mais, de par sa propre nature, inconsistant quant à sa présentation ; de l'autre un Un qui n'est pas, mais qui s'offre comme présentation de ce qui en soi ne peut pas apparaître. Les deux, quoique complémentaires, trouvent leur « consistance » sur deux plans différents.

Or, Platon conclut le *Parménide* sur l'impossibilité radicale de l'hypothèse de consistance ontologique du multiple. Et cela non pas parce qu'elle ruinerait l'un (la ruine de l'un étant l'hypothèse de départ) mais parce qu'elle ruine les multiples mêmes. Pour le *Parménide* « les autres ne sont pas l'Un. […] Mais ils ne sont non plus plusieurs : pour être plusieurs, ils devraient auparavant être un. Car si aucun d'entre eux est un, le total n'est rien, et donc ils ne sont même pas plusieurs »[15]. Il en résulte que : « si l'un n'est pas, rien n'est »[16]. Par cette affirmation Platon semble forclore la possibilité de l'inconsistance de l'un et l'hypothèse de l'être comme multiplicité pure. Mais Badiou à ce point fait recours à une stratégie tout à fait singulière : il renverse, *dans* le texte platonicien même, ce renversement du renversement platonicien, en suggérant que « ouden estin » ne devrait pas être traduit par « rien *n'est* », mais plus proprement par « rien *est* ». Ce qui signifie que l'être en tant qu'être, la pure multiplicité dont l'Un n'est que la manifestation *est*, mais son être est *inconsistant, vide*, il *est* rien. Cet énoncé apparaît clair si on le saisit de deux côtés. D'un côté, à l'intérieur d'une situation concrète, d'une présentation phénoménologique, ce qui n'est pas dénombrable, n'est pas (ou plutôt n'*y* est pas), de manière « qu'en amont [du

---

[14] *Ibid.*, ibid..
[15] Platon, *Parménide*, 165e.
[16] *Ibid.*, 166c.

compte pour un] il *n'y a rien*, car tout est compté »[17]. Du point de vue de l'être en tant qu'il apparaît, le multiple pur est donc strictement *inconsistant, vide*. Mais de l'autre côté ce vide, cette inconsistance de la pure multiplicité *est* l'être, soustrait à toute présentation. Ce que la mathématique semble avoir très bien saisi : « le nom primitif de l'être, en théorie des ensembles, est le vide, l'ensemble vide. En un certain sens, lui seul « est ». Et la logique de la différence implique que le vide est unique. Il ne peut en effet différer d'un autre, puisqu'il ne contient aucun élément qui puisse avérer cette différence »[18]. Comme on le voit, deux plans se profilent : un plan d'apparence, où la consistance unitaire de ce qui apparaît implique l'inconsistance de l'être-multiple, et un plan de l'être, où les termes sont strictement renversés, car le multiple est, et l'un n'est pas.

Cette contradiction apparente vient en réalité former, pour Badiou, un système cohérent qui se dispose ainsi : premièrement l'un n'est pas, car il apparaît mais n'a pas de consistance ontologique ; deuxièmement la multiplicité pure est, mais est en tant que non comptable, imprésentable, « inconsistante », pur vide-qui-est (elle *est* rien) ; enfin il y aurait la multiplicité « consistante » de phénomènes, où chaque phénomène est une multiplicité pure présentée selon un principe de compte capable d'en faire un. Et ce système se trouverait déjà en puissance dans l'expression platonicienne « sans l'un rien (n')est », qui exprimerait en même temps le fait que l'un n'est pas, que le multiple pur (n')est rien, et que la multiplicité consistante existe seulement sous condition de l'un.

Certes, dans une pareille lecture de Platon, un problème surgit : à bien y songer rien n'autorise, à vouloir se borner au seul *Parménide*, à une prise de position décisive pour une ontologie du multiple ou de l'un. C'est ainsi que dans le *Court traité* Badiou souligne que « dans le *Parménide*, s'agissant des énoncés parfaitement clairs « l'un est » et « l'un n'est pas »…on parvient à une inconsistance, à une indécidabilité absolue »[19]. Ces propos viennent quelque peu nuancer la position de *L'être et l'événement*, où il déclarait que « nul être séparé de l'un n'est concevable, et c'est au fond ce qui établit le *Parménide* »[20]. Pour affirmer une ontologie du multiple il ne s'agit donc nullement de « renverser Platon », mais au contraire de trancher, de décider sur un point dont Platon – c'est un des problèmes centraux du *Parménide* – s'efforce de montrer l'indécidabilité. Or, une telle décision sur l'indécidable,

---

[17] Alain Badiou, *L'être et l'événement, op. cit.*, pp. 67-68.
[18] *Ibid.*, p. 108.
[19] Alain Badiou, *Court traité d'ontologie transitoire, op. cit.*, pp. 98-99.
[20] Alain Badiou, *L'être et l'événement, op. cit.*, p. 47.

n'est pas, comme ce serait le cas pour Deleuze, une question de goût : au contraire Badiou affirme à plusieurs reprises qu'on a là affaire à une procédure de vérité, c'est-à-dire choix illégitime, événementiel, qui se mesure en vertu de sa capacité de produire des conséquences, et qui est d'autant plus vrai qu'il produit des conséquences, c'est-à-dire des actes, des personnes, des théories fidèles à ce choix[21].

C'est donc par cette décision que Badiou peut se définir comme un « platonicien moderne, un platonicien de l'être multiple »[22]. D'ailleurs l'antiplatonicien Deleuze n'a jamais hésité à se définir de la même manière : « si l'on pense au Platon de la dernière dialectique, où les Idées sont un peu comme des multiplicités qui doivent être parcourues... Alors oui, tout ce que je dis me paraît en effet platonicien »[23]. Et le caractère propre de cette manière proprement moderne de trancher "dans" Platon, serait bien sûr un certain renversement du rapport entre l'un et le multiple. Problème que, selon son propre « platonisme moderne », Badiou annonce ainsi : « le platonisme *semble* dire que l'apparence est mobile, fuyante, impensable, et que c'est l'idéalité, y compris mathématique, qui est stable, univoque, exposée à la pensée. Mais nous pouvons soutenir, nous modernes, l'évidence contraire. C'est le monde des apparences qui se donne toujours comme solide, lié, constant... Et c'est bien plutôt l'être en soi, pensé comme mathématicité du multiple pur, qui est neutre, inconsistant, délié »[24].

Comme on le voit, même dans son renversement « intérieur » à Platon, aspect qui a des points en commun avec Deleuze, Badiou maintient une démarche que l'antiplatonicien Deleuze ne peut nullement partager : pour Badiou en effet, dans le sillon de Platon, pour rendre raison des phénomènes il faut avant tout fonder une ontologie où est pris en considération « l'être en tant qu'être », une ontologie où l'être est pensé comme transcendant, quitte à en articuler la théorie au problème de l'apparaître, au problème de la nécessaire unité sous laquelle les phénomènes apparaissent. Un platonisme du multiple, auquel il faudra ajouter un supplément de théorie, un supplément à l'ontologie capable de nous expliquer l'apparaître, dans sa spécificité non ontologique, plus-qu'ontologique. Une théorie de l'être *et* une théorie de l'événement. Donc nous commençons à comprendre que pour Badiou, *volente nolente*, la place de l'événement ne sera pensable que dans la limite entre l'immanence et la transcendance (toute la question étant

---

[21] Il nous reste donc à trancher, par un choix ou un goût ultérieur, quelle de ces deux – choix ou goût – est la bonne manière d'appeler une telle décision dans le champ de l'ontologie.
[22] Alain Badiou, *L'être et l'événement*, op. cit., p. 103.
[23] Gilles Deleuze, « La méthode de dramatisation », dans *L'île déserte*, op. cit., p. 162.
[24] Alain Badiou, *L'être et l'événement*, op. cit., p. 193.

ensuite de savoir si cette limite a les caractères nécessaires pour que l'on puisse dire d'elle qu'elle constitue un transcendantal).[25]

Encore plus, la lecture croisée du corpus platonicien nous fait percevoir la différente manière de concevoir l'agencement entre l'être et les phénomènes chez Deleuze et chez Badiou. Cette différence nous parle d'un côté de la différente « consistance charnelle » de l'être chez les deux auteurs (vide, séparé des phénomènes, toujours *supplémentable* par un événement qui unifie sa présentation pour l'un ; événementiel, toujours *supplémentant* son propre état actuel pour l'autre), et de l'autre de la place de l'événement (posé comme limite structurante entre être et phénomènes pour l'un, posé entre l'être et lui-même, contractant l'être dans sa propre présentation actuelle, pour l'autre).

Nulle surprise donc que le « renversement du platonisme dans le platonisme » accompli par Deleuze n'ait pas comme référence un texte qui porte sur la nature « abstraite » de l'être (le *Parménide*), un texte qui porte sur un être qui se constitue comme un « lieu délivré du calendrier de l'expérience »[26]. Deleuze au contraire, tout au long de *Logique du sens* s'appuie sur le *Sophiste*, texte qui cerne ce problème en rapport immédiat avec les phénomènes. Ici Deleuze prend en considération la spéculation d'un Platon déjà mûr, qui s'interroge sur la structure dialectique des idées premières. Et c'est là[27] que l'on voit surgir, non sans un certain étonnement, l'hypothèse d'un sensible qui a perdu tout rapport à un modèle premier. Encore une fois on a affaire à une hypothèse négative : et néanmoins il s'agit d'une hypothèse formulée de manière détaillée et puissante.

La scène du *Sophiste* est connue : l'Etranger, le protagoniste, essaie de définir le sophiste, mais celui-ci se dérobe toujours aux définitions, car il se présente comme capable de tout, et donc impossible à classer dans la définition de telle ou telle discipline ; son savoir ne semble être constitué à l'image d'aucun modèle, au point que l'Etranger, dans la tentative de le définir, se retrouve à produire un véritable essaim de définitions. Pour sortir de l'impasse, l'Etranger propose de le définir comme un « imitateur », et donc comme une espèce de créateur d'images, mais un créateur d'images bien particulières. Le sophiste en effet ne compose pas des imitations de ce qui existe, mais produit des illusions, de manière analogue aux peintres qui

---

[25] A ce propos voir infra., Bruno Besana, « L'événement de l'être », pp. 125 suiv., ainsi que le passage entre la deuxième et la troisième section, p. 149.
[26] Claude Imbert « Où finit le platonisme ? », dans Charles Ramond (éd), *Penser le multiple*, Paris, L'Harmattan, 2002, p. 357.
[27] Platon, *Sophiste, op. cit.*, 221c-231c.

doivent dessiner des figures très grandes, et qui en changent les proportions pour les faire apparaître normales au spectateur, qui est situé aux pieds de l'œuvre. Si ceux-ci « reproduisaient ces beautés avec leurs véritables proportions, les parties supérieures nous apparaîtraient trop petites, et les parties inférieures, trop grandes, puisque nous voyons les unes de près, et les autres de loin »[28]. Ceci revient à dire que, par la pratique de cet art, on produit la sensation de voir l'image de quelque chose qui existe, lorsqu'au contraire on ne voit qu'un être absurde, dépourvu de proportion, quelque chose qui *n'est la copie de rien*, qui n'est la copie d'aucune identité transcendante. L'artiste en question produit en effet quelque chose qui n'a pas de rapport avec « les véritables *proportions* du *beau* », ce qui, dans le langage platonicien, signifie qui n'a pas de rapport avec un modèle vrai. Ces images ne reproduisent rien, *elles ne sont pas les multiples copies conformes d'un modèle-un vrai*, et ainsi elles « cairousin to alhzes», elles envoient le vrai se promener[29]. Et néanmoins ces artistes produisent des images, des apparences : quel est donc leur statut ? Comment donc les appeler ? Voilà ce que propose l'étranger : « ce qui simule ainsi la copie qu'il n'est point, ne serait-ce pas un simulacre ? [φαντασμα] »[30]. Le sophiste se range donc parmi ces producteurs de simulacres, à la distinction près que ses simulacres sont bien plus puissants, car produits par la parole, et non pas par la peinture ou par la sculpture.

Or, "phantasma", ici traduit par simulacre, en termes généraux, est une apparition : en général le mot signifie « image d'un objet »[31]. Donc en premier lieu, phantasma c'est, de manière un peu anodine, l'apparence. Deleuze reprend en compte le concept de simulacre comme image sans modèle, et il le définit comme « l'effet d'une ressemblance, mais qui est construit sur une disparité, sur une différence »[32], sur une sensation, et non pas sur un modèle. Les simulacres, apparences, phénomènes apparaissants, *ne sont donc pas des multiples copies d'un modèle-un*. De là, Deleuze en déduit une conséquence majeure : comme le simulacre, tout en étant *une*

---

[28] *Ibid.*, 236a.
[29] Nous suivons ici la traduction "ironique" de kairein donné par Jacques Derrida, dans « La pharmacie de Platon », contenu dans Jacques Derrida, *La dissémination*, Paris, Seuil, 1972, p. 85.
[30] Platon, *Sophiste, op. cit.*, 236b.
[31] C'est la traduction de Auguste Diès pour « Budé » qui, en s'appuyant sur le sens spécifique du texte, emploie le mot «simulacre», c'est-à-dire apparence sans modèle, apparence d'apparence. Nombre de traductions étrangères traduisent par contre « apparence » : Cf. par ex, en ce qui concerne *Sophiste*, 236b : Harold North Fowler pour Loeb Classical Library (anglais), ou encore Giovanni Reale pour Rizzoli (italien).
[32] Gilles Deleuze, *Logique du sens, op. cit.*, p. 297.

identité, n'est plus l'imitation d'une forme, la copie d'une identité première et transcendante, alors il ne peut être qu'un *effet, l'apparaître unitaire d'une pure multiplicité*. Encore plus il est l'apparaître d'une foule de différences ; et pour cela, tout en apparaissant comme forme, il *change constamment*. Or, pour Platon le domaine de la différence, le domaine où la différence s'accorde maladroitement sur l'identique, c'est le sensible : donc, plus généralement on peut dire, que quand Deleuze voit surgir, au cœur du système platonicien, le problème des « simulacres », il y voit surgir une nouvelle possible manière d'aborder le problème des apparences, une nouvelle possible manière d'aborder le problème de l'apparaître, c'est-à-dire de *tout ce qui apparaît*. C'est donc à partir des intuitions de Platon, de ce « Platon qui dans l'éclair d'un instant découvre que le simulacre n'est pas simplement une fausse copie, mais ce qui met en discussion la notion même de copie »[33], que Deleuze prend le départ pour se demander qu'est-ce qu'une pensée du sensible dépourvu de tout modèle, une pensée du sensible dont les règles sont immanentes au sensible lui-même[34]. Dire donc que le simulacre, l'apparence, est construit sur des différences, équivaut à dire que sa genèse s'accomplit dans le sensible. Deleuze, à travers une telle tentative de lire un « envers du platonisme » à l'œuvre au cœur de la réflexion platonicienne, cherche finalement à opérer une donation de sens au sensible, il cherche à opérer une véritable re-ontologisation du sensible.

Le « cas paradoxal » du *Sophiste* n'a rien fait d'autre que mettre en évidence le fait que l'identité est apparence, et que « *il n'y a plus aucune raison recevable* pour que les étants ressemblent à quoi que ce soit de plus essentiel qu'eux ».[35] Mais là où pour Badiou les étants sont l'apparence de rien (l'être en tant que vide), pour Deleuze ils sont l'apparence d'eux-mêmes. Et c'est bien à cause de ce rapport avec eux-mêmes que, comme Deleuze lit dans le *Sophiste*, ils changent constamment.

---

[33] *Ibid.*, p. 295.
[34] Et de là Deleuze part à la recherche, dans l'histoire de la philosophie ancienne, d'une théorie capable de justifier l'existence de tels simulacres, de telles apparences dépourvues de tout modèle. La première et plus importante référence en ce sens est sans doute la pensée de la première stōa, et en particulier l'affirmation de l'existence exclusive des corps, la négation de l'existence du général et la négation de l'équivocité de l'être affirmée par les catégories. De là un radical immanentisme, du moins selon la clé de lecture deleuzienne : aucun espace ne subsiste plus ni pour une idéalité abstraite transcendante, ni pour un modèle abstrait de configuration transcendantale de la réalité.
[35] Alain Badiou, *Deleuze, la clameur de l'être*, Hachette, Paris 1997, p. 66.

2. Deux différentes conceptions de l'un : effet immanent ou opération de compte

L'exemple choisi par Deleuze nous montre un phénomène qui est indissolublement « simulation » d'une identité et constant changement, « contraction » de différences toujours jaillissantes. C'est ce que remarque aussi Badiou, en disant, d'une manière quelque peu concise, que là où lui-même « tente de fonder un platonisme du multiple » au contraire « Deleuze s'est attaché à un platonisme du virtuel »[36]. A la dépouiller de sa *vis polemica*, la remarque de Badiou est fort intéressante : selon Deleuze Platon dans le *Sophiste* mettrait en scène une hypothèse où la présence actuelle d'un étant est la présence concrète et sensible, l'actualisation, d'une multiplicité non actuelle, d'un ensemble virtuel de transformations, qui ne sont rien d'autre que l'être de l'étant.

On se souviendra que pour montrer le rapport entre la présence actuelle d'un étant et l'être virtuel qu'il est, Deleuze fait recours, dans *Cinéma*, à l'image suivante : autour d'un étant actuellement présent nous pouvons dessiner, comme une sorte de cercle, la multiplicité de ses capacités immédiates d'action, ensuite sur des cercles de plus en plus larges nous pouvons dessiner ses habitudes à réagir aux stimulations qui lui parviennent du dehors, puis l'ensemble de sa vie, et enfin la totalité du monde, la totalité de l'être, saisie comme s'actualisant en lui. Chacun de ces cercles n'est que la contraction du cercle plus large, et l'étant actuel, pris dans son *hic et nunc*, est le point de contraction, le point d'expression sensible de l'agencement de ces cercles. L'étant actuel a alors « une image virtuelle qui lui correspond comme un double ou un reflet ;....[de manière que] il y a coalescence entre les deux. Il y a formation d'une image biface, actuelle et virtuelle».[37] Entre l'identité de l'étant actuel et l'être comme multiplicité virtuelle il y a ainsi continuité et circularité, il y a donc une stricte immanence. Et le rapport entre les deux est tel que d'un côté l'étant *exprime* la totalité de son être virtuel, et que de l'autre cette même multiplicité est ce qui constamment *fait événement* sur la surface de l'étant actuel. C'est donc en ce sens que pour Deleuze il n'y a pas une primauté ontologique de l'essence unique de l'étant sur la multiplicité de ses états : l'étant est la contraction de ses états, et l'être de l'étant est une multiplicité[38], agencée de

---

[36] *Ibid.*, p.69.
[37] Gilles Deleuze, *Cinéma II : L'Image temps*, Paris, Les Editions de Minuit, 1985, pp. 92-93.
[38] « La philosophie [est désormais] une théorie des multiplicités, qui ne se réfère à nul sujet comme unité préalable », Gilles Deleuze, « Un concept philosophique », dans *Cahiers confrontations* XX, Paris, Aubier, 1989, p. 90. Voir aussi l'incipit de *L'actuel et le virtuel* :

manière qu'en elle-même insiste la raison de son apparaître. C'est ainsi que la multiplicité de l'être virtuel apparaît doublement, comme identité et comme changement, événement qui s'inscrit sur la surface de l'étant.

Pour ces raisons l'étant est défini comme « ce qui diffère, [et qui ainsi] *est devenu lui-même une chose, une substance* » : il est la différence devenue substance. Et cela est possible car l'être est certes une multiplicité, mais cette multiplicité est « en elle-même système de rapports différentiels ». Tout phénomène est donc le produit d'un être qui par nature « s'incarne ou s'actualise, se différencie »[39] dans l'étant, car il est une essence « pleinement différentiée en elle-même, qui vient se différencier dans l'actuel »[40] ; et l'étant inversement est l'actualisation d'une telle multiplicité, il est la différence devenue substance[41]. Ainsi si l'étant est l'apparaître unitaire d'un être multiple, il est aussi ce en quoi apparaît le processus de différentiation de l'être, il est lieu d'inscription des « points remarquables ou singuliers qui en résultent : les événements »[42]. Forcé à apparaître par le mouvement interne qui en constitue la différentiation, l'être virtuel s'actualise *et* comme *forme* du phénomène *et* comme apparaître d'un *événement*, l'être s'actualise dans un phénomène changeant et sensible, toujours faisant événement[43]. L'être, multiplicité pure sans fondement, est alors en même temps principe de l'identité de ce qui apparaît, et principe du devenir de cette identité. Et l'identité est en même temps simulée, apparaître

---

« la philosophie est la théorie des multiplicités ». « L'actuel et le virtuel », dans Gilles Deleuze et Claire Parnet, *Dialogues*, Paris, Flammarion, 1996 (réed), p. 179).
[39] « La méthode de dramatisation » (1967), repris dans *L'île déserte, op. cit.*, p. 132.
[40] *Ibid.*, ibid. Cf. Gilles Deleuze, *Différence et répétition*, Paris, Presses Universitaires de France, 1968, pp. 316 suiv. En effet il faut que l'être soit complètement différentié : faute de quoi il faudrait un principe supérieur, transcendant, qui par une loi transcendantale rende possible sa différentiation.
[41] Voir à ce propos Gilles Deleuze « La conception de la différence chez Bergson » (1956), repris dans *l'Ile déserte, op. cit.*, p. 89.
[42] Gilles Deleuze, « La méthode de dramatisation », dans *L'île déserte*, Les Editions de Minuit, Paris 2002, p. 132.
[43] C'est en ce sens que Deleuze souligne qu'il faut toujours tenir en même temps l'identité et la multiplicité, dans leur rapport réciproque : il faut toujours tenir un minimum de forme, d'unité, pour que un maximum de forces, de multiplicités, puissent s'inscrire. Cette expression, qui gît au cœur de *Logique de la sensation* le livre de Deleuze autour de Bacon, peut ainsi être déployée : si d'un coté il faut (et c'est presque un impératif moral) retrouver les multiplicités exprimées dans un simulacre d'identité, d'autre part ces mêmes multiplicités ne peuvent faire événement que dans un simulacre d'identité qui les exprime en une forme actuelle.

d'une pure multiplicité, et réellement une, lieu actuel d'inscription de l'événement, de l'événement de la partie virtuelle d'elle-même[44].

Les conséquences en sont nombreuses :

En premier lieu, *du point de vue de l'ontologie* : quoique les simulacres ne soient la copie de rien, Deleuze ne tire point de là l'hypothèse d'une inconsistance de l'être. Si pour Badiou l'être, en tant que dépourvu de Un, est inconsistant, pour Deleuze l'être en tant que pure multiplicité n'est rien d'autre que cette consistance matérielle qui apparaît ici et maintenant sous l'aspect d'une forme unitaire, lieu d'inscription d'événements sensibles. Pour Badiou « l'un n'est pas, et rien [n']est », pour Deleuze « le simulacre n'est copie de rien ». Mais dans la phrase de Deleuze il n'y a rien à élider, on n'a pas un rien d'être, un être vide, dont il faut affirmer la réalité essentielle : la phrase de Deleuze signifie au contraire que le simulacre *est*, qu'il est la constante contraction actuelle d'une multiplicité d'éléments virtuels, virtuels quant à lui, mais charnellement réels. Entre l'être multiple et sa présentation unaire il n'y a donc pas de différence de plan, lorsque pour Badiou ce rapport se dit en termes de transcendance : là où le un apparaît comme vrai le multiple s'efface, là où le un n'est rien le multiple pur est.

De là, deuxièmement, on peut remarquer, *du point de vue du statut des étants*, que le *simulacre*, chez Deleuze, et le *compte pour un*, chez Badiou, reprennent en compte exactement la même dynamique : du multiple à l'un, on suit la genèse des phénomènes au sein de l'être. Mais là où pour Deleuze il s'agit d'un mouvement réel, positif, qui se fait dans une stricte coalescence entre le phénomène et les éléments hétérogènes et contradictoires qui, à cause de leur propre contradiction interne, impliquent le devenir du phénomène, pour Badiou au contraire entre l'inconsistance du multiple et la présentation identitaire il y a un fossé, une différence ontologique forte : le multiple pur et le compte pour un désignent deux régimes différents, qui tombent respectivement sous la sphère de l'ontologie et de la phénoménologie.

Dans les deux cas donc le mouvement qui va du multiple à l'identité, est toujours et en même temps un mouvement positif, de formation concrète de l'apparaître : c'est ainsi qu'il ne paraît nullement adéquat de dire que chez

---

[44] L'événement donc est à proprement parler fondement de l'essence de l'étant. On remarquera que « accidents » et « événements » sont les deux traductions du grec sumbebekota : le mot est le participe passé de sumbainw. Le verbe signifie « rencontrer », et le participe indique donc « les choses (*scil.*) rencontrées, les choses qui arrivent ». Le concept d'événement est donc ce qui restitue à leur *essentialité* propre les moindres déterminations *existentiales* de l'étant. Voilà pourquoi dans la théorie deleuzienne de l'événement, « il n'y a plus d'espace pour l'accident ».

ces deux auteurs il y aurait "économie de l'un"[45]. Au contraire, ce qui est accompli, parallèlement et de manière différente, est plutôt un re-emplacement de l'un, où l'un est pensé comme présence phénoménologique d'un être pensé comme multiple.

C'est donc dans la conception du rapport entre ce multiple et sa propre présentation que se joue le fond de la distance entre les deux auteurs : consistance, immanence du multiple à sa propre présentation actuelle, dans le cas de Deleuze, et absence, inconsistance du multiple par rapport à l'*hic et nunc*, à l'ici et maintenant de toute présentation unaire, dans le cas de Badiou. Juliette Simont a bien eu raison de mettre dos à dos les deux caractérisations de l'être en remarquant qu'il s'agit d'une opposition entre sensation et insensibilité, inconsistance : là où pour l'un des deux auteurs l'objet de l'ontologie est « une différence qui n'est plus soumise à l'Un, une différence qui diffère en elle-même, un hétérogène en soi, autrement dit une sensation », donc une présence charnelle constamment changeante, pour l'autre au contraire l'objet de l'ontologie, l'être est « un maigre objet »[46], à savoir « le nombre, tel qu'il se déploie dans la théorie des ensembles et son axiomatique »[47]. C'est à partir de ce constat, que prend sens la fameuse citation de Badiou, « Il n'y a jamais eu que deux schèmes, ou paradigmes, du Multiple : le mathématique et l'organiciste... L'animal ou le nombre ?

---

[45] Pierre Vestraeten, « L'apport de Badiou à la considération de la 8ème hypothèse du Parmenide », dans Charles Ramond (éd), *Penser le multiple, p. cit.,* p. 154, dans un article fort intéressant sous plusieurs angles, souligne par exemple que l'*un* serait refusé par les deux auteurs, soit en tant que transcendance (c'est le cas de Deleuze), soit comme opération du compte pour un (c'est le cas de Badiou). Le point de départ est intéressant : Verstraeten rappelle comment l'opération du compte pour un, ainsi que la formation des simulacres, implique une inévitable déchéance, un abandon de la conscience de la nature éminemment multiple de l'être. L'un serait hypostatisé comme vérité transcendante (Deleuze), ou comme consistance ontologique (Badiou). Ce mouvement de déchéance, Badiou le souligne très bien dans son *Saint Paul*, en montrant comment toute figure fidèle à un événement, dont le propre devrait être d'exprimer toute multiplicité « dans sa particularité et sa différence la plus extrême », subit une tendance progressive à oublier la multiplicité universelle d'éléments différents auxquels elle s'adresse, en finissant par considérer exclusivement les éléments qu'elle peut représenter comme identités fidèles au compte pour un qu'elle instaure : ce compte, que Badiou appelle « compte étatique » « n'a d'autre but que d'obvier à la perspective létale d'une ruine de la présentation » qui est nécessairement impliquée par la nature même du multiple qu'on est censé présenter, comme a justement remarqué Bernard Vainqueur (Bernard Vainqueur, « De quoi sujet est il le nom pour Badiou », dans Charles Ramond (éd), *Penser le multiple, op. cit.,* p. 320).
[46] Voir à ce propos Alain Badiou, *L'être et l'événement, op. cit.,* p. 14.
[47] Juliette Simont, « Critique de la représentation et ontologie chez Deleuze et Badiou », dans Charles Ramond (éd), *Penser le Multiple, op. cit.,* pp. 460-461.

Telle est la croix de la métaphysique, et la grandeur de Deleuze... est d'opter sans faiblesse pour l'animal »[48]

Comme on le voit donc, pour Deleuze l'ontologie se joue au niveau des phénomènes : l'être multiple est intelligible dans la plus stricte immanence aux simulacres phénoménaux qui en composent l'apparaître identitaire. Au contraire chez Badiou entre l'être multiple, pris dans son absolue inconsistance, et la présentation unaire des phénomènes dans des situations concrètes, il y a une différence radicale, forte[49]. Et c'est encore Juliette Simont qui synthétise bien cette différence de rapport entre l'ontologie et la phénoménologie : « tout comme, chez Deleuze, nous ne connaissons d'intensités [ce qui est le nom de la multiplicité pure] que développées dans l'étendue et recouvertes par les qualités [des choses-unes connaissables], chez Badiou, nous ne connaissons le multiple que recouvert par la consistance du compte... [Mais] Badiou se refuse le fil que s'accorde Deleuze, et qui permettrait de remonter de la prégnance tentaculaire de l'encyclopédie [c'est-à-dire du déploiement complet des phénomènes par lesquels l'être se présente sous forme unaire,] vers la vérité ontologique. Non, dans le compte, rien qui fasse signe vers l'inconsistance. Il n'y a que le compte, et en deçà de lui, rien »[50].

3. Immanence pure, ou agencement entre immanence et transcendance : la détermination de la place de l'événement

Nous pouvons à ce point tirer une troisième conséquence : c'est à partir des différentes manières d'agencer le plan des phénomènes et celui de l'ontologie du multiple pur que vient se déterminer la place, l'emplacement de l'événement.

---

[48] Alain Badiou, « compte rendu de Gilles Deleuze, *Le pli* » dans *Annuaire Philosophique 1988-89*, Seuil, Paris 1989, p. 166. Citation signalée par Dan Smith (actes de la conférence internationale sur Badiou de Cardiff, Mai 2002, non publiés).

[49] Certes, on peut arguer que pour Badiou l'être et son apparaître "ne sont séparés que par le compte-pour-un, et que c'est une différence interne à l'ontologie qui permet de passer des multiples purs aux multiples unifiés, comptés pour un", comme m'a justement suggéré Oliver Feltham. Or, certes le passage entre multiple compté et multiple non compté est dicible par l'ontologie, et cela parce que, comme dit Badiou, « il est de l'être de l'étant d'apparaître » (Alain Badiou, *Court traité d'ontologie transitoire*, *op. cit.*, p. 191). Mais néanmoins il se trouve qu'entre multiplicité comptée et multiplicité non comptée il y a une différence forte, qui nous fait passer de l'imprésentable au présenté, et donc du registre nouménal au registre phénoménal. Ce qui compose – et pour cela je me permets de renvoyer à ma réplique à l'article de Oliver Feltham dans la deuxième section – une différence tellement forte qu'on peut la dire événementielle.

[50] Juliette Simont, « Critique de la représentation et ontologie chez Deleuze et Badiou – autour du virtuel », *ibid.*, pp. 463-464.

Or, pour Badiou le décalage insuturable entre ontologie et phénoménologie se mesure dans la différence entre multiplicité pure et multiplicité d'unités comptées : quelque chose d'innommable par l'ontologie se passe entre les deux, venant instituer un compte pour un, un principe de nomination des phénomènes. Et ce quelque chose, qui fait irruption sur le plan des phénomènes, venant le fonder, mais sans pouvoir être pris en compte par l'ontologie, est ce qui fait l'événement de la différence entre ces deux plans[51]. Pour Deleuze au contraire la multiplicité pure ne diffère nullement de la multiplicité des phénomènes identifiables : il s'agit des deux faces du même être, et les événements sont ce qui assure la circulation entre ces deux faces. Changement imprévisible de l'actuel par irruption du virtuel, contraction du virtuel en nouvelles formes actuelles : voilà les deux aspects des événements qui assurent la circulation entre ces deux faces du même plan[52].

On a vu que pour Deleuze il n'y rien d'autre que l'être qui puisse faire événement, et il n'y a rien d'autre que l'étant actuel – incarnation identitaire du processus de différentiation de ce même être – en quoi l'événement puisse avoir lieu : dont on en tire, dans une sorte de paraphrase paradoxale de Badiou, que pour Deleuze « l'être est l'événement »[53]. On voit donc que pour Deleuze l'événement se pose entre la multiplicité de l'être et l'identité de l'étant, il est ce qui fait signe de l'apparaître d'une différence virtuelle dans l'étant actuel, et qui fait signe de l'apparaître d'une forme actuelle capable d'exprimer une telle différence. L'événement vient donc se poser entre les deux faces du même plan : en ce sens il est un véritable seuil entre l'être et l'apparaître. L'événement a alors un rôle transcendantal, il fait signe des conditions virtuelles qui déterminent à chaque moment l'étant actuel ; mais en même temps ce transcendantal est toujours déterminé par le propre des éléments qui composent l'étant en question. Au contraire pour Badiou l'événement est ce qui nomme la transcendance réciproque du plan de l'ontologie et de celui des phénomènes, tout en assurant leur liaison paradoxale. L'événement pourra alors être défini comme apparaître paradoxal de l'être dans les phénomènes, apparaître paradoxal qui vient s'inscrire dans les phénomènes, en leur imposant un nouveau principe de

---

[51] Pour une analyse de ce point, je renvoie à ma réponse à Oliver Feltham, p.125
[52] De là on en tirera aussi la rareté des événements chez Badiou, et l'omniprésence des événements chez Deleuze, ce qui ne peut pas être analysé ici.
[53] A ce point devrait apparaître plus claire l'affirmation selon laquelle « l'être est l'unique événement où tous les événements communiquent » Gilles Deleuze, *Logique du sens.*, *op. cit.*, p. 210.

compte[54]. Déterminant le mode d'apparaître des phénomènes, indéterminable quant à son origine, l'événement vient toujours s'inscrire dans les phénomènes de la même manière, comme une véritable loi transcendantale toujours égale à elle-même, car indéterminée quant à son origine, et déterminante quant à ses effets.

Ainsi l'événement se dessine comme ce qui assure en même temps la distance et la jonction paradoxale entre la multiplicité de l'être et sa présentation unaire, il se dessine comme l'entre-deux, *transcendantal*, entre *immanence* de la présentation et *transcendance* de l'être.

Par le biais de ces deux cas, on voit donc comment, en « rompant l'arraisonnement de l'être à l'un » vient se mettre en place un écart entre ontologie de la multiplicité et phénoménologie de l'identité. La théorie de l'événement, venant articuler le rapport disjonctif entre ces deux strates, montre donc ce qui est le véritable point de choix d'une telle orientation de la pensée : séparer ces deux niveaux par un troisième (le plan transcendantal de l'événement)[55] en donnant à la philosophie la tâche d'énoncer le système de leurs relations réciproques, ou réduire, par le biais de l'événement, la transcendance entre ces deux plans, en donnant à la philosophie la tâche d'exprimer en concepts leur coalescence. Mais la vérité de ces options, dirait Badiou, ne saura être mesurée qu'à partir des conséquences qu'elles sauront instaurer, qu'à partir des sujets futurs qui nous diront où aura eu lieu un événement de la pensée.

---

[54] Je me permets, pour une exposition plus détaillée de cette hypothèse, de renvoyer à ma réplique à l'article de Oliver Feltham, dans la deuxième section, où il sera entre autre question de savoir en quel sens l'événement agit non pas seulement sur le site de sa manifestation, mais, par le biais de celui-ci, sur l'ensemble de la situation, et de savoir comment l'événement ne peut être déterminant qu'à travers l'activation d'une procédure qui l'avère, qui l'inscrit, dans la situation elle-même.

[55] La question qui se pose alors, est de savoir de quoi est événement un événement qui se fait dans une situation donnée. On parcourra dans mon « L'être de l'événement » (deuxième section) l'hypothèse selon laquelle l'événement ne peut être autre qu'événement de l'être de l'étant. La disjonction entre être et étant résultera donc paradoxalement soudée par la disjonction entre l'être et l'événement : le plan transcendantal de l'événement résultera donc être ce qui assure la liaison de ce qu'il sépare.

Lenin Bandres
BADIOU ET L'ATOMISME ANCIEN

Lorsqu'on essaie d'attester les proximités conceptuelles qu'entretient la philosophie d'Alain Badiou avec celle des philosophes de l'antiquité, il est presque inévitable de faire référence, aussi succincte soit-elle, à la philosophie de Platon d'une part, et au système philosophique de l'atomisme ancien d'autre part. L'extrême proximité entre Badiou et Platon a été suffisamment avouée par Badiou lui-même, lorsqu'il se déclare un « platonicien du multiple », affirmation dont le sens et la portée sont expliqués par Bruno Besana dans l'article précédent. Néanmoins, l'affinité de la pensée de Badiou avec l'atomisme, même si elle n'est pas avouée aussi ouvertement et de manière aussi provocatrice que celle avec le platonisme, nous semble être affirmée par l'initiative de Badiou de rétablir ce qui, dans la pensée atomiste, paraît comme le signe d'une véritable pensée non-conservatrice. A savoir, la tentative de construire une pensée ontologique fondée sur le principe de la multiplicité et de l'infinité de l'être.

Nous savons que la réhabilitation et la refondation d'une telle entreprise théorique, constituent aujourd'hui, aux yeux de Badiou, une des principales tâches de la philosophie. Car il s'agirait, en dernier ressort, de pouvoir dénouer la pensée philosophique des limitations inhérentes à la pensée onto-théologique de la métaphysique occidentale, dont l'une des dernières figures théoriques se trouve dans l'idée, essentiellement religieuse, de finitude. Dans le geste fondateur de l'école atomiste, qui va de Leucippe à Lucrèce, Badiou semble trouver une première image (le terme est de Deleuze) de ce qui pourrait être bel et bien une pensée immanente, laïque et athée, finalement débarrassée de toute allégeance à l'Un et à la finitude[1].

Le but essentiel de cette note-réplique sera donc de montrer quelle est cette image immanente de la pensée et à partir de quoi elle se construit, pour ainsi montrer comment s'articulent et comment s'impliquent conceptuellement ces deux entreprises théoriques.

Nous partons donc de l'hypothèse que, pour Badiou, la force et la portée de la pensée atomiste demeurent dans une certaine mesure, dans la tentative de construire une pensée non conservatrice. Mais qu'est-ce qu'une pensée non conservatrice pour Badiou ? Par là, il désigne toute entreprise philosophique fondée sur la tentative de se dérober à l'empire de la métaphysique occidentale, à savoir, à « l'arraisonnement de l'être par

---

[1] En faisant référence à la pensée atomiste de Lucrèce, Badiou affirme : « Rien en elle n'est onto-théologique, il n'y a pour Lucrèce nul étant suprême, le ciel est vide, les Dieux sont indifférents », Alain Badiou, *Conditions*, Paris, Editions du Seuil, 1992, pp. 105 et suiv.

l'Un »². Nous savons bien que pour Badiou, le rôle de la philosophie contemporaine consiste en la rupture totale et définitive avec l'ontologie comme puissance normative de l'Un. Ce qui veut dire que toute pensée non métaphysique part du postulat que *l'être en tant qu'être est infiniment Multiple, multiple pur* ou *multiple sans un*.

Dans les philosophes matérialistes de l'Antiquité, au moins deux noms se reconnaissent dans cette voie de pensée : Démocrite et Empédocle.

Pour le premier, fondateur de l'école atomiste avec Leucippe[3], l'être Un compact et immobile de Parménide ne semblait pas expliquer suffisamment la constitution ultime du monde, car il n'expliquait ni la multiplicité phénoménale des choses ni le perpétuel mouvement auquel celles-ci étaient soumises. Ainsi, pour les fondateurs de l'atomisme, l'image sphérique et parfaite de l'être éléatique devait, pour ainsi dire, s'éclater, laissant apparaître une infinie dissémination de petits êtres étalés sur une seule et même surface, supposée absolument plate et vide. La singularité conceptuelle de l'atomisme de Démocrite et de Leucippe est en quelque part tributaire d'un double flux conceptuel. Or les atomistes sont eux-mêmes un mélange issu de la confluence de deux traditions philosophiques majeures : l'école éléatique de Parménide et de Zénon, et l'école milésienne d'Anaxagore et d'Anaximène[4]. Cela explique la singularité de sa découverte, car c'est comme si l'être-Un et compact des éléates se voyait pénétré d'un seul coup par l'air d'Anaximène, en faisant de l'être éléatique une immense sphère fragmentée en un nombre infini de petits êtres, dont chacun garderait, toutefois, les caractéristiques essentielles de l'être de Parménide, sauf son unicité. L'air se transformerait donc en Vide : substance incorporelle qui se dissémine et fait disséminer l'ensemble des choses, qui multiplie et fait multiplier les corps et qui, dès lors, deviendra la condition de possibilité de tout mouvement[5].

---

[2] Alain Badiou, *Court traité d'ontologie transitoire*, Paris, Editions du Seuil, 1998, p. 26.
[3] Aristote, *Métaph.* 4, 985 b ; *De Gen. et corrupt.* I, 8, 324 b.
[4] Sur la double source théorique de la pensée atomiste, voir : Simplicius, *Physique*, 28,4 ; Diog. Laert. IX, 34 et suiv.
[5] Selon Aristote (*Métaph.* A, 4, 985 b4.) « Leucippe et son compagnon Démocrite déclaraient que le plein et le vide sont les éléments, qu'ils dénomment respectivement *être* et *non-être*... ». Ce qui veut dire qu'ils niaient toute propriété ou attribut de type corporel au vide, en faisant de celui-ci l'équivalent du Non-être des éléates. Toutefois, dans cette conception à premier abord dualiste de la nature des choses, il reste sans doute quelques traits d'origine milésienne, et plus particulièrement d'Anaximène, tel que l'atteste le même Aristote, lorsqu'il affirme: « *l'être* étant le plein et l'étendue, et le *non-être* le vide et le rare » (*Ibid*). A savoir, que Leucippe et Démocrite établissaient une certaine analogie entre « le vide » κενον et « le rare » μανον, ainsi qu'entre « le plein » πληρης et « l'étendue » στερεον. « Le rare » étant ici directement lié au principe de raréfaction diffusé par la doctrine cosmogonique d'Anaximène.
Sur le vide comme condition du mouvement des corps, voir : Aristote, *De Gen. et corrupt.* I, 8, 324 b35 ; *De Caelo*, III, 4, 303 a4 ; *Phys.* IV, 4, 213 a 27.

Pour la pensée atomiste, atomes et vide sont en réalité deux registres d'une seule et même substance[6]. Car on constate que d'un point de vue ontologique, la conception atomiste de la nature constitue un monisme, étant donné qu'il n'existe qu'un seul type de substance : l'étendue, la substance extensive. Néanmoins on ne peut pas donner à cette substance les mêmes attributs de l'être parménidien. Or pour Démocrite, il s'agit d'un monisme *bipolaire*, puisque la seule substance existante se présente tantôt comme la partie positive, le plein (l'atome), tantôt comme la partie négative, le vide. Ce qui n'empêche pas, bien entendu, que cette conception ontologique soit comprise également comme un pluralisme, étant donné qu'elle admet l'existence réelle d'une multiplicité d'atomes, de mondes et de corps constitués par la conjonction du vide et de ces *minima* que sont les atomes.

Il arrive donc que d'un côté, on justifie l'immobilité éléatique en renvoyant chacun des êtres multiples aux atomes eux-mêmes. Ils sont éternels ; sans principe ni fin dans le temps ; ils sont immuables, dans la mesure où ils ne sont soumis à aucun changement qualitatif ou quantitatif. D'un autre coté, on sauve le monde des phénomènes en justifiant, à travers l'introduction du vide, le changement et le mouvement dans la nature. D'une part, on affirme le monisme lorsqu'on admet que tout « ce qui est » peut-être réduit à une seule nature : l'atome, substance douée d'extension et forme géométrique, mais dépourvu de toute qualité. D'autre part, on affirme le pluralisme lorsqu'on admet une pluralité infinie d'atomes qui conforment aussi une pluralité infinie de choses.

Nous reconnaissons sans peine dans ce pluralisme une des tentatives les plus admirables pour constituer ce que, d'une perspective contemporaine, nous pouvons appeler une « pensée de l'immanence »[7].

D'abord, parce qu'avec l'atomisme on assiste à une des premières tentatives apparues en occident pour élaborer une pensée de la dissémination infinie des corps et des mondes.

Deuxièmement, parce que cela accomplit l'élaboration d'une théorie de l'être reposant sur les seuls fondements de la multiplicité indifférenciée des corps, et de l'infinité abyssale du vide[8].

---

[6] « C'est pourquoi - affirme Aristote - ils concluent que *l'être* n'a pas plus d'existence que le *non-être*, parce que le vide n'existe pas moins que le corps. Ce sont là les causes des objets, du point de vue de la matière », Aristote, *Métaphysique* A, 4, 985 b4., traduction de Jean Tricot, Paris, Vrin, 1933-1991.

[7] Le terme *philosophie contemporaine* a ici une certaine restriction géographique, car il fait référence à la philosophie française contemporaine, où la question de l'immanence de la pensée traverse des entreprises aussi diverses que celle de Foucault, Deleuze, Lyotard et bien sûr Badiou, parmi d'autres.

[8] Il y a sans doute de pareilles initiatives dans l'entreprise théorique de nombreux présocratiques, notamment chez les *physiciens*, tel qu'Anaxagore, Empédocle ou même Héraclite ; mais elles constituent, avec toute la richesse qu'elles peuvent nous apporter, des tentatives qui pourraient difficilement admettre l'hypothèse de la dissémination infinie et

Troisièmement, parce qu'elle est aussi une pensée de l'être sans principe ni ordre transcendantal, c'est-à-dire, sans principe ultime ni génération ni organisation, voire, sans Dieux, sans démiurge, sans cause finale. Toutes ces propriétés font sans doute de l'atomisme une pensée ouverte à l'affirmation joyeuse et « immanente » (avant la lettre, dirions-nous) du multiple et du vide du sens. Une pensée de la prolifération hasardeuse et éternelle du monde, sans origine ni fin ultime.

Voici donc quelques traits de ce qui pourrait être, aux yeux de Badiou, l'image d'une pensée immanente.

Néanmoins, il faut le dire, cette pensée présente quelques limites qui, à l'égard de Badiou, l'empêchent d'accéder à une compréhension nettement immanentiste de l'être. Etant donné que, selon notre auteur, la démarche atomiste apparaît comme étant ontologiquement limitée par une conception de l'être essentiellement finitiste, laquelle ne leur permettrait d'opérer qu'une critique partielle de « l'arraisonnement de l'être par l'un ». Or, à l'égard de l'entreprise théorique de Badiou, la pensée atomiste échoue dans la tentative de construire une théorie du multiple pur, lorsque celle-ci réintroduit, aussitôt qu'elle le peut, l'unité simple de l'être parménidéen sous la forme multipliée de l'atome. Cela veut dire que, s'il est vrai que la démarche théorique de Démocrite et de ses successeurs cherche d'une part à expliquer la multiplicité infinie du monde à partir du multiple lui-même, il n'est pas moins vrai que d'autre part, le recours à l'atome en tant que principe Un éternel et homogène de toutes les choses, témoigne d'un tel monisme en introduisant l'unité *minimum* insécable comme principe consistant du réel et des choses.

C'est là sans doute un des points où Badiou prend distance par rapport à l'entreprise spéculative de l'atomisme, car affirmer l'infinité du multiple pur signifie aussi garantir l'inconsistance interne de cette multiplicité et partant l'impossibilité immanente de toute limite. Pour Badiou, penser la possibilité d'une limite ne serait pas encore penser au-delà de la métaphysique, puisque la limite introduit encore la notion d'Un, soit sous la figure du Tout ou ensemble de tous les ensembles, soit sous la figure de l'unité minime pensable ou Atome. C'est certainement à cause de cela qu'il affirme : « s'il y a des « atomes », ils ne sont pas, comme le croyaient les matérialistes de l'Antiquité, un deuxième principe de l'être, soit l'un après le vide, mais de compositions de vide lui-même, réglées par les lois idéales du multiple dont l'ontologie dispose l'axiomatique ».[9]

Notons, néanmoins, que l'impossibilité atomiste de pouvoir concevoir l'atome comme étant lui aussi décomposé en parties est, nous semble-t-il, liée directement à l'impossibilité expérimentée par la mentalité grecque en général, de concevoir positivement le concept d'infini. Or la conception

---

l'illimitée de l'être, et l'existence ontologique du vide. Ces deux hypothèses étant des signes de ce que Badiou appelle une *pensée immanente*, à savoir, une pensée sans Un.
[9] *ibid.*

grecque de l'infini (απειρον) est associée négativement à la notion d'indéterminé (αοριστον) et d'inachevé (ατελες), et en tant que tel, à ce qui n'est susceptible d'aucune définition[10]. Penser un monde complètement indéterminé, indéfini, était en quelque sorte une idée abominable, sorte de synonyme de l'imperfection de l'univers, car l'informe et l'inachevé étaient des attributs qui s'opposaient aux idées de limite (περας), d'harmonie (αρμονια), d'ordre et de perfection du Grand-Tout (κοσμος). Ainsi, la notion d'infini connue et diffusée par les atomistes est beaucoup plus restreinte que celle que nous, modernes, connaissons aujourd'hui. La notion d'infini des atomistes renvoie plutôt à la doctrine cosmogonique des milésiens, celle d'Anaximandre et d'Anaxagore, qui s'appliquait surtout à l'infinité numérique des mondes et de l'espace, et non pas à l'infinie divisibilité de la matière[11].

En conséquence, lorsque les atomistes parlaient d'infini, ils faisaient une claire distinction entre l'infini du point de vue cosmologique, et l'infini du point de vue mathématique. Physiquement, il y a une limite au-delà de laquelle il n'est pas possible de diviser la matière. Car la nature de l'atome est d'être simple et absolument sans parties. Tandis que d'un point de vue purement idéal, tout peut être infiniment divisé mathématiquement[12].

Pour l'atomisme ancien, la simplicité insécable de l'atome constitue un principe fondamental de leur ontologie, car il rend consistant leur système physique. Affirmer l'infinie division de la matière signifiait tout simplement affirmer que les principes premiers de la nature étaient, en dernier ressort, *Rien*, ce qui pour la mentalité ancienne était complètement absurde. Ainsi, lorsqu'ils posent que l'atome constitue le principe premier de toutes les choses, ils pensent que celui-ci est en quelque sorte la première incarnation de la *physis*, comme ce principe caché qui permet d'expliquer le déploiement de la nature, et sa manifestation dans la totalité du monde phénoménal. Dans ce sens, la philosophie des atomistes reste de bout en bout une démarche de physicien. Car il s'agit, en dernier ressort, d'une philosophie *naturaliste*.

Nous savons néanmoins quel est l'avis de Badiou par rapport à toute pensée philosophique fondée sur la physique. Pour lui, toute démarche *physicienne* est une démarche qui repose sur le postulat implicite que la

---

[10] Sur la conception grecque de l'infini, voir notamment A. Koyré, *Du monde clos à l'univers infini*, Paris, P.U.F., 1962. Ainsi qu'Aristote, *Physique*, III, 4-8, 202b-208a.

[11] La question de la divisibilité des corps premiers dans la doctrine atomiste de Leucippe et Démocrite a été largement discutée par Aristote dans *De gen. et corrupt.*, I, 2, 316 a13.

[12] Mais Lucrèce prévient que « faute d'un minimum, les éléments les plus petits seront constitués d'une infinité de parties, puisque la moitié toujours aura une moitié, sans limite à la division. Quelle différence existera-t-il encore entre l'ensemble et la plus petite des choses ? Aucune : si infini que soit foncièrement l'ensemble universel, les corps les plus petits seront constitués de parties tout aussi infinies. Mais la droite raison se révolte et proteste : l'esprit ne peut le croire, enfin tu dois te rendre. Admet donc l'existence d'éléments sans parties, « minima » de la nature, admets en corollaire des atomes solides, éternels, il le faut » *De Natura Rerum*, I, 615-627.

Situations et ontologie

physis constitue un Grand-Tout, un animal organique, un univers vivant qui, en dernier ressort, renferme et totalise tout ce qu'il contient. C'est d'ailleurs là que demeure son différend par rapport à Deleuze et à son interprétation de Lucrèce[13]. Car tandis que pour Deleuze le naturalisme de Lucrèce représente une pensée de l'infini absolu, une théorie du multiple en tant que multiple et un pluralisme joyeux et affirmatif, pour Badiou, le naturalisme de Lucrèce ne saurait être qu'une *mystique naturelle*[14]. C'est que pour Badiou, le réel de l'être ne se trouve ni dans les *rêveries* déployées par la pensée physique, ni dans aucune forme d'empirisme spéculatif, mais dans l'enchaînement rigoureux d'une axiomatique comme théorie du multiple pur. Ce qui veut dire qu'en dernier ressort, la seule et vraie voie de l'immanence et de l'univocité se déploie dans le *mathème*, car la *physis* ne saurait être encore le vrai signe de l'Ouvert, même si cet Ouvert est célébré en poème par un des plus grands penseurs de l'antiquité gréco-latine :

> Enfin, sous nos yeux mêmes, un corps en borne un autre :
> l'air les collines et les montagnes l'air,
> la terre finit la mer et la mer toutes les terres.
> Mais l'univers, rien ne le délimite en dehors.
> Telle est donc la nature du lieu, de l'espace immense :
> s'ils glissaient pour toujours entraînés par le temps,
> les éclairs n'en verraient jamais la distance réduite,
> tant l'énorme réservoir des choses est ouvert
> en toutes directions, sans aucune limite[15].

Alors, en quoi reconnaîtrons-nous l'affinité conceptuelle entre Badiou et les atomistes anciens ? Peut-être faudrait-il déplacer notre attention non pas du côté des particules atomiques, mais plutôt du côté de leur commune réhabilitation ontologique du Vide. Badiou même semble témoigner de cette préoccupation commune lorsqu'il affirme : « Le thème absolument premier de l'ontologie est donc le vide – cela, les atomistes grecs, Démocrite et ses successeurs, l'avaient bien vu- mais c'est aussi son thème dernier- cela, ils ne l'avaient pas cru – car toute inconsistance est en dernier ressort imprésentable, donc vide »[16]. C'est-à-dire que s'il existe une *fidélité* de la pensée de Badiou à celle de l'atomisme ancien, celle-ci découle de la revendication décisive et commune du vide comme signe de l'infinité abyssale de l'être.

---

[13] Voir les extraordinaires pages qui constituent l'appendice de *Logique du Sens*, « Lucrèce et les simulacres », p.307-324.
[14] Badiou Alain, « Un, multiple, multiplicités » dans la revue *Multitudes*, I, mars 2000, Ed. Exils.
[15] *De Natura Rerum*, I, 998-1007.
[16] Alain Badiou, *L'être et l'événement*, Paris, Editions du Seuil, 1988, p. 71 ; voir aussi : Alain Badiou, *Théorie du Sujet*, Ed. du Seuil, Paris, 1982, p. 73-76.

Nous savons grâce à Lucrèce[17] que depuis Leucippe, les atomistes sont les seuls penseurs de l'Antiquité qui insistaient à donner une existence réelle au vide. Poser son existence rend possible non seulement le déplacement des corps dans l'espace libre et donc le mouvement incessant de toutes les choses, mais aussi l'apparition des éléments constitutifs du monde. A vrai dire, le vide représentait pour l'atomisme de Démocrite et ses successeurs, non pas le négatif de l'Etre, donc le Non–Etre, ou le Néant ; mais plutôt la condition de possibilité que toute entité advienne à sa présentation. Il a donc fallu supprimer la distinction éléatique entre l'Etre et le Non-Etre, et donner au vide le même statut ontologique des corps premiers[18]. Résultant de cela, Lucrèce désignera les atomes et le vide comme des « choses » (*res*) qui s'alternent l'une ou l'autre dans la constitution infinie de l'univers[19]. De plus, l'existence du vide est établie avant même que le soit la nature atomique des corps, car sans le vide, les corps seraient non seulement privés de mouvement, mais aussi de la possibilité même d'avoir lieu, étant donné qu'ils n'auraient nulle part où exister[20].

Il s'ensuit donc qu'une théorie du vide est sollicitée de l'intérieur du système atomiste pour rendre possible toute présentation de l'être. Ce qui veut dire deux choses :

1- Que le vide est sollicité pour la constitution d'une *théorie de l'apparaître* et donc pour expliquer le monde phénoménal. Car sa privation entraînerait la complète délocalisation de la matière, ainsi que la totale absence de lieu où les atomes en tant que corps composés pourraient être accueillis et présentés.

2- Que le vide est également sollicité de l'intérieur d'une théorie de l'être en tant qu'être, puisque tous les corps composés sont constitués eux-mêmes de vide. Dans le cas contraire, tout serait composé seulement d'atomes et il n'existerait que de la matière. Le vide est, en conséquence, cause matérielle de l'étant (pour reprendre la terminologie aristotélicienne) et donc condition ontologique de « ce qui se présente ». Mais en même temps, le vide est condition phénoménologique de toute présentation, car il faut du vide pour *héberger* les corps composés. Ceci parce que pour l'atomisme, il ne semble

---

[17] Lucrèce, *De Natura Rerum*, livre I.
[18] Sur le statut ontologique du vide dans la doctrine atomiste voir : Aristote, *Métaph.* A, 4, 985 b4 ; *Physique*, IV,4, 213 a27 ; *De Caelo*, III, 7, 305 b1 ; Simplicius, *Physique*, 28,4 et 648, 12.
[19] Lucrèce, *De Natura Rerum*, livre I, 1008-1014.
[20] « Le vide est donc un lieu intangible et vacant. Sans lui, les choses ne pourraient du tout se mouvoir, car la fonction qu'est celle de la matière, résister faire obstacle, toujours et partout s'accomplirait et rien ne pourrait avancer, rien ne commençant jamais à céder la place. Or les mers, les terres, les hautes régions du ciel, maintes choses en tous sens, oui, de mille façons, se meuvent sous nos yeux et l'absence de vide les priverait moins de leur mouvement inquiet que de l'existence : elles n'auraient pu se former car la matière compacte serait restée en repos ». Lucrèce, *De Natura Rerum*, livre I, 334-345.

exister aucune distinction réelle entre le vide et le lieu, contrairement à la théorie formulée dans les textes physiques d'Aristote et des stoïciens.

Cette distinction est reprise par Badiou justement pour marquer le passage qui va de la logique à l'ontologie, c'est-à-dire, de l'apparaître à l'être. Tout ce qui relève de la logique a un lieu (*topos*) sur lequel repose la consistance de l'étant. On dira donc que toute chose existe si elle est localisée à travers une *logique du lieu,* d'une topologie. A l'inverse, on dira que seul le vide *insiste* dans toute situation locale où l'être consiste. « L'insistance du vide inconsiste comme délocalisation »[21]. Mais on peut dire également que la démonstration de l'existence du vide est elle aussi revendiquée de l'intérieur du système, pour garantir et donner consistance à la thèse sur l'existence d'une infinité de mondes dans un univers absolument infini. Or, si l'univers n'atteint pas de limites, c'est parce que l'espace dans lequel il demeure s'étend vers tous les côtés, sans jamais atteindre sa fin.

La thèse sur l'infinité du monde défendue par Lucrèce suppose l'existence d'un nombre infini d'atomes et d'un espace lui aussi infini, car si le vide était limité, « il n'y aurait même ni ciel ni clair soleil, puisque la matière toute entière amassée croupirait au-dessous dès l'infini du temps »[22]. Le vide permet donc l'expansion sans cesse de la matière en même temps que la mobilité de toute chose. Mais il arrive aussi que l'univers soit pensé par Lucrèce selon la représentation d'un Tout composé de parties. Il en résulte que l'univers apparaît comme la somme de ces composantes, lesquelles sont uniquement au nombre de deux : atomes et vide. Le nombre d'atomes qui est infini se rajoute au vide qui est également infini. Il en découle donc que le Tout de l'univers est infini.

On remarquera donc ici une des plus grandes affinités entre l'atomisme et l'entreprise théorique de Badiou. Car si nous prenons en considération que dans la philosophie grecque, seule l'école atomiste a élaboré une conception relativement positive de l'infini. Conception qui repose, en dernier ressort, dans une stricte identification entre l'infini et le vide comme condition originelle de l'univers. Il faudrait donc y trouver ici ce qui constitue, aux yeux de Badiou, le trait essentiellement non conservateur de la théorie atomiste. A savoir, l'affirmation matérialiste et joyeuse de la révocation ontologique de l'Un.

Or on reconnaît bien que pour l'auteur de *L'être et l'événement*, l'infini est un concept libérateur puisqu'il s'avère comme étant le seul concept qui puisse nous sauver de toute interprétation métaphysique, et par conséquent théologique de la pensée, à savoir : de Dieu, de l'Histoire et de la Mort. C'est dans ce sens que Badiou peut affirmer qu'« en ce qui concerne la philosophie, la tâche est d'en finir avec la raison de la finitude, et son escorte herméneutique. Le point clef est sans doute de desceller l'infini de sa

---

[21] Cf. Alain Badiou, *L'être et l'événement, op. cit.*, p. 91
[22] Lucrèce, *De Natura Rerum*, livre I, 989-991.

millénaire collusion avec l'un... »²³. Mais pour y parvenir, il semble nécessaire que la philosophie accomplisse au moins trois grands programmes :

Premièrement, la philosophie doit rompre avec toute interprétation onto-théologique de la notion d'infini, car l'infini est avant tout un concept athée, surtout dans la mesure où il instaure un espace pour la pensée complètement libre et dégagé de l'égide de l'Un, ainsi que de toute idée religieuse qui suppose un Dieu transcendant. Or rappelons tout simplement qu'avec l'apparition de la philosophie chrétienne, nous assistons à une valorisation radicalement distincte de celle que les Grecs avaient apportée du concept d'infini. A savoir, une conception essentiellement théiste, qui préférera parler d'infinitude, dans un sens proprement métaphysique, que d'infini dans le sens physique ou mathématique.²⁴

Mais c'est précisément contre cette conception théologique de l'infini que Badiou réagit, et avec laquelle la philosophie doit s'efforcer d'en finir. Non pas en revenant aux anciens, mais plutôt en opérant une nouvelle alliance entre les mathématiques ensemblistes et l'ontologie en tant que théorie multiple de l'être en tant qu'être. C'est dans ce sens que Badiou va lorsqu'il affirme : « Du Dieu de la métaphysique il faut achever le parcours par une pensée de l'infini qui en dissémine la ressource sur l'étendue entière des multiplicités quelconques. Dans ce sens, les mathématiques ont radicalement sécularisé le concept d'infini au point de l'avoir séparé de toute liaison avec un programme théologique. En fondant une pensée où l'infini se sépare irréversiblement de toute instance de l'Un, la mathématique a réellement accompli, pour son propre compte, le programme de la mort de Dieu »²⁵.

Deuxièmement, la pensée doit se réapproprier dans son mouvement immanent non seulement le concept d'infini selon sa version mathématique, mais aussi et davantage de son homologue temporel : le concept d'éternité. Ce qu'implique, toutefois, sa dépuration des fausses conceptions théologiques dont il a été investi pendant des siècles. Car, la notion d'éternité à laquelle Badiou fait référence est, encore une fois, celle du *mathème*, de

---

[23] Alain Badiou, *Court traité d'ontologie transitoire*, *op. cit.*, p. 21
[24] En effet, c'est avec l'arrivée du christianisme qu'apparaissent les premiers théoriciens de l'infini positif, en l'identifiant comme l'attribut suprême et exclusif de Dieu. On voit ainsi apparaître, grâce peut-être à la médiation du néoplatonisme, avec les pères de l'église une première identification entre l'infini et l'Un divin. De même, on commencera à parler dans la scolastique de la finitude comme le résultat de la composition des êtres en matière et forme, ou plutôt en essence et existence, et par conséquent, de la finitude comme caractéristique fondamentale de *l'esse subsistens*. Etant Dieu, acte pur *subsistant*. Dans cette même voie, et en faisant une démonstration rationnelle minutieuse, Duns Scott fonde ses arguments sur l'existence de Dieu, tout en partant de l'attribut suprême de son infinitude. Enfin, c'est à peu près cette même idée de Dieu comme substance absolument infinie, que l'on retrouvera plus tard chez la plupart des modernes, tel que Descartes, Spinoza ou Hegel.
[25] Alain Badiou, *Conditions*, *op. cit.* p. 175.

Situations et ontologie

l'impassibilité temporelle des multiplicités ensemblistes, et pas du tout la notion théologique de l'éternité. La réhabilitation de ce concept obéit plutôt à un programme de désacralisation de la pensée, où l'objectif principal serait d'en finir avec l'une des dernières figures de l'onto-théologie qui est pour lui, l'historicisme. « Le renoncement contemporain à la notion d'éternité, le culte du temps, de l'être-pour-la-mort et de la finitude sont des effets évidents de l'historicisme »[26].

Il s'agit d'une part, de rendre à la pensée l'éternité du concept dégagé de toute temporalisation, à travers la *ré-intrication* de l'ontologie avec les mathématiques et, d'autre part, d'en finir avec toute interprétation finitiste du monde ainsi qu'avec une certaine phénoménologie du temps, chère à certains philosophes contemporains[27].

Troisièmement, la philosophie dans son programme d'une nouvelle intrication avec les mathématiques, doit se réapproprier la notion de *transfini* qui, depuis Cantor, prolonge l'infini des situations à tout étant, ce qui révèle le fini comme une situation intrinsèque de l'être infini, et non pas le contraire. C'est là, sans doute, un des apports les plus remarquables de la formalisation cantorienne de la théorie des ensembles, que de faire de toute réalité une prolongation infinie de plusieurs infinis, et ainsi de renverser le rapport d'assujettissement que le fini opère sur la nature humaine. Or la notion d'ensemble transfini destitue tout rapport entre le fini et l'infini en déclarant que toute réalité est, en dernier ressort, infinie[28]. Ce que Badiou confirme lorsqu'il dit : « L'essence du fini, est alors seulement l'être multiple comme tel. Dès qu'advient la décision historique de faire être les multiples naturels infinis, le fini est qualifié comme région de l'être, forme mineure de sa présence »[29].

La tâche est donc celle de rompre définitivement avec l'idée conservatrice romantique de la finitude de l'homme et son culte de la mort ;

---

[26] *Ibid*, p. 66.
[27] Une telle entreprise anti-historiciste trouve ses échos dans le projet philosophique de nombreux penseurs contemporains à Badiou, notamment chez Foucault et Deleuze, pour qui l'historicisme est sans doute une sorte de *bête noire* à rabattre. Toutefois, cette initiative se différencie quand même des formulations théoriques de ceux-ci, surtout en ce qui concerne une possible réhabilitation du concept d'éternité. Car la réfutation de l'historicisme et surtout de certaines théories du temps d'inspiration hégélienne, mènent ces auteurs à la reformulation d'une autre théorie du temps, et non pas à la négation de celui-ci, comme semble le faire Badiou. Il serait intéressant, dans ce sens, d'étudier dans quelle mesure le projet généalogique de Foucault et la théorie du temps de Deleuze, rentrent en contradiction avec la négation de toute forme de temporalité chez Badiou.
[28] Une définition non formelle et non rigoureuse d'ensemble transfini peut être celle qui *appelle l'ensemble infini, l'ensemble dans lequel chacun de ses éléments est en relation de bijection avec les éléments de l'une de ses parties ou l'un de ses sous-ensembles*. Pour un traitement plus rigoureux de cette notion, voir : Belna J-P., *Cantor*, Paris, Les Belles Lettres, 2000.
[29] Alain Badiou, *L'être et l'événement, op. cit.*, p. 179

celle-ci ne saurait être qu'une illusion théologique et métaphysique qui part du primat du fini sur l'infini.

Pour l'atomisme ancien, et plus notamment pour l'épicurisme, l'infini semble fournir à la philosophie des outils nécessaires pour faire de celle-ci une activité tout aussi non conservatrice que libératrice. Car il s'agit en tout moment d'une activité *cathartique,* qui a pour but la purification de l'âme face aux fausses conceptions de la mythologie et de la superstition. Il s'agit donc de sauver la vie des hommes de l'assujettissement et de la crainte[30]. Car pour Lucrèce, tout comme pour son maître Epicure, la richesse ultime de la philosophie réside dans la dissolution des trois grandes peurs qui perturbent l'esprit humain : la peur du Destin, la peur des Dieux et la peur de la Mort. Pour lutter contre cela, l'épicurisme émet trois thèses : l'inexistence ou l'indifférence absolue des dieux vis-à-vis du monde et des hommes, la théorie du *clinamen* comme déviation immanente et hasardeuse de la chute continue des atomes, et finalement, la promotion d'une éthique de la finitude pour laquelle ils déclarent que « la mort n'est rien pour nous et ne nous touche en rien »[31].

Mais revenons à la question centrale de notre propos : quelle est, et à partir de quoi se construit l'image d'une pensée immanente dans l'atomisme ancien ?

A cette question nous répondrons tout simplement que la pensée atomiste de Leucippe et ses successeurs constitue pour Badiou une première tentative de désacralisation et de laïcisation de la pensée, à partir du postulat qui affirme et l'infinité des situations et le vide comme les seuls et uniques supports de l'univers. C'est là, nous semble-t-il, que l'on trouve l'un des plus admirables apports théoriques de l'atomisme ancien pour la pensée moderne, car elle donne à la philosophie des outils pour construire une philosophie entièrement laïque, débarrassée des allégeances transcendantes telles que Dieu et le concept de finitude.

D'autre part, l'atomisme opère la réhabilitation d'une pensée qui, tout en revendiquant l'originel du vide par rapport à toutes les choses, affirme aussi

---

[30] Lucrèce, *De Natura Rerum*, livre I, 100-145. Ce qui relève d'une puissante capacité critique vis-à-vis des conventions et moeurs sociales ; mais qui, en même temps, fait de la doctrine épicurienne une philosophie essentiellement pratique, voire une Ethique ; genre philosophique qui, aux yeux de Badiou, ne peut être que signe de décadence, voire, une figure contemporaine du nihilisme. (Cf. Badiou, *L'Ethique*, Ed. Hatier, Paris, 1993, p. 33-36).
[31] Lucrèce, *De Natura Rerum*, III, 830. Voilà d'ailleurs un point de controverse par rapport à la pensée de Badiou. Surtout si on pense que, pour Epicure ainsi que pour Lucrèce, le rôle moral de la philosophie est celui d'apporter à l'homme le plus de bonheur possible, à travers la dissolution de toutes les craintes. La peur de la mort et dans ce sens une peur à combattre à travers d'une conception positive et joyeuse de la finitude. Pour Badiou, ceci ne saurait dénoncer que le caractère nihiliste de la pensée éthique, car comme il affirme : « toute définition de l'Homme à partir du bonheur est nihiliste », ou encore : « l'éthique est nihiliste parce que sa conviction sous-jacente est que *la seule chose qui puisse vraiment arriver à l'homme est la mort* ». Cfr. *Ibid*.

Situations et ontologie

l'irrévocable permanence du corps dans la pensée occidentale. C'est-à-dire que l'atomisme, tout comme le stoïcisme ancien, est une philosophie construite pour et à partir du corps. Ces écoles accordent aux corps une importance exceptionnelle dans l'histoire de la philosophie, importance qui peut-être ne sera revendiquée que par Spinoza dans la pensée moderne[32]. Leurs philosophies ne font que tourner autour des réalités immanentes des corps, de l'action et de la passion qu'ils subissent, de leurs mouvements incessants dans le vide infini, de leurs chocs et déviations, de leur composition et décomposition, de leur subit et hasardeux accrochage. Enfin, de leur singularité et de son rapport mystérieux avec « ce qui arrive » : la collusion, la dislocation, la fusion, la blessure, la mort. Tout est établi pour et à partir des corps et, de manière elliptique, tout reviendra à la vérité des corps. C'est là que demeure l'immanence effective de l'atomisme ancien, celle qui le désigne comme une pensée essentiellement matérialiste et éternellement liée à l'Ouvert.

---

[32] C'est d'ailleurs curieux que dans son examen consacré à l'ontologie « fermée » de Spinoza, Badiou n'ait pas relevé l'extrême proximité existant entre l'épicurisme et le spinozisme à propos du corps, et de son importance pour ces deux philosophies. Ce qui, par contre, a été récemment soulevé par Pierre-François Moreau dans son article « Epicurisme et spinozisme », dans *Magazine Littéraire*, N° 425, novembre 2003.

B- BADIOU ET LA PENSEE CONTEMPORAINE DU MULTIPLE
*multiplicité mathématique : une question de goût,
une source du pensable ou une métaphore de l'être ?*

Ray Brassier
L'ANTI-PHENOMENE – PRESENTATION ET DISPARAITRE

On n'insistera jamais trop sur le caractère foncièrement anti-phénoménologique de l'ontologie soustractive revendiqué par Badiou. J'aimerais essayer de mettre en avant quelques-uns de ces enjeux anti-phénoménologiques en examinant le rapport entre l'inconsistance de l'être et la consistance étante tel qu'il est présenté dans les dix premières Méditations de *L'être et l'événement*[1]. Il s'agit de suggérer que le concept métaontologique[2] de « présentation», mobilisé dès la première Méditation du livre, est celui d'un anti-phénomène[3], c'est-à-dire d'un noumène scindé reliant l'inconsistance du vide et la consistance du compte-pour-un.

Un

Non seulement l'injonction inaugurale de *L'être et l'événement*, « l'Un n'est pas»[4], bannit tout appel à « l'expérience» au niveau des soi-disant « données perceptuelles», mais plus radicalement, elle rend caduc tout appel aux phénomènes. « Il y a de la présentation multiple», pose Badiou, mais cela ne peut pas être reconduit à un champ de « présentification» phénoménologique, « car la présence est le contraire exact de la présentation»[5]. En effet, le dispositif phénoménologique ne peut s'empêcher de supposer d'emblée l'unité d'un phénomène présenté ou d'un champ phénoménal (l'étant ou le monde) ; l'unité d'un lieu d'accueil pour ce

---

[1] Alain Badiou, *L'être et l'événement*, Paris, Seuil, 1988. Malheureusement, dans ce qui suit je ne pourrai pas tenir compte des travaux récents de Badiou où il tente une redéfinition surprenante du concept de «phénoménologie» à travers une nouvelle «théorie de l'apparaître», qui complémente mais aussi retravaille la «théorie de l'être» proposée dans *L'être et l'événement*. Ces travaux seront incorporés dans *Logiques des mondes*, suite et refonte radicale de *L'être et l'événement*, auquel Badiou œuvre depuis plusieurs années déjà.
[2] Dans *L'être et l'événement*, Badiou identifie la théorie axiomatique des ensembles comme discours de l'être en tant qu'être. Mais le propre de l'effectuation ensembliste du discours ontologique est justement de ne pas objectiver l'être en le réfléchissant. Autrement dit, la mathématique ne sait pas qu'elle est l'ontologie. Donc, le discours philosophique se voit attribué une fonction «métaontologique» dans la mesure où il doit 1) montrer que la mathématique est l'ontologie, et 2) penser la pensée qu'est la mathématique en tant qu'ontologie – chose que celle-ci ne peut et ne doit pas faire, au risque de re-objectiver l'être. Cf. Alain Badiou, *L'être et l'événement*, op. cit., Introduction, pp. 10-21 et Méditations 3-8, pp. 49-118.
[3] Et non pas comme «épiphénomène», qui demeure un concept phénoménologique. Cf. par exemple Levinas qui décrit l'énigme de la trace de l'Autre comme épiphénomène.
[4] Alain Badiou, *L'être et l'événement*, op. cit., p. 31.
[5] *Ibid.*, p. 35.

ou ces phénomène(s) (la conscience ou le *Dasein*) ; et finalement l'unité d'un processus d'apparaître reliant phénomène et lieu d'accueil (l'intentionnalité chez Husserl ou l'ekstase temporalisante du *Dasein* chez Heidegger).

Mais la présentation, Badiou insiste, est sans-un. Ou plutôt, l'un n'y fonctionne que comme opération et « l'un, d'être une opération, n'est jamais une présentation »[6]. Être, c'est être compté-pour-un selon l'appartenance. Mais l'opération du compte n'est pas, parce qu'elle ne *se* compte pas. Donc, c'est en s'absentant de son propre compte que tout compte requiert un « compte-du-compte», soit ce que Badiou appelle une « re-présentation» : « il y a toujours à la fois présentation et re-présentation »[7]. Il faut prendre cet « à la fois » au pied de la lettre : il y a une parfaite coïncidence ou simultanéité entre présentation et re-présentation. Bien qu'un écart les sépare, celui-ci n'est pas chronologique (où l'on voit encore que l'analyse de Badiou refuse tout appel à la donation spatio-temporelle. Justement, l'être n'a rien à voir ni avec le temps ni avec l'espace : tel est le Platonisme radical de Badiou). Il s'ensuit que la présentation est scindée par ce clivage entre compte et compte-du-compte, soit entre appartenance et inclusion (celle-ci, Badiou prend soin de préciser, n'étant qu'une forme de celle-là, et non une deuxième relation primitive[8]) pour autant que le compte lui-même n'est rien, qu'il demeure imprésenté et donc appelle une re-présentation :

> [I]l revient exactement au même de dire que le rien est l'opération du compte, laquelle, en tant que source de l'un, n'est pas elle-même comptée, ou de dire que le rien est le multiple pur, sur quoi opère le compte, et qui, « en soi», c'est-à-dire en tant que non-compté, se distingue de lui-même tel qu'il advient selon le compte.[9]

Autrement dit, l'opération non-étante du compte-pour-un institue une scission entre la consistance-étante des multiples comptés-pour-un selon l'appartenance, et l'inconsistance ou l'être-rien du compte, qui ne sera rendu consistant qu'à travers sa re-représentation, c'est-à-dire en comptant tous les sous-ensembles qu'il inclut sans compter[10]. Donc, la présentation effectue un « effet d'un» mais n'est pas une parce qu'elle est clivée intérieurement entre l'étant multiple et consistant, présenté à travers l'appartenance, et son être-inconsistant, c'est-à-dire le non-être du compte

---

[6] *Ibid.*, p. 32.
[7] *Ibid.*, p. 110.
[8] «[I]l est capital que l'axiome [des sous-ensembles] n'introduise pas pour ce faire une opération spéciale, une relation *primitive* autre que l'appartenance. Nous avons vu en effet que l'inclusion se laissait définir à partir de la seule appartenance.» (Alain Badiou, *L'être et l'événement*, *op. cit.*, p. 97).
[9] Alain Badiou, *L'être et l'événement*, *op. cit.*, p. 68.
[10] Badiou établit ce qu'il appelle «le théorème du point d'excès», c-à-d. l'excès de l'inclusion sur l'appartenance, dans *L'être et l'événement*, *op. cit.*, Méditation 5, pp. 95-107.

tel qu'il laisse choir un point d'indiscernabilité avec l'être-rien du vide[11]. C'est à cette dangereuse indiscernabilité entre non-être de l'un et être-rien du vide que la re-présentation tente de parer en mesurant l'écart entre appartenance et inclusion. Il s'agit de séparer le non-être de l'être-rien en assignant une mesure à l'excès de l'inclusion sur l'appartenance. Ainsi, l'être inconsistant, ou vide, de la présentation, c'est-à-dire du compte, « aura-été-présenté» en re-présentant tout ce que le compte inclut sans présenter :

> Par conséquent, puisque tout est compté, et que cependant l'un du compte, d'avoir à résulter, laisse en reste fantomatique que le multiple n'est pas originellement dans la forme de l'un, il faut admettre que, de l'intérieur d'une situation, le multiple pur, ou inconsistant, est à la fois exclu du tout, donc exclu de la présentation elle-même, et inclus, au titre de ce qui « serait» la présentation elle-même, la présentation en-soi, si était pensable ce que la loi [du compte-pour-un] n'autorise pas à penser : que l'un n'est pas, que l'être de la consistance est l'inconsistance.[12]

Mais seule la situation ontologique telle quelle, l'axiomatique ensembliste comme « présentation de la présentation»[13], s'avère capable de rester rigoureusement fidèle à l'axiome du non-être de l'un :

> Dans une situation non ontologique (non mathématique), le multiple n'est possible qu'autant que la loi l'ordonne explicitement à l'un du compte [...] Une situation quelconque saisie dans son immanence renverse donc l'axiome inaugural de toute notre procédure. Elle énonce que l'un est, et que le multiple pur – l'inconsistance – n'est pas. Ce qui est tout à fait naturel, puisqu'une situation quelconque, n'étant pas présentation de la présentation, identifie nécessairement l'être au présentable, donc à la possibilité de l'un [...] Il est donc véridique [...] à l'intérieur de ce qu'une situation établit comme forme de savoir, qu'être, c'est être en possibilité de l'un. La thèse de Leibniz (« Ce qui n'est pas un être, n'est pas un être») est proprement ce qui gouverne l'immanence d'une situation, son horizon de véridicité. C'est une thèse de la loi.[14]

---

[11] Pour la distinction (capitale) entre «non-être» et «être-rien» cf. Alain Badiou, *L'être et l'événement*, op. cit., Méditation 4, en particulier pp. 66-67.
[12] Alain Badiou, *L'être et l'événement*, op. cit., p. 66.
[13] «Il est clair que seule une axiomatique peut structurer une situation ou ce qui est présenté est la présentation. Seule en effet elle évite d'avoir à faire un du multiple, laissant celui-ci dans l'implicite des conséquences réglées par quoi il se manifeste comme multiple [...] Ainsi déconstruit-elle tout effet d'un, fidèle au non-être de celui-ci, pour disposer, sans nomination explicite, le jeu réglé du multiple tel qu'il n'est que la forme absolue de la présentation, donc le mode sur lequel l'être se propose à tout accès.» (Alain Badiou, *L'être et l'événement*, op. cit., pp. 38-39).
[14] Alain Badiou, *L'être et l'événement*, op. cit., pp. 65-66.

Situations et ontologie

La question alors est de savoir d'où Badiou parle dans ces Méditations inaugurales de *L'être et l'événement*. Selon l'identité de la pensée et de l'être-sans-un tel qu'effectuée par la théorie des ensembles ? Ou selon le savoir et la loi de l'un ? Comment situer son propos philosophique, étant donné que la situation du discours métaontologique ne peut être ni ontologique *stricto sensu*, ni celle d'un savoir quelconque ? Elle n'est pas l'ontologie, puisqu'elle n'est pas présentation de la présentation, et tous ses concepts fondamentaux – «être», «multiple», «structure», «ensemble», «compte-pour-un», «présentation», «situation», «état» – sont transcendants vis-à-vis des ressources immanentes de l'axiomatique ensembliste, dont la caractéristique essentielle est justement de ne pas se savoir comme science de l'être en tant qu'être, de ne pas objectiver l'être en le reflétant de façon spéculaire. Mais elle n'est pas non plus une forme de savoir quelconque, puisqu'elle n'est pas ordonnée à l'immanence d'une situation particulière – pas même à celle de l'ontologie – et donc n'est pas entièrement soumise à la loi de l'un – sinon Badiou serait empiriste ou phénomènologue ou même épistémologue des mathématiques ; ce que, selon toute évidence, il n'est pas. Pour Badiou, c'est le propre de la philosophie d'être sous condition de vérités extra-philosophiques qui demeurent irréductibles aux normes immanentes du savoir, et de tenter de les « compossibiliser»[15]. Mais étant donné que la philosophie elle-même ne figure pas parmi les procédures de vérité, il ne semble pas qu'il y ait de sujet philosophe à proprement parler, et donc Badiou ne nous explique pas comment son propre discours philosophique est capable de s'excepter des conditions immanentes du savoir telles qu'ordonnées à la loi de l'un.

En fait, la radicalité anti-phénoménologique du concept de « présentation» laisse surgir un problème profond concernant la nature précise des rapports fondamentaux entre situation ontologique, situation philosophique, et situation quotidienne ; soit entre l'axiomatique ensembliste, la métaontologie soustractive, et les formes de savoirs. Mais dans ce qui suit, nous n'allons considérer que le rapport entre ontologie et philosophie.

Deux
Est-ce que la mathématique ensembliste fonctionne comme source ou métaphore pour l'ontologie Badiousienne ? Autrement dit, y a-t-il isomorphie ou analogie entre axiomatique ensembliste et doctrine de l'être ? La démarche de Badiou dans *L'être et l'événement* laisse subsister une équivoque dangereuse entre isomorphie et analogie, entre la localisation littérale de la situation ontologique comme présentation de la présentation (présentation sans représentation, Badiou insiste[16]), et la dé-localisation

---

[15] Cf. Alain Badiou, *Manifeste pour la philosophie*, Paris, Seuil, 1989.
[16] Cf. Alain Badiou, *L'être et l'événement, op. cit.*, p.117.

d'un discours métaontologique qui semble chevaucher l'ontique et l'ontologique. Dans *L'être et l'événement* l'aspécificité de la situation métaontologique - le fait que la situation du sujet philosophe y est laissée hors de compte - donne l'impression que l'argument de Badiou flotte entre une re-présentation de la présentation de l'être telle qu'effectuée par les mathématiques ensemblistes, et une présentation des représentations imaginaires du savoir quotidien, qui demeurent subordonnées au régime de la loi de l'un.

Si on considère l'argument de *L'être et l'événement* dans sa structure abstraite, celui-ci semble particulièrement retors. D'un côté, Badiou tire les conséquences d'une décision selon laquelle « les mathématiques sont l'ontologie». Supposons – comme il semble probable – que cette décision soit finalement événementielle. Alors, par principe, elle demeure injustifiable à l'intérieur de l'appareillage conceptuel qui en tire les conséquences. Mais c'est justement cet appareillage qui va expliquer comment et pourquoi l'injustifiabilité d'une telle décision est non seulement possible, mais légitime (quoiqu'invérifiable par le savoir, etc.[17]). Comment cet appareillage procède-t-il ? En montrant qu'il y a en effet un authentique fondement pour la pensée. Lequel ? Celui à travers lequel la pensée se suture à l'être. Cette suture, qui authentifie le principe Parménidien selon lequel « le même est être et pensée», a lieu dans l'axiomatique ensembliste comme présentation de la présentation. Et c'est à partir de celle-ci qu'on expliquera la possibilité de la décision événementielle comme défaillance de la consistance de l'être ; défaillance qui donne lieu à la décision que l'être peut défaillir... etc.

Il n'est pas question de dénoncer la soi-disant « circularité» de l'argumentation de Badiou. D'elle-même, cette circularité demeure parfaitement légitime. Elle n'est pas nécessairement vicieuse. Néanmoins, la suture de la pensée à l'être – ou au réel, ils sont équivalents ici – a lieu à l'intérieur de l'axiomatique ensembliste, et non pas dans la glose métaontologique sur celle-ci, que Badiou glisse entre elle et le lecteur en employant des concepts comme celui de « présentation». Autrement dit, hors de la situation ontologique, nous n'avons aucune assurance que la pensée ait une prise sur l'être. Mais alors comment sait-on que le concept métaontologique de « présentation» pointe quoique ce soit ? Certainement pas en raison d'un appel à une soi-disant « évidence empirique» selon laquelle « tout le monde peut voir qu'il y a de la présentation». Un Platonicien aussi intransigeant que l'est Badiou face aux doxas de l'opinion ne peut accepter des raisonnements de ce genre. Quel est donc le statut du concept de « présentation» par l'intermédiaire duquel Badiou nous révèle qu'il y a en fait une instance irrécusable où la pensée se suture à l'être ? Pour

---

[17] Pour la distinction entre vérité et savoir chez Badiou cf. *L'être et l'événement, op. cit.*, pp. 361-471, mais aussi «Conférence sur la soustraction» et «La vérité: forçage et innommable» dans Alain Badiou, *Conditions*, Paris, Seuil, 1992, pp.179-212.

l'élucider, il faut re-examiner la structure scindée de la présentation – c.-à-d. du compte-pour-un – comme scission qui relie consistance et inconsistance, être-rien du vide et non-être de l'un, tout en assurant l'excès irrémédiable de celui-là sur celui-ci.

Trois

Si on reconduit la scission présentative entre consistance étante et inconsistance de l'être à une variante de la différence ontico-ontologique heideggerienne, toute la radicalité de l'entreprise de Badiou est perdue. Badiou est parfaitement clair : « "Soustractif" s'oppose ici à la thèse heideggerienne d'un retrait de l'être»[18]. Rappelons-nous que l'accusation principale dans la critique sévère que Badiou adresse à Deleuze est que la différence entre actuel et virtuel, extensité et intensité, n'est finalement qu'une reformulation de la différence ontico-ontologique, pilier de toute phénoménologie[19]. Anti-phénoménologique par principe, l'ontologie soustractive véhicule une forme d'ascèse théorique qu'il est utile de contraster avec la concupiscence mondaine des ontologies naturelles, unitaires, ou présentifiantes. D'abord, elle est contre-nature, ou artificielle : contre tout appel à la plénitude signifiante de la perception, du sensible, ou du corps, elle revendique l'abstraction axiomatique et l'intelligibilité artificielle de l'idéographe mathématique. Ensuite, elle est anti-unitaire, ou pulvérisante : contre tout appel à l'Un-Tout, que ce soit sous la forme de la Nature ou de l'Histoire, elle affirme la dissémination intégrale du multiple-sans-un et proclame l'inexistence de la Nature autant que de l'Histoire (conçues comme totalités unifiantes). Enfin, elle est foncièrement corrosive ; elle troue la présentification : contre tout appel à la donation phénoménologique d'un incontournable horizon de sens pour la pensée, elle célèbre l'insignifiance de l'être ainsi que la césure in-sensé de l'événement.

Mais alors pourquoi, dans les toutes premières méditations décisives qui ouvrent *L'être et l'événement*, Badiou continue-t-il à parler d'une « présentation» de l'être-multiple ? De quelle espèce de manifestation l'être soustractif demeure-t-il capable, étant donné que, comme le remarque Badiou lui-même, « l'être ne *se* présente pas»[20] et que « [l']on chercherait en vain, dans une situation, de quoi alimenter une intuition de l'être-en-tant-qu'être»[21] ? S'il ne peut y avoir aucune « donation» de l'être soustractif, comment Badiou établit-il un lien entre être et présentation ? Car finalement, dans *L'être et l'événement*, il n'est pas du tout clair si l'argument procède de la « présentation» multiple à l'être-vide, ou au contraire, de l'être-vide à la présentation multiple. Surtout, il importe de saisir que la question du rapport entre être et présentation est la question du rapport

---

[18] Alain Badiou, *L'être et l'événement*, op. cit., p. 35.
[19] Alain Badiou, *Deleuze. La clameur de l'être*, Paris, Hachette, 1997.
[20] Alain Badiou, *L'être et l'événement*, op. cit., p. 35.
[21] *Ibid.*, p. 67.

entre l'être-rien du vide et le non-être de l'un : c.-à-d. la question du lien entre l'inconsistance imprésentable de l'être-en-tant-qu'être et la présentation consistante qu'effectue le compte-pour-un. Comment se fait-il que l'imprésentable donne lieu à de la présentation ?

C'est la question principale soulevée par François Wahl dans son remarquable article « Présentation, Représentation, Apparaître »[22]. Pour Wahl, l'ontologie soustractive que Badiou élabore au cours de *L'être et l'événement* demeure intrinsèquement insuffisante précisément parce qu'elle ne peut établir le lien nécessaire entre le vide de l'être et la présentation-multiple. Cette lacune expose une tension fondamentale entre la thèse radicalement anti-phénoménologique selon laquelle Badiou pose qu'« il n'y a pas de structure de l'être »[23] et des déclarations plutôt conciliatoires comme celle-ci : « quoique son être soit la multiplicité inconsistante, la présentation n'est jamais chaotique »[24]. Étant donné que l'être n'a pas de structure et la présentation comme compte-pour-un est nécessairement consistante, que peut-il bien entendre par « chaotique » ? Si cela veut dire « désordonné », cette déclaration est, sinon fausse d'emblée, au moins empiriquement contestable. Mais si « chaotique » veut dire « inconsistante », l'affirmation de Badiou énonce une tautologie vide : « la consistance n'est jamais inconsistante ». C'est précisément en défaut d'établir un lien nécessaire entre l'inconsistance de l'être et la consistance étante que Badiou n'a d'autre ressource que de proclamer de façon sourdement tautologique que la consistance doit être consistante. Malheureusement, c'est en essayant de légitimer ce qui ne semble être qu'un constat empirique par l'appel à la tautologie que Badiou prête le flanc à une question particulièrement gênante : si l'un n'est pas, mais n'est que le résultat d'une opération non-étante, quelle est l'instance non-tautologique qui légitime qu'il doit y avoir de l'un, c.-à-d. de la consistance ? Nous reviendrons sur ce point dans un moment. Reste que, pour Wahl, cet échec à établir un lien entre l'inconsistance de l'être-vide et la consistance de la présentation mène à la conclusion que l'ontologie soustractive demeure insuffisante et que « l'ontologie de la présentation et des étants, l'ontologie des déterminations multiples de l'être, reste à faire »[25].

En dépit de Wahl, je crains qu'on ne puisse accepter ce partage ou cette dualité entre ontologie soustractive de l'être-en-tant-qu'être et ontologie présentative de la consistance étante sans resombrer dans la débauche mondaine des ontologies naturelles, unitaires et présentifiantes. Donc, le problème principal pour l'ontologie soustractive semblerait être celui-ci : comment articuler l'inconsistance de l'être-vide à la consistance non-étante

---

[22] Dans Charles Ramond (éd.), *Penser le multiple*, Paris, L'Harmattan, 2002, pp.169-187.
[23] Alain Badiou, *L'être et l'événement*, *op. cit.*, p. 34.
[24] *Ibid.*, p. 110.
[25] François Wahl, « Présentation, Représentation, Apparaître », dans Charles Ramond (éd.), *Penser le multiple, op. cit.*, p. 187.

de l'un sans céder à la tentation phénoménologique et réintroduire la présentification avec tout son bric-à-brac : l'espace, le temps, la qualité, etc. ? Plutôt que de rechercher une supplémentation présentifiante, il faut insister sur la faille soustractive dans la présentation et saisir comment c'est celle-ci qui réussi à relier l'inconsistance de l'être-vide à la consistance du non-être.

Quatre

Dans ce but, examinons maintenant l'argument à travers lequel Badiou démontre la suture de la pensée à l'imprésentable. Selon l'axiome de séparation[26], la théorie des ensembles se voit toujours obligée de présupposer l'existence d'un ensemble déjà donné avant de déclarer l'existence d'un autre. Donc, toute déclaration d'existence présuppose une existence déjà donnée. Mais que peut-t-il y avoir à l'origine ? Quel est l'ensemble originel dont l'existence est toujours déjà présupposée ? C'est l'ensemble vide : celui auquel rien n'appartient. Donc, l'ontologie, qui est présentation de la présentation – présentation du compte-pour-un comme appartenance – n'affirme aucune existence, aucune appartenance antérieure à celle à laquelle rien n'appartient. Elle affirme l'être-rien de l'appartenance comme ce auquel aucune appartenance n'appartient. Il en suit que ce n'est pas l'appartenance (la consistance) dont on déclare l'existence originelle, mais la non-appartenance (l'inconsistance) comme ce qui est déjà présupposé par toute appartenance postérieure. En fait, c'est un déni d'appartenance plutôt qu'une affirmation de non-appartenance qu'il y a à l'origine. Mieux, un déni dont le geste même équivaut à une affirmation, ou comme dit Badiou une « existence qui n'existe pas »[27]. Ainsi, l'axiomatique ensembliste accomplit ce que Badiou appelle « la suture soustractive de la pensée à l'être » en déclarant l'existence d'une inexistence. Elle proclame l'être d'un imprésentable en niant la présentation.

C'est ici que, une fois de plus, François Wahl, dans l'article déjà mentionné, adresse une critique particulièrement pénétrante à Badiou. L'argument qui nous enjoint de conclure de la négation de l'appartenance à l'existence d'une non-appartenance n'est-t-il pas tout bonnement un argument ontologique ? Même si, comme dit Badiou, l'axiome du vide affirme une inexistence plutôt qu'une existence, étant donnée que « l'inexistence n'est pas plus un "indice existentiel" que ne l'était, dans l'argument classique, la perfection »[28], pourquoi cette inexistence (celle de l'appartenance) aurait-elle droit à l'existence plus qu'aucune autre inexistence – comme celle de l'un par exemple ? En quoi la négation de l'appartenance à travers laquelle on déduit l'être-vide diffère-t-elle de la négation de l'unité à travers laquelle on déduit le non-être de l'un ?

---

[26] Cf. Alain Badiou, *L'être et l'événement*, op. cit., Méditation 3, pp. 49-59.
[27] *Ibid.*, p. 81.
[28] Fançois Wahl, « Présentation, Représentation, Apparaître », op. cit., p. 177.

Malgré tout, la redoutable perspicacité de Wahl ne doit pas nous aveugler au fait que cette objection rate le noyau de l'argument de Badiou. L'apport de l'axiome du vide n'est ni que "la non-appartenance est", ou que "l'imprésentable est", ou encore que "l'inexistence existe". Son apport est que, même pour nier l'appartenance, il faut *au moins* présupposer qu'une *marque* d'appartenance soit déjà donnée. Et c'est en niant cette marque d'appartenance qu'il affirme l'existence d'une marque de non-appartenance. Donc, il déclare que « le nom de l'imprésentable est présenté » ou « il existe un nom de l'inexistence ». Cette nuance est cruciale. Car c'est à travers cette nomination que la présentation se suture à l'imprésentable sans le présenter. Donc, comme dit Badiou « l'advenue inaugurale » de l'imprésentable « est un pur acte de nomination »[29] et « l'acte de nomination, étant aspécifique, se consume lui-même, n'indique rien que l'imprésentable comme tel »[30]. C'est une nomination qui ne marque ni le retour de l'un, puisqu'il ne fait rien consister, et qui n'est pas l'index d'un multiple, puisqu'elle ne présente strictement rien. Finalement, il n'y a qu'une lettre – pitoyable, insignifiante – pour marquer la faille originaire, la déchéance de la présence à travers laquelle la présentation s'articule soustractivement à l'imprésentable ; entaille marquant le lien entre consistance et inconsistance, non-être et être-vide. C'est cette incise soustractive qui est constitutive de la présentation comme anti-phénomène. Seule une soustraction de la soustraction sépare le non-être de la consistance unifiante de l'inconsistance originaire de l'être-vide. Double soustraction ou anti-phénomène, qui, en raison de sa localisation situationnelle à l'intérieur de l'axiomatique ensembliste, peut être appelée « originaire » dans un sens parfaitement non-théologique et laïcisé.

Cinq

Quelles conséquences peut-on tirer de tout ceci pour terminer ? En voici quatre :

Premièrement, si la seule présupposition réelle d'une ontologie soustractive est celle du nom du vide, on ne peut déduire celui-ci à partir d'une soi-disant présupposition de la consistance de l'être-multiple. Ce ne serait qu'une présupposition phénoménologique, et donc imaginaire. La forme légitime de la circularité pour la philosophie de Badiou est celle-ci : il y a une décision qui permet d'assumer une présupposition et une présupposition qui sert d'assise pour la décision. Ce qui veut dire que la philosophie devrait partir d'une décision événementielle selon laquelle les mathématiques sont l'ontologie, puis s'intégrer de façon immanente à celle-ci pour effectuer sa propre suture au réel. Bien entendu, en faisant ceci, la

---

[29] Alain Badiou, *L'être et l'événement*, op. cit., p. 72.
[30] *Ibid.*, ibid..

philosophie abdiquerait son rôle méta-ontologique de médiateur transcendant entre théorie de l'être et théorie de l'événement.

Deuxièmement, on ne peut laisser entendre, comme Badiou le fait dans *L'être et l'événement*, qu'il y aurait plusieurs opérations de compte possible à part celle de l'appartenance, qui est formalisée dans l'axiomatique ensembliste. Loin de n'être qu'une formalisation ou un modèle abstrait de l'opération unifiante, l'appartenance exténue la consistance. Il n'y a pas d'autres opérations de présentation données avant ou indépendamment de l'appartenance. Il faudrait pour cela que la présentation soit phénoménale. J'ai essayé de suggérer qu'elle ne peut l'être. Si la présentation n'est qu'un noumène soustractif, un anti-phénomène, tout ce qu'il y a comme consistance est articulé de manière exténuante par la théorie du multiple pur.

Troisièmement, la décision selon laquelle les mathématiques sont l'ontologie annule la distinction entre présentation de la présentation et présentation du présenté. « Il n'y a » que présentation de la présentation comme littéralité nouménale du vide soustractif. Et ce qui est présenté est l'inconsistance vide. Donc, l'axiomatique ensembliste n'a pas besoin d'être supplémentée par une théorie métaontologique de l'être-en-tant-qu'étant. Faire cela serait re-ouvrir la porte à la phénoménologie et re-introduire un décalage analogique entre ontologie et philosophie.

Quatrièmement, la seule articulation possible de l'être à l'apparaître est événementielle. Et l'événement manifeste l'inconsistance d'un disparaître plutôt que la consistance d'un apparaître.

Bien entendu, toute la question est de savoir s'il est possible à la fois d'immerger la philosophie dans l'immanence axiomatique et de maintenir la possibilité de la césure événementielle. Néanmoins, je considère que la pensée de Badiou est assez prodigue en ressources conceptuelles pour le permettre. Enfin, ce que j'ai présenté ici n'est pas une exégèse de Badiou mais une relecture volontairement caricaturale qui propose une exagération exorbitante de ce que je perçois comme l'impulsion la plus radicale de sa pensée : celle du seul véritable nihilisme ontologique dans l'histoire de la philosophie.

Oliver Feltham
L'ACTE DE HETERO-IDENTIFICATION :
« LES MATHEMATIQUES SONT L'ONTOLOGIE »[1]

S'il y a deux énoncés primordiaux qui récapitulent la philosophie de Badiou ils seront les suivants :
Enoncé 1 : Les mathématiques sont l'ontologie, c'est-à-dire, la pensée de l'être-en-tant-qu'être.
Enoncé 2 : Des événements adviennent, qui ne relèvent pas de l'être-en-tant-qu'être.[2]

Ce sont ces deux énoncés qui divisent et distribuent les tâches entre la théorie des ensembles et la philosophie. Cependant ils ne suffiront pas pour mettre en œuvre la philosophie de Badiou tant qu'il n'y aura pas agencement entre philosophie et théorie des ensembles. Pour cela il faudrait des énoncés supplémentaires. Ces énoncés auraient pour fonction de construire ce que Badiou appelle la « métaontologie », c'est-à-dire, cette partie de la philosophie qui est *conditionnée* par l'ontologie mathématicienne que Badiou identifie dans la théorie des ensembles. Nous reviendrons sur le concept de conditionnement plus tard.

Dans son article sur l'ontologie de Badiou, « L'anti-phénomène », Ray Brassier propose que ce soit le concept de « présentation » qui fasse le travail d'agencement entre la philosophie et la théorie des ensembles. Il dit que pour construire ce concept, Badiou a besoin de deux énoncés : d'abord un énoncé existentiel, « il y a des multiplicités consistantes » – une traduction badiousienne de l'énoncé « il y a de l'Un » de Lacan – ; et ensuite un énoncé

---

[1] Cette réplique part de ma propre lecture de Badiou pour mieux saisir la spécificité de celle de Brassier. Ce texte fait partie d'une réplique plus longue au travail de Ray Brassier, une réplique qui, à son tour, fait partie d'un projet de publication qui consistera dans une interprétation intégrale de la disposition de l'appareil philosophique déployé dans *L'être et l'événement* par rapport à la pensée du changement et la structure.

[2] Les deux autres énoncés qui occupent une place centrale dans la philosophie de Badiou – « L'Un n'est pas », et « il y a une infinité des situations infinies » - découlent de l'énoncé 1, dès lors que les mathématiques se prononcent sur l'être. Dans son article « Nouveauté et événement », Quentin Meillassoux engage la même procédure ; il isole deux énoncés primordiaux. Cependant, Meillassoux dit que le deuxième énoncé est « toute vérité est post-événementielle ». [Cf. Quentin Meillasoux, « Nouveauté et événement », dans Charles Ramond (éd.), *Alain Badiou : penser le multiple*, Paris, L'Harmattan, 2002, pp. 39-64]. Or, pour mettre en œuvre une philosophie (du changement) on a toujours besoin – parmi ces énoncés fondateurs – d'un constat d'existence plutôt qu'une thèse théorétique, qui, après tout, pourrait bien être tributaire de l'énoncé 1.

théorétique ; « l'être de ces multiplicités consistantes est leur multiplicité inconsistante ». Ces deux énoncés établiraient le concept de présentation en tant que scindée en multiplicité consistante et multiplicité inconsistante.

Par conséquent, selon Brassier, pour faire tenir l'agencement métaontologie-ontologie il va falloir trouver une fondation dans la pensée, une « instance de légitimation » pour ces deux énoncés. La question de Brassier revient à ceci : Quelle est l'instance dans la pensée qui légitime qu'il y ait une relation entre ces deux types de multiplicité ? Cette question devient d'autant plus aiguë étant donné que pour Brassier – et cette contrainte relève de son projet anti-phénoménologique – cette relation ne peut pas être tenue pour une variante de la différence ontico-ontologique.

Ce que Brassier tente de faire, en voie de réponse, c'est de *déduire* la relation multiplicité consistante/multiplicité inconsistante, et donc de déduire le concept métaontologique de 'présentation', *à partir de* la théorie des ensembles elle-même. Il le fait en disant que l'axiome de la séparation, avec l'axiome de l'ensemble vide, établit à la fois l'existence et la différence entre multiplicité consistante et multiplicité inconsistante. Cette déduction de la relation néanmoins dépend d'une double équivalence qu'il établit entre la multiplicité consistante et l'appartenance, et entre la multiplicité inconsistante et la non-appartenance ou l'ensemble vide.

La conséquence de cette déduction pour Brassier est que la philosophie peut seulement assurer la fondation et la pertinence de son concept de présentation en « s'intégrant de façon immanente aux mathématiques pour effectuer sa propre suture au réel ». Cette intégration entraînera un remaniement extrême de la philosophie de Badiou au point que cette dernière aurait à abdiquer son « rôle métaontologique de médiateur transcendant entre théorie de l'être et théorie de l'événement ».

Cette conclusion ne peut pas nous laisser indifférents : d'abord, à quel point peut-on mener cette abdication, sans perdre la philosophie entièrement dans son « intégration immanente » aux mathématiques ? Il faut bien se demander ce que seront les résultats discursifs d'une telle abdication car, aussi longtemps qu'on nomme les enjeux des axiomes de la théorie des ensembles comme « relation entre multiplicité consistante et multiplicité inconsistante », on fera de la philosophie. L'affirmation même « les mathématiques sont l'ontologie » est irréductiblement philosophique. C'est précisément ce genre d'énoncés qui restent transcendants aux discours des mathématiques, et qu'il faudrait alors abandonner si la philosophie s'intégrait totalement dans les mathématiques. On finira dans un agencement des deux derniers énoncés du *Tractatus* de Wittgenstein ; on jette l'échelle – *L'être et l'événement* – une fois qu'on la montée, et ensuite on se tait : en philosophie. C'est cet aboutissement dans le silence philosophique qui nous pousse à nous demander si Brassier n'est pas en train soit d'opérer sa propre re-assignation de la philosophie, soit de purifier la voie pour l'ouverture d'un autre discours par une sorte d'achèvement nihiliste et rédempteur de la philosophie.

Pour Brassier, la tentative de fonder la distinction multiplicité consistante/multiplicité inconsistante finit par submerger entièrement la philosophie dans les mathématiques. Un seul énoncé transcendant – « les mathématiques sont l'ontologie » se soustrait au naufrage et fait signe de celui-ci, flottant sur la surface du discours mathématique. Brassier peut accommoder cet énoncé exceptionnel dans son interprétation de Badiou parce qu'il l'entend comme une décision « événementielle ».[3] C'est-à-dire, l'énoncé en question est une décision philosophique sur un événement non-philosophique (l'invention de la théorie des ensembles) *qui fait événement dans la philosophie elle-même*. La conséquence immédiate est que toute philosophie qui suit cette décision deviendra une procédure de vérité elle-même. Or, selon Badiou, la philosophie n'est pas une procédure de vérité, elle est plutôt conditionnée par des procédures de vérité qui auront eu lieu dans les domaines hétérogènes de l'art, la politique, la science et l'amour. Si on ne sépare pas la philosophie de ses conditions, on ne l'empêchera pas de retomber dans son ambition millénaire de prononcer la vérité totale de ces domaines, un destin pour la philosophie que Badiou appelle un « désastre », et qu'il voit sous les noms de « savoir absolu », « reine des sciences », « tribunal de la raison », etc. Cependant, la lecture selon Brassier « de Badiou contre lui-même » ne rompt pas le système badiousien de philosophie-conditions : pour Brassier, la philosophie ne devient une procédure de vérité qu'en se taisant philosophiquement et, peut-être, en devenant un autre discours. Par conséquent, l'apport de Brassier serait de nous donner une image concrète de ce qu'est la philosophie soumise à ses conditions : c'est une sorte de relais qui conduit la pensée d'une procédure de vérité à une autre en la rendant immanente à celle-ci. Tout appareillage philosophique conséquent à cette opération serait un épiphénomène.

Brassier identifie lui-même un nihilisme dans ses conclusions en disant qu'il voulait proposer « une exagération exorbitante de ce que je perçois comme l'impulsion la plus radicale de sa pensée. Celle-ci aboutit au seul véritable nihilisme ontologique dans l'histoire de la philosophie. » Cependant, s'il y a une pulsion radicale chez Badiou dans notre époque sceptique et relativiste, cela semblerait plutôt celle d'une grande *affirmation*

---

[3] Brassier soutient la même position dans son article « Nihil Unbound : Remarks on Subtractive Ontology and Thinking Capitalism », dans Peter Hallward (éd.), *Think Again: Alain Badiou and the Future of Philosophy*, London, Continuum, 2004, pp. 50-58.

de la multiplicité des vérités qui pourront nous traverser et, par la suite, une affirmation de la puissance de la philosophie au niveau de son rapport au réel de son temps. Reste à savoir la signification profonde du nihilisme pour Brassier, et sa connexion à l'affirmation.[4]

Chez Brassier le nihilisme emploie l'épistémologie pour accomplir ses fins. L'épistémologie est cette discipline qui analyse les énoncés ou revendications du savoir – *knowledge claims* – afin d'établir leur justification. Quand :

> « cette justification concerne des énoncés qui sont réputés avoir un champ d'application universel et une modalité de nécessité – c'est-à-dire, des énoncés qui ont le statut des principes fondateurs – alors la position qui dit que ces énoncés permettent une justification épistémologique est ce qu'on appelle un *epistemological foundationalism* »[5].

L'exemple historique de cette démarche serait les *Méditations* de Descartes, pour autant qu'il essaie de trouver une fondation pour le savoir dans le *cogito*. Or l'entreprise de Brassier risque de se trouver dans cette optique de *epistemological foundationalism* car l'énoncé « les mathématiques sont l'ontologie » retient une application universelle – c'est pour toujours que les mathématiques ont eu cette tâche – et leur modalité est celle de nécessité[6]. Ensuite Brassier dit qu'il faudra trouver « un fondement authentique pour la pensée » qui légitimera l'appareillage conceptuel qui justifie et tire les conséquences de la « décision selon laquelle "les mathématiques sont l'ontologie" ». Ce fondement sera alors en position de justification épistémologique d'un énoncé nécessaire et universel.

Le problème avec cette démarche n'est pas qu'elle cherche à justifier l'énoncé 1 « les mathématiques sont l'ontologie », mais qu'elle ne cherche qu'*une seule* justification – « un fondement » – et qu'elle n'admet qu'un seul type de justification – la déduction.[7]

---

[4] Le projet actuel de publication de Ray Brassier porte sur le nihilisme et son histoire dans la philosophie moderne.

[5] A.C. Genova, « Kant's Notion of Transcendental Presupposition in the First Critique », dans *Essays on Kant's Critique of Pure Reason*, Norman, University of Oklahoma Press, 1982, pp. 99. Notre traduction.

[6] C'est ici que la question surgit de pourquoi cette fonction des mathématiques devient-elle intelligible pour le philosophe à un moment spécifique de leur histoire, c'est-à-dire avec la théorie des ensembles. Je dois cette remarque à Bruno Besana.

[7] Sa propension pour la déduction se trouve dans des passages comme les suivants : « Car finalement, dans *L'être et l'événement*, il n'est pas du tout clair si l'argument procède de la « présentation » multiple à l'être-vide, ou au contraire, de l'être-vide à la présentation multiple. » ; ou encore « si la seule présupposition réelle d'une ontologie soustractive est

Or, comme je montre dans mon article, à strictement parler, il ne peut pas y avoir de déduction entre la théorie des ensembles et la philosophie : pour cela il faudrait soit une théorie générale englobant les deux discours – ce dont on ne dispose pas – ; soit une intégration achevée du discours philosophique au discours mathématique au point qu'il n'y a pas de différence entre les deux. Cette deuxième option n'est possible qu'au prix d'abandonner l'énoncé même qu'on voulait déduire, « les mathématiques sont l'ontologie ».

Il est possible de prendre une autre voie que celle de Brassier en analysant la justification de l'énoncé 1 de Badiou. J'essayerai ici seulement de montrer le point de départ d'une telle démarche.

Il peut y avoir *plusieurs* justifications de l'énoncé 1, justifications à la fois philosophiques et mathématiques. En particulier, en contraste avec la démarche de Brassier, le concept de présentation est justifiable en dehors de la théorie des ensembles, notamment dans la philosophie ; on peut en monter une généalogie en passant par Wittgenstein et Lyotard ou par Derrida ou par Deleuze. Même si, chez Badiou, ce concept est conditionné par la théorie des ensembles, cela n'annule pas le rôle de la philosophie dans son déploiement.

Une telle multiplicité de justifications possibles relève des conséquences de l'acte d'hétéro-identification par lequel la philosophie identifie un autre discours en tant que détenteur d'un rôle auparavant censé être strictement philosophique. Par exemple, les mathématiques sont identifiées comme l'ontologie et leur rôle revient à dire l'être. Une fois qu'un tel discours est identifié, il « conditionne » la philosophie ; il en détermine les concepts et alors la souveraineté prétendue de la philosophie est défaite. Les concepts qui résultent de ce conditionnement sont forcément *impurs*, ils sont des *amalgames* ; c'est-à-dire, ils ne relèvent pas d'un seul enchaînement déductif. Il faut bien noter qu'il n'y a pas de circularité ici, car la notion de « conditionnement » ne provient pas elle-même de la relation philosophie – théorie des ensembles. Elle est une notion simplement philosophique.

L'opération d'hétéro-identification, qui soumet l'ontologie au traitement mathématique, rend la pensée philosophique dépendante des structures qui surgissent des mathématiques ; finalement, à l'événement-Cantor. Par exemple, la connexion simple et immanente de la notion de l'Autre à celui du fondement chez Badiou est essentiellement nouvelle pour la philosophie :

---

celle du nom du vide, on ne peut déduire celui-ci à partir d'une soi-disant présupposition de la consistance de l'être-multiple ».

L'ontologie en situation

d'ailleurs elle est due au conditionnement de sa pensée par l'axiome de fondation. La philosophie est transformée elle-même à travers son identification de la théorie des ensembles en tant qu'ontologie. À vrai dire, c'est la philosophie qui se met dans le rôle de sous-traitant des mathématiques, qui finissent ainsi par faire de celle-ci la pensée de ses propres pensées.

La conséquence la plus importante d'une telle interprétation de l'énoncé « les mathématiques sont l'ontologie » sera que la philosophie n'aurait pas à abdiquer son grand rôle affirmatif d'accueillir, penser, et se laisser conditionner par les événements de son propre temps.

Sam Gillespie
L'ETRE MULTIPLE PRESENTÉ, REPRESENTÉ, RENDU VRAI
Traduction, adaptation et notes de Oliver Feltham et Bruno Besana[1]

Le parcours accompli par *L'être et l'événement* est construit autour de deux thèses qui sont centrales dans l'ensemble de la philosophie de Badiou ; ces thèses constituent le « plus petit contenu nécessaire » qui fonde la philosophie de Badiou.

La première thèse, très connue, c'est que la mathématique est l'ontologie ; la deuxième est que toute vérité découle d'un événement. On peut donc examiner chacune de ces thèses en elles-mêmes, et on peut se demander qu'est-ce qui, dans l'ontologie, demande de s'adresser aux mathématiques, ou encore qu'est-ce qui, dans la vérité, demande le surgissement d'un événement. De telles questions, à proprement parler, ne concernent pas exclusivement le système de pensée de Badiou ; au contraire, elles ont leur point de départ dans des catégories bien plus classiques et posent des questions à l'interprétation spécifique que Badiou en offre. Par exemple nous pouvons comparer l'ontologie du multiple de Badiou avec des penseurs tels que Aristote, Parménide, Spinoza, Hegel, Heidegger ou Deleuze ; et, de la même manière nous pouvons prendre sa conception de la vérité par rapport aux définitions données par Platon, Leibniz, Kant ou Quine. Si celle-ci est une approche légitime, alors une définition de l'être et de la vérité qui soit transitive aux systèmes de Badiou et d'autres philosophes est nécessaire pour décider si l'ontologie est effectivement mathématique et si la vérité est effectivement post-événementielle.

Un deuxième mode de questionnement consiste à situer ces deux thèses dans le cadre restreint de *L'être et l'événement,* et à examiner ensuite les degrés de connexion possibles entre celles-ci et les autres concepts et domaines dont il est question dans ce texte. On pourrait donc examiner la dépendance réciproque de ces deux thèses, en se demandant ainsi si la mathématisation de l'ontologie est ce qui rend possible le statut post-événementiel de la vérité (étant donné qu'il est impossible de penser la vérité indépendamment de la formalisation des procédures génériques et des

---

[1] A la plus grande douleur de ses collègues et amis, Sam Gillespie est décédé en août 2003. Sam Gillespie, avant la conférence, nous avait confié la traduction du texte de son allocution. Il a par la suite relu notre traduction, et il a donné son exposé à partir de ce texte français. Il avait d'ailleurs manifesté son intention de participer à cet ouvrage collectif, et de retravailler son texte en vue de la publication du livre. Avec l'accord de sa famille nous publions ici ce texte, avec des modifications minimales, aptes à le rendre mieux compréhensible en dehors du cadre du séminaire pour lequel il avait été initialement conçu. N.d.R.

ensembles, ce que seule la théorie des ensembles autorise). Ou, au contraire il est possible de se demander si les mathématiques – de la même manière que l'art, la science, la politique et l'amour – sont en elles-mêmes une procédure de vérité, et si ainsi elles ouvrent sur nombre de ruptures et de changements qui sont rendus possibles par le fait que, même dans leur propre domaine, il y a des événements et des vérités. A cet égard, c'est à partir de la deuxième thèse (la vérité est post-événementielle) que devient possible une ontologie mathématique – une ontologie mathématique qui soit elle-même sujette au changement et à l'innovation.[2]

A ce point on peut s'interroger sur l'ampleur des rapports réciproques entre ces deux thèses avec d'autres concepts et d'autres topiques dont il est question dans *L'être et l'événement*. Par exemple, on pourrait prendre en considération la relation qui existe entre une ontologie mathématique et la théorie de la situation chez Badiou, ou encore la relation particulière qui s'établit entre la subjectivité et la vérité. Cet ensemble si spécifique de questions a affaire avec la nature systématique de la philosophie de Badiou, c'est-à-dire avec la manière par laquelle il vient créer toute une série de connexions internes qui produisent un point de vue d'envergure sur des penseurs et des événements historiques qui sont externes à ce même système (voir, entre autres, les positions de Badiou sur Spinoza, Rousseau, la révolution française, le christianisme, etc.).

Enfin on peut prendre en considération toute une série de questions méthodologiques qui mettent en jeu le rapport entre des parties de la pensée de Badiou et d'autres penseurs, qui ne partagent pas forcément les intérêts généraux de Badiou pour l'être, la vérité ou les mathématiques. A ce propos on peut, par exemple, se poser la question de la compatibilité entre la pensée de Badiou et la pensée des mathématiciens, des activistes politiques, des artistes, et ainsi de suite, sans pour cela se demander ce que sont l'être et la vérité, ou sans aucune connaissance de l'ensemble de la philosophie de Badiou. Sous nombre d'égards, ce type de questionnement est central chez des nombreux commentateurs de Badiou. Il y a eu différentes interprétations plus que légitimes des lectures que Badiou donne de Beckett, Levinas, ou encore de Saint Paul, qui n'ont guère pris en considération le problème de l'ontologie ou de la vérité. Si d'un côté ces points de vue sont bien sûr capables de poser des questions légitimes, de l'autre ils font cela sans se soucier de savoir si de telles questions sont cohérentes avec la structure systématique de la pensée de Badiou, ou encore sans aucun rapport avec des définitions plus larges de la pensée, de la vérité et de l'être. C'est donc un genre de questions qui n'est ni global, ni systématique, mais qui est au contraire purement local.

---

[2] En suivant le raisonnement du texte, Sam Gillespie souligne que, si l'on part de l'assertion que la vérité est post-événementielle, et de l'hypothèse que les mathématiques sont une procédure de vérité, alors, étant donnée l'équivalence ontologie-mathématiques, on pourra dire que l'ontologie elle-même est post-événementielle. N.d.R.

Sam Gillespie – L'être multiple présenté, représenté, rendu vrai

Si j'ai cru nécessaire de catégoriser les différentes questions que l'on peut poser à Badiou c'est parce que le sujet ici traité – l'assertion de Badiou que les mathématiques sont l'ontologie – ouvre sur des questions diverses, qui ne sont pas satisfaisantes, ou même pas intéressantes, pour tous ceux qui s'occupent de Badiou. On pourrait certes justifier la position selon laquelle les mathématiques sont l'ontologie simplement parce qu'elle donne une fondation très vaste à tout ce qui s'ensuit au long de *L'être et l'événement*, mais cela ne pourrait jamais satisfaire, par exemple, un heideggérien, qui ne reconnaîtrait nullement la relation entre l'être en tant que être et l'existence de procédures génériques.[3] De ce point de vue, il y a tout un ensemble de questions que quelqu'un qui a du mal à passer au-delà des premières quarante pages de *L'être et l'événement* pourrait poser à Badiou. Ou encore, pour donner un autre exemple, un deleuzien pourrait objecter que *Deleuze : la clameur de l'être* est un texte voué à l'échec à cause du fait que les systèmes des deux penseurs sont incompatibles au point de rendre pratiquement dépourvu de sens tout dialogue ou toute relation réciproque. Par conséquent, quand nous interrogeons le statut de l'ontologie mathématique de Badiou, nous pouvons très bien être des fidèles de Badiou, mais aussi des partisans d'autres penseurs, ou encore être quelque part transitifs à tout système philosophique spécifique.

Donc, le problème qui se pose avec la question « pourquoi la mathématique est l'ontologie ? » c'est qu'elle suppose un ensemble de critères très large. Or, ce qui rend la question particulièrement difficile, c'est le fait qu'elle sous-entend qu'il y ait un critère méta-ontologique par lequel nous pouvons affirmer que la mathématique est l'ontologie. Etant donné que l'être en tant qu'être nous est donné exclusivement à travers l'ontologie, il s'en suit qu'il est très difficile de faire comparaître une ontologie mathématique devant un tribunal de l'ontologie qui nous dirait s'il s'agit ou non d'une ontologie légitime. L'ontologie n'est nullement un ensemble de descriptions d'un être qui préexiste à ses propres opérations. D'une manière très semblable à la réfutation lacanienne du méta-langage, pour Badiou il n'y a guère de méta-ontologie de l'être, au-delà de la thèse méta-ontologique selon laquelle la mathématique est l'ontologie. Etant donnés ces présupposés, il n'est point facile de dire pourquoi la mathématique est l'ontologie.

Mais si nous employons une approche plus systématique et si nous acceptons la thèse de Badiou selon laquelle l'ontologie est déterminée dans et à travers les opérations de la mathématique (ce qui n'est rien d'autre que la manipulation de symboles), alors il s'en suit que ces opérations délimitent assurément l'être en tant que champ de questionnement ; quelque chose doit être désigné par la mathématique. Finalement, le choix de Badiou en faveur

---

[3] Une « procédure générique » est le terme que Badiou emploie pour désigner la série des conséquences d'un événement qui modifie la structure de la situation dans laquelle il a eu lieu. Voir à ce propos l'article d'Oliver Feltham « Une singularité dans la politique ». N.d.R.

Situations et ontologie

d'une ontologie ensembliste dépend moins du choix pour une ontologie précise que du choix fondamental selon lequel l'être est multiplicité et que la théorie des ensembles offre les moyens les plus évolués pour parler d'une telle multiplicité. Nous pouvons accepter l'équivalence proposée par Badiou si nous pouvons aussi accepter l'idée que la pensée soit multiple : il y a une multiplicité de pensées, et il y a encore plus de pensées qui peuvent être pensées, mais qui ne le sont pas actuellement. D'ailleurs pour Badiou le fait que penser et être sont la même chose, qu'ils sont multiplicité, est une assertion fondamentale. Mais cela même demande une assertion encore plus primitive qui nous dise de quoi ils sont multiplicité. Que sont la pensée et l'être indépendamment de leurs présentations particulières ? Pour Badiou, la seule chose que l'on peut dire c'est qu'ils ne sont rien d'autre que les regroupements formels de ces mêmes présentations. Il n'y a pas de pensée en dehors de la pensée, de la même manière qu'il n'y a pas de méta-ontologie. Et l'affirmation de ce rien est une affirmation ontologique élémentaire : le vide existe.

En ce qui me concerne, le meilleur type de question que l'on puisse adresser à l'ontologie de Badiou n'a pas à voir avec ce que c'est l'ontologie et pourquoi la mathématique en est la réalisation, mais a plutôt à voir avec la considération de l'ontologie comme fondation possible pour l'ensemble systématique de *L'être et l'événement*. Cela implique des questions plus générales, comme par exemple pourquoi l'ontologie est nécessaire pour faire de la philosophie, question à partir de laquelle nous pouvons ensuite nous demander pourquoi la mathématique est l'ontologie. De cela peuvent découler d'autres questions, qui ne sont pas du tout ontologiques, questions qui concernent en particulier l'attitude de la pensée de Badiou face à la possibilité de penser le nouveau. Par exemple, est-il possible d'avoir une philosophie de la nouveauté qui fasse l'économie de tout principe de continuité du changement ? Et de quelle manière une telle philosophie de la nouveauté peut être compatible avec une théorie de la vérité, étant donné que de manière générale la vérité est perçue comme éternelle et dépourvue de changement ? Or, à partir de ces deux questions, un ensemble plus spécifique de questions ultérieures peut être posé. Etant donné qu'on a là affaire avec une philosophie des fondements, ces questions demandent un certain ordre, et comme elles sont liées à l'ontologie de Badiou, il se peut qu'elles ne soient pas exclusivement ontologiques.

Prenons donc en considération quelques prémisses fondamentales de *L'être et l'événement*, et essayons de voir quelles questions peuvent être posées à partir de ces bases. L'ontologie de Badiou affirme que la mathématique présente ce que de l'être en tant qu'être peut être présenté, et qu'elle parvient à le faire en établissant une situation où une telle présentation peut avoir lieu. De manière élémentaire, une situation – ontologique ou non ontologique – est tout simplement une « multiplicité présentée ». De la même manière que n'importe quelle situation, la mathématique présente l'être ; mais sa particularité est de le présenter *en tant qu'être*, par le biais de la formalisation : ce qui signifie, à travers les déterminations et les groupements qui structurent une multiplicité en une collection bien ordonnée. Le noyau essentiel de ce point dépend du statut du mot « présentation ». Or, le problème n'est pas que les choses soient en elles-mêmes présentées, ou que la multiplicité en tant que domaine ou chose intrinsèquement inconsistante soit donnée à la pensée directement par la mathématique. En effet, il serait fort difficile d'établir comment une chose serait consistante ou inconsistante en elle-même et par rapport à une autre, étant donné que le fait d'être bien ordonné (ce qui est signe de consistance) n'est rien d'autre que l'application d'une règle. Quoique la multiplicité inconsistante soit le contenu fondamental de la théorie des ensembles, il est néanmoins vrai que l'infinité inconsistante n'est jamais présentée en tant que telle : la présentation n'est possible qu'à travers les opérations du compte pour un. « Rien n'est présentable autrement que dans l'effet de structure, donc dans la forme de l'un et de sa composition en multiplicités consistantes ».[4] Dans des situations non-ontologiques, la présentation opère de la manière suivante : un microbiologiste peut reconnaître des cellules comme des entités singulières (et donc les compter pour un), un phénoménologue peut mettre ensemble ces cellules de manière à donner lieu à des objets reconnaissables qui peuvent être comptés comme un, de la même manière qu'un homme politique peut rassembler différentes personnes en régions, départements ou villes qui comptent pour un. L'unité est alors un pur résultat opératoire de la présentation, du compte pour un.

Mais l'être présenté ne peut pas nous donner une connaissance exhaustive de l'être en tant que tel, pas plus que l'état actuel de la pensée ne puisse nous restituer de manière exhaustive les capacités propres de la pensée. Toute multiplicité comptée est, par définition, consistante. Mais la multiplicité ne peut pas être restituée de manière exhaustive par les opérations du compte, étant donné que, depuis le paradoxe de Russell, toute tentative de compter la multiplicité comme un tout mène la pensée à une impasse. Donc, étant donné le partage entre présentation directe (d'une multiplicité consistante) et inférence indirecte (d'une multiplicité inconsistante qui se soustrait au compte), la théorie du multiple de Badiou est obligée de se diviser en deux : « il y a une multiplicité d'inertie, celle de la présentation, et une multiplicité de composition, qui est celle du nombre et de l'effet de la structure ».[5]

En d'autres termes, la présentation d'une multiplicité inconsistante est possible seulement à partir d'une présentation consistante qui découle du compte pour un. L'inconsistance est la détermination rétroactive de ce qui reste non structuré, ou non complètement subsumé au compte, dans l'acte

---

[4] Alain Badiou, *L'Etre et l'événement*, Paris, Seuil, 1988, p. 65.
[5] *Ibid.*, p. 33.

d'ordonner une multiplicité selon la logique du compte. De là découlent deux conclusions : premièrement, on peut déterminer la consistance d'une multiplicité, non pas au niveau ontologique, mais plutôt par le biais d'une loi, d'un effet de structure. Deuxièmement, une multiplicité inconsistante, comme détermination rétroactive d'une consistance, se soustrait à toute présentation, étant donné que toute présentation est possible seulement à partir d'une structure dont la première opération est le compte pour un. La nécessité de la coexistence de ces deux conditions laisse Badiou et ses lecteurs plongés dans un dilemme. Les deux conclusions suivantes doivent être vraies en même temps :

    1. « Le multiple, dont l'ontologie fait situation, ne se compose que de multiplicités. Il n'y a pas d'un. Ou : tout multiple est un multiple de multiples.

    2. Le compte pour un n'est que le système des conditions à travers lesquelles un multiple se laisse reconnaître comme multiple »[6]

Toute l'ambiguïté du terme présentation est donc qu'il se réfère en même temps à deux choses fort différentes. Le multiple inconsistant est ce qui est présenté, mais soustrait à la loi du compte, en même temps que la présentation est rendue possible seulement à travers la loi du compte. La manière de sortir d'une telle impasse, selon Badiou, est de proposer que la présentation ontologique est une présentation d'une présentation. Ce qui signifie que le dédoublement d'un multiple dans ses contreparties consistante et inconsistante est ce qui rend possible la distinction entre présentation et présentation de la présentation. Le compte pour un est une présentation qui se fait selon une loi, la multiplicité inconsistante est ce qui est présenté par une telle présentation.

Certes, on peut se demander pourquoi Badiou doit choisir d'appeler une telle inconsistance présentée « infinie » ou « multiple pur », étant donné qu'elle manque complètement de tout contenu déterminé, au-delà de sa simple présentation. Il est certes aisé de reconnaître que ce qui n'est pas compté pour un n'est pas un, mais pourquoi devrait-on déterminer qu'il existe ? Pour quelle raison la multiplicité inconsistante devrait être l'être en tant qu'être, et en tant que soustrait au compte ? Pourrait-il ne pas être rien ? Badiou offre une double réponse à un tel problème. La première est de faire appel aux axiomes de la théorie des ensembles pour en faire découler une assertion ontologique fondamentale. La deuxième est d'affirmer que le vide est le premier nom de l'être. A bien y songer, il se trouve que les deux réponses sont coextensives, étant donné que l'existence du vide est la première affirmation de l'ontologie de Badiou – son premier point de départ – et qu'en même temps elle est également le point d'achèvement de l'ontologie, dans la mesure où le vide est ce qui nomme l'inconsistance de ce

---

[6] *Ibid.*, p. 37

qui n'est pas compté. Donc, le vide est aussi le nom de la multiplicité inconsistante qui est soustraite aux lois de la présentation, en même temps que cette inconsistance est formalisée, organisée en groupes et renvoyée en dehors du point de départ initial de l'être en tant que vide. Par une telle division du multiple en ses deux contreparties (consistante et inconsistante) la présentation présuppose une dialectique de l'un et du multiple. Et ce qui transverse en diagonale une telle dialectique, c'est le vide lui-même, étant donné que, en soi et par soi, le vide n'est rien d'autre qu'une univocité neutre de l'être à partir de laquelle découle la dialectique de l'un et du multiple.

Jusqu'à un certain point, les conclusions que l'on tire dépendent de la route qui découle du point de départ originaire. Si on le saisit selon la perspective de l'expérience ou du langage, le vide, en tant que nom pour l'être indéterminé, est vidé de sens. Mais si on prend cette indétermination à un niveau purement ontologique, elle peut devenir déterminante, par les moyens d'un système axiomatique qui prend le vide comme point de départ. A partir de ces considérations, on peut soulever deux questions :
1. Si la présentation sous le compte-pour-un est le support matériel d'une ontologie du nombre, alors il faut accepter que tout discours qui porte sur une multiplicité inconsistante se fonde lui-même sur des opérations de présentation qui dépendent de la logique de l'un. Mais est-ce que cela est cohérent avec la théorie selon laquelle le compte-pour-un, en tant qu'opération, est une opération exercée « sur » une multiplicité inconsistante ?
Ces problèmes peuvent être repris sous l'angle de la théorie des ensembles. Premièrement, Badiou dit que l'un n'existe pas, et qu'il n'est que le résultat d'une opération. Le présupposé d'une telle position est que seulement les ensembles, et non pas les opérations, ont une validité existentielle. Or, cette théorie n'apparaît pas être cohérente avec la croyance de Joseph Van Neumann selon laquelle une théorie axiomatique des ensembles peut partir de la seule existence des fonctions – l'existence des ensembles découlant de ces dernières. En posant une telle question, il ne s'agit pas de mettre en discussion le principe de l'unité du système ontologique de Badiou ; il s'agit plutôt de se demander pourquoi l'opération du compte, qui est le support matériel du nombre, n'a pas autant de validité ontologique que l'existence du vide. Les opérations de la pensée, par exemple, sont capables de produire des pensées qui, prises ensemble, constituent une multiplicité. Cependant, cela ne signifie pas que la pensée est irréductiblement infinie, parce que dans le processus même de constitution de la pensée, ce sont les pensées singulières qui viennent en premier. En outre, si l'on interroge le statut du terme « inconsistance », il devient difficile de séparer une théorie ontologique de la multiplicité de n'importe quel principe unifiant de présentation. Dans une acception strictement ontologique, rien n'est inconsistant en soi-même et par soi-même : quelque chose est

inconsistant seulement en tant qu'il ne peut pas s'accorder avec un principe de bon ordre, un principe de compte-pour-un capable d'en assurer une présentation bien ordonnée. Il devient alors difficile de donner une primauté ontologique à la multiplicité par rapport à l'un.

2. La théorie des ensembles, qui présume une infinité inconsistante en tant qu'être du nombre, dépend des opérations du compte. Comme Badiou écrit dans *Le nombre et les nombres*, notre accès à une pensée des nombres indique un excès de l'être sur le savoir, un horizon excroissant de l'inconsistance. Cela peut être compris si l'on prend en considération le fait suivant : entre n'importe quels deux nombres qu'on peut manipuler il y a une densité infinie de nombres réels : il s'ensuit que la théorie des ensembles, comme la philosophie classique, est concernée par le rapport entre les multiplicités discrètes et continues. Cela d'ailleurs est bien présenté dans les mathématiques tout au long de leur histoire : l'algèbre en effet a toujours été une pensée du discret, de la même manière que la géométrie a été une pensée du continu ; il en va d'ailleurs de même en philosophie, si l'on considère par exemple que chez Kant le temps est conçu comme discret lorsque l'espace est conçu comme continu. En passant enfin à la théorie des ensembles, nous pouvons observer que les nombres naturels sont discrets pendant que les réels sont continus, partout denses.

Si on peut dire que la théorie des ensembles fournit une fondation pour toutes les branches des mathématiques, y compris l'algèbre et la géométrie, est-ce qu'on peut en conclure qu'elle admet une compatibilité entre les multiplicités discrètes et continues ? Est-ce que la théorie des ensembles défait la distinction aristotélicienne du nombre et de la magnitude, ou la distinction Spinoziste de la substance et les modes ?

Si les questions formulées ci-dessus ont une réponse positive, alors pourquoi est-ce que Badiou affirme le non-être de l'un ? Pourquoi une multiplicité continue serait plus ontologique que la présentation discrète des unités singulières qui constituent une situation en tant que présentation multiple ? Si on doit présumer que l'un n'existe pas, qu'il n'est rien d'autre que le résultat d'une opération, alors nous avons entre les mains une possible ontologie de la densité sur laquelle le compte vient agir. Mais de l'autre côté, si nous reconnaissons que l'un est une opération, et que la présentation discrète des unités est le support de son ontologie et de toute possible vérité, alors le non-être de l'un est tout de suite remis en question. Nous nous trouvons ainsi dans une impasse.

A ces deux questions, vient aussi se rajouter le problème difficile de la relation entre ontologie et vérité. Comme nous avons vu auparavant, nous pouvons dire que l'être est multiplicité, en remarquant que la pensée est multiplicité, et en examinant les conditions minimales grâce auxquelles la pensée peut avoir lieu en tant que pensée. Pour Badiou, cela est donné à travers l'axiome du vide en tant qu'assertion minimale d'existence. Mais comme celle-là est une assertion parfaitement vide, la philosophie a alors besoin de quelque chose d'autre pour donner lieu à une ontologie. Autrement dit, si la pensée est capable de produire de la vérité, c'est grâce à ses propres moyens, en tant que pensée portant *sur* l'assertion ontologique vide que rien (n')existe, et se plaçant au-dessus de cette assertion. « Evénement » est un nom pour une activité qui pousse la pensée au-delà des opérations de groupement des multiplicités ; un événement est ce qui fait entrevoir l'existence du vide en tant que tel, qui fait entrevoir le rien dépourvu de toute détermination. Et c'est à partir de ce rien que vient se présenter un nouvel ensemble de possibilités.

Comme il y a un mouvement propre à la philosophie de Badiou, au-delà de son ontologie, il faut peut-être poser une question quelque peu différente : on peut considérer que la pensée (n')est rien en dehors de ses ancrages contingents. Penser une pensée équivaut à l'ancrer dans une contingence. D'une manière semblable à ce qui se passe pour le mode infini de l'intellect spinozien, la pensée est un excès vide qui est donné derrière des pensées spécifiques. Ce qui équivaut à dire que la pensée ne peut pas se penser, en dehors de ces pensées spécifiques : il n'y a pas de méta-pensée. Mais pour Badiou, l'affirmation de ce « rien » est un élément fondateur de l'ontologie. Le vide existe, et les différentes formalisations de ce rien à travers les symboles et les maniements des mathématiques (en particulier à travers la théorie des ensembles) sont la pensée en tant que pensée, et l'être en tant qu'être. Mais si la pensée n'est rien, comment peut-elle produire des vérités ? La question se pose avec d'autant plus de force si l'on rompt avec toute théorie qui fait dépendre la vérité d'une correspondance logique ou d'une constructibilité linguistique.

C'est bien connu que Badiou a emprunté sa théorie de la procédure générique de la vérité aux ajustements que Paul Cohen a fait subir à la théorie cantorienne des ensembles. Sans doute, nous ne comprenons pas Cohen comme il faudrait, et nous ne pouvons pas rentrer ici dans les détails de ses concepts, mais nous pouvons quand même souligner que le processus en question est une détermination des indiscernables à travers la production de vérités.[7]

La vérité donne en effet une existence déterminée aux éléments quelconques. Les deux grands points autour desquels la théorie de la vérité s'articule, que Badiou emprunte à Cohen, sont les concepts de générique et de forçage. De manière succincte, « générique » se dit d'un ensemble de conditions qui concernent chaque élément d'une situation donnée, et qui en même temps ne rentrent pas en conflit l'une avec l'autre. On dira des conditions qu'elles sont en même temps consistantes et minimales pour tous les éléments d'une situation. Le forçage sera défini comme une relation entre

---

[7] Voir à ce propos l'explication du problème du forçage dans l'article de Oliver Feltham *Et l'être et l'événement et*.

une condition générique et une déclaration donnée (ce que Badiou appelle une enquête) portant sur la situation : le forçage donne une réponse négative ou affirmative pour toute enquête concernant des éléments quelconques. La vérité découlée d'un forçage tient lieu de savoir. Toute enquête, ainsi que tout acte de forçage, fait grandir progressivement le savoir, et cette expansion graduelle est ce qui constitue le savoir comme processus. Ce sont les mathématiques qui fournissent ce cadre de référence : on peut par exemple le constater dans la série d'enquêtes qui se sont produites dans le sillage de la physique moderne et de la mathématisation de l'univers physique qui en est découlée, ou encore dans les mouvements musicaux qui ont suivi la sérialisation numérique de l'échelle tonale produite par Schoenberg. La vérité est établie à travers des conditions génériques et à travers leur forçage, mais ces deux « catégories » peuvent être déterminées seulement à partir des caractères propres de chaque élément d'une situation donnée, ce qui peut être déterminé seulement à partir de la théorie des ensembles.

Mais en même temps, les vérités ne sont pas exclusivement d'ordre ontologique : elles se produisent dans des situations particulières. La philosophie requiert juste un cadre minimum pour penser la possibilité de la vérité, lorsque la pensée et l'action, dans une situation où une vérité a lieu, sont toujours confrontées à un noyau complexe de savoirs et de relations. Et dans la plupart des cas, ces déterminations ne découlent pas de l'être de la situation, mais plutôt des pratiques représentatives de l'état. En tant que telle, l'ontologie ne représente rien ; elle est une simple présentation de la multiplicité. Cela signifie que l'ontologie ne nous dit pas grand-chose quant aux situations historiques particulières, dans lesquelles la vérité a lieu. Et de là découle notre troisième question.

3. Etant donné que les procédures génériques produisent des vérités qui sont valides pour *tous* les éléments de la situation, elles seront alors valides pour les éléments quelconques qui agrandissent progressivement la situation, et pour les éléments particuliers de la situation en tant que telle. Quel changement se produit quand un élément quelconque est effectivement forcé dans une situation comme élément de la vérité ? Est-ce que cela affecte la situation dans sa globalité simplement en lui ajoutant des éléments en plus, ou est-ce que cela change également les éléments originaux de la situation, au point qu'ils ne peuvent plus être représentés de la même manière ? Comment le changement peut être mesuré s'il est lui-même une catégorie de la représentation ?

Nous nous trouvons face à une difficulté, car la particularité d'une situation est déterminée par l'état, par la représentation. L'état est ce qui vient distinguer les termes de la situation par-delà le fait qu'ils soient simplement des multiples de multiples. Mais y aurait-il une forme de représentation non étatique qui parviendrait effectivement à rendre compte des éléments nouveaux et imprévisibles ? Certes, cela ne pose pas de problème particulier à la théorie de l'événement de Badiou, pour autant que

Sam Gillespie – L'être multiple présenté, représenté, rendu vrai

l'événement concerne seulement des sujets bien spécifiques qui décident de le reconnaître. Mais si la vérité est générique, si elle est pour tout le monde, et si elle est immanente à la situation, alors elle doit pouvoir être représentée pour tout le monde, même pour ceux qui ne reconnaissent pas l'événement. Cela peut aussi déterminer un changement de la manière dont une représentation a lieu. Mais la question est de savoir si toute représentation vient de l'état. Si ce n'est pas le cas, alors il faut savoir d'où elle peut venir. Car si nous acceptons que le seul opérateur de la représentation soit l'état, tout ce qui nous reste c'est la perspective cynique selon laquelle tout change, mais toute transformation est condamnée à être subsumée par une logique étatique.

D'un côté, il y a la vérité et l'être inconsistant ; de l'autre, quand même, il y a les opérations et les représentations qui ancrent l'être et la vérité dans les situations spécifiques. Le premier ensemble de catégories (la vérité et l'être inconsistant), découle des mathématiques ; or, ces catégories sont bien adaptées à la pensée philosophique, étant donné que celle-ci se contente d'une relation purement extérieure avec l'être mathématisé et avec les situations dans lesquelles ce dernier apparaît (soit sous la forme de vide soustrait à la situation, soit sous la forme de vérité forcée). La consistance de l'être et de la vérité est un produit dérivé de la relation de transcendance que la philosophie entretient d'un côté avec les situations, et de l'autre avec leur être-en-tant-qu'être latent. Comme c'était le cas pour les opérations de compte et de forçage, il y a ici aussi le problème de penser les relations d'immanence que l'être et la vérité entretiennent avec les situations dans lesquelles ils ont lieu. En faisant recours à la terminologie de Badiou, c'est une théorie de l'apparaître qu'il nous faut, pour rendre compte de la relation entre une situation et son être en tant qu'être. Peut-être le terme « soustraction » peut nommer le rapport d'extériorité qui se joue du côté de la philosophie, qui est en même temps en dehors de l'ontologie et des situations ; mais du point de vue de la situation, l'être est présenté par le compte, et cela vaut aussi pour l'ontologie elle-même en tant que situation.

Il y a enfin un autre problème majeur concernant la théorisation badiousienne des situations : il est facile de voir comment les situations peuvent être le lieu d'actions possibles, pour autant que toute situation historique est incomplète. La présentation ne porte pas à exhaustion les ressources de l'inconsistance. Et c'est la théorie des ensembles qui nous donne les fondements pour comprendre les situations en tant que multiplicités incomplètes, et la vérité comme une procédure infinie. Néanmoins la difficulté consiste dans le fait qu'une telle incomplétude est quelque chose qui est pris en compte par la philosophie, qui plonge son regard de l'extérieur sur les relations entre les situations et leur être latent, qui est objet exclusif des mathématiques. Quand même, du point de vue de la situation, ce qui occupe la première place sont les opérations structurantes du compte. Vu de cette perspective, « incomplétude » est simplement un nom vide qui est donné au fait que la présentation soit incapable de constituer la situation comme une totalité. Du point de vue interne aux situations, l'être en tant que multiplicité doit être pensé à travers l'apparaître, qui en est le support matériel discernable. Cela est en premier lieu un problème d'ordre structurel. Et, de ce point de vue, il est très difficile de distinguer l'incomplétude en tant que problème ontologique de l'incomplétude en tant que effet latéral des limites de la structure.

Autrement dit, Badiou peut certes penser l'incomplétude des situations, mais il fait cela par le biais d'une ontologie mathématique qui, en tant que telle, regarde du dehors la situation et le langage qui la détermine. C'est peut-être cela qui fait le propre de la philosophie de Badiou : une philosophie des fondements qui demande comment la vérité est possible. Pour cette philosophie, les conditions grâce auxquelles il peut y avoir de la vérité ne constituent pas un cadre pour l'expérience, mais plutôt un cadre pour que la vérité puisse être adéquate à la pensée. Selon une telle perspective, la décision selon laquelle l'ontologie est mathématique, est finalement l'une des assertions les moins problématiques chez Badiou. Mais les vérités sur lesquelles la philosophie se penche ne sont pas son domaine exclusif : elles adviennent dans des conditions spécifiques, et à travers des activités de sujets spécifiques (c'est-à-dire des sujets non-philosophiques). Si la pensée peut être un moyen adéquat pour penser l'être et la vérité à travers les mathématiques, alors elle doit sans doute jouer un rôle décisif aussi dans les situations concrètes.

Edoardo Acotto
ALAIN BADIOU ET L'ONTOLOGIE DU MONDE PERDU

1. Le discours philosophique de Badiou est totalement déterminé par la figure de Heidegger

> Il faut être *formblind* pour penser que l'ontologie heideggérienne soit, dans un sens quelconque, fondamentale.
> (Mulligan K., *Métaphysique et ontologie*)

Alain Badiou a posé au commencement de *L'être et l'événement*[1] que « Heidegger est le dernier philosophe universellement reconnaissable » (p.7) et que « l'"ontologie" philosophique contemporaine est entièrement dominée par le nom de Heidegger » (p.15). Il reçoit ainsi comme acquise la filiation heideggérienne propre d'une grande partie de la philosophie dite "continentale".

Il est vrai que selon Badiou il faudrait *dépasser* Heidegger, dont le style de pensée resterait pris dans le régime *poétique*, un régime somme toute fondé sur la *présence*, en dépit du projet anti-métaphysique du philosophe allemand.

Mais, faisant de Heidegger le dernier Philosophe de ce qu'il appelle le "référentiel contemporain", c'est-à-dire le paradigme philosophique dominant, Badiou ne s'éloigne pas des confins de ce qu'il appelle lui-même l'*historicisme* de la philosophie. A ce propos, dans *Conditions* il a affirmé que :

> 1. La philosophie est aujourd'hui paralysée par le rapport à sa propre histoire.
> Cette paralysie résulte de ce que, examinant philosophiquement l'histoire de la philosophie, nos contemporains sont presque tous d'accord pour dire que cette histoire est entrée dans l'époque, peut-être interminable, de sa clôture. (...) Ou alors la philosophie n'est justement plus que sa propre histoire, elle devient le musée d'elle-même. (...) L'idée dominante est que la métaphysique est historiquement épuisée, mais que l'au-delà de cet épuisement ne nous est pas encore donné. (...)
> 2. La philosophie doit rompre, de l'intérieur d'elle-même, avec l'historicisme.
> Rompre avec l'historicisme, quel est le sens de cette injonction ? Nous voulons dire que la présentation philosophique doit

---

[1] Alain Badiou, *L'être et l'événement*, Paris, Éditions du Seuil, 1988.

> s'autodéterminer initialement sans référence à son histoire. Elle
> doit avoir l'audace de présenter ses concepts sans les faire
> préalablement comparaître devant le tribunal de leur moment
> historique[2].

On pourrait être d'accord avec Badiou si l'on référait ce diagnostic à la philosophie continentale. La philosophie analytique, au contraire, se caractérise par un rapport tout d'abord *théorique* aux concepts et aux problèmes philosophiques, l'histoire des idées n'étant pas méconnue ni refoulée, mais ne bornant pas la liberté d'analyse théorique des concepts et des problèmes philosophiques. Cela nous semble suffisant pour admettre que "la philosophie" ne se trouve pas dans la nécessité de sortir ni de l'historicisme, ni de la métaphysique.[3] Les affirmations "épocales" à ce propos ne sont que l'effet d'un certain style de pensée philosophique, dont les propositions peuvent bien être évaluées à la lumière de quelques critères de vérité.[4]

Or, Badiou n'accepte pas la position de Heidegger selon laquelle on peut sortir de l'oubli de l'être, qui coïncide avec la métaphysique, par la voie poétique :

> Heidegger pense que nous sommes historialement régis par
> l'oubli de l'être, et même par l'oubli de cet oubli. Je proposerai
> pour ma part un violent oubli de l'histoire de la philosophie,
> donc un violent oubli de tout le montage historial de l'oubli de
> l'être[5].

Il faut oublier Heidegger, et avec violence. Pour dépasser l'historicisme philosophique fondé sur le langage poétique et sur le privilège de la présence, Badiou déclare que : a) les mathématiques sont l'ontologie ; b) le nom propre de l'être-en-tant-qu'être est l'*ensemble vide*.

Fixons tout de suite le fait qu'il s'agit de deux postulats méta-ontologiques.

---

[2] Alain Badiou, *Conditions*, Paris, Éditions du Seuil, 1992, pp.57-58.
[3] Gilles Deleuze ne nous a-t-il pas enseigné que « [s]ortir, c'est déjà fait ou bien on ne le fera jamais » ?, Gilles Deleuze, *Dialogues*, Paris, Flammarion, 1996, pp.7-8.
Ajoutons que la prétendue nécessité de sortir de l'historicisme ou de la métaphysique nous semble à son tour assez historiciste, comme si la philosophie était le progrès de l'Esprit et non pas l'activité propre des philosophes.
[4] Nous travaillons ailleurs, dans notre thèse de Doctorat, le thème du "style de pensée philosophique". Nous croyons que les affirmations d'un philosophe produisent un effet d' "autopersuasion" (*feed-back* de l'Oeuvre sur l'Auteur) qui est la base psychologique de la construction d'un système cohérent de pensée. Le rapport à la théorie de la vérité est fondamental dans la structuration d'un certain style, mais dans cet article nous n'analysons pas la théorie badiousienne de la vérité, d'origine lacanienne, qui est extrêmement complexe et parfois obscure.
[5] Alain Badiou, *Conditions*, *op. cit.*, p.59.

2. La thèse : les mathématiques sont l'ontologie, est méta-ontologique. Elle ne vise pas le monde mais le discours

Au moins jusqu'à *L'être et l'événement*, Badiou renonçait explicitement au discours philosophique sur le monde :

> La thèse que je soutiens ne déclare nullement que l'être est mathématique, c'est-à-dire composé d'objectivités mathématiques. *C'est une thèse non sur le monde, mais sur le discours*. Elle affirme que les mathématiques, dans tout leur devenir historique, *prononcent ce qui est dicible de l'être-en-tant-qu'être*[6] (nous soulignons).

Ce qui peut être dit dans le domaine ontologique peut se dire en mathématiques. L'"onto-mathématique" remplace le langage naturel, et même celui artificiel, dans l'expression de ce qui est *dicible* de l'être-en-tant-qu'être.[7] Badiou ne s'engage pas dans la thèse selon laquelle l'être serait intrinsèquement mathématique, mais l'effet rhétorique de son discours est souvent celui de laisser oublier au lecteur que ce dont on parle est le discours ontologique, donc la mathématique, et nullement le monde en soi.

Mais quel est, à l'intérieur du système de pensée de Badiou, le rapport entre le discours méta-ontologique (la philosophie) et le monde (réel), entre l'ontologie (les mathématiques) et le monde, et finalement entre l'ontologie et la méta-ontologie ? Finalement, *la relation entre l'ontologique et l'ontique*, entre le langage formel mathématique et le monde, à l'intérieur du système de Badiou reste une question mystérieuse.

Mais, peut-être, ce n'est pas par hasard si Badiou n'affronte pas cette question. Badiou ne s'engage nullement dans une analytique du Dasein heideggérien et de son être au monde[8]. Il y a chez notre philosophe quelque chose comme un refoulement de l'ontique, de l'empirique, et nous croyons que l'on n'a pas suffisamment remarqué cette question philosophique, à notre avis évidente et majeure.

---

[6] Alain Badiou, *L'être et l'événement*, op. cit., p.14

[7] Mais qu'en est-il de l'*indicible* ? D'après la philosophie de Badiou il faudrait dire que l'indicible, le non-mathématisable, n'est pas *être*, mais *événement*. Cela restreindrait l'usage du terme "être" dans un sens que nous ne considérons pas nécessaire. Dans un sens plus large, nous considérons le non-être de ce qui peut advenir comme une forme d'être (chronologiquement différente de l'être présent). Notre position sur ce problème est dérivée de la pensée du philosophe italien Ermanno Bencivenga, auteur entre autre de *A Theory of Language and Mind*, Berkeley-Los Angeles-London, University of California Press, 1997.

[8] L' « être-là » et sa logique seront le thème du deuxième tome de *L'être et l'événement* annoncé comme imminent et circulé en forme privée sous le titre de *Logiques des mondes* [le texte vient de paraître aux éditions du Seuil en ce mois de mars 2006 dans lequel nous bouclons le livre, N.d.R.]. Pour ce qu'on en peut juger il s'agit d'une extension de l'ontologie mathématique appuyée sur la "théorie des catégories", qui inclut en elle la théorie des ensembles comme un cas particulier et limité décrivant un univers logique possible parmi d'autres.

3. L'être-en-tant-qu'être et l'ensemble vide

On peut soutenir que l'expression aristotélicienne à la base de l'histoire de la métaphysique, "être-en-tant-qu'être", n'a pas de sens, du moins si on ne s'explique pas sur la référence de l'expression, commençant par "être".

Depuis Quine, ce qu'on pourrait appeler la "déontologie de l'ontologie" prévoit qu'on déclare sur quoi on est disposé à quantifier[9].

Selon la suggestion du philosophe analytique italien Achille Varzi[10], si l'on pose que pour tous les êtres il y a des propriétés p telles que tous les êtres les possèdent, on pourrait se référer à ces propriétés générales avec l'expression "être-en-tant-qu'être".

Lisant *L'être et l'événement* on peut comprendre que l'être-en-tant-qu'être est pour Badiou le fondement des portions des situations structurées qui constituent la texture générale de tout exprimable[11] individualisé par l'"opération" du compte-pour-un[12]. Tout ce qui est, est consistant et son identité est déterminée. "Etre" signifie "être-un", mais comme l'un n'existe pas (cfr. *infra*, §4) être signifie être "compté-pour-un", être intentionné comme un tout. "Avant" d'être compté-pour-un, ce qui apparaît n'est qu'un ensemble (multiple) inconsistant, (encore) sans identité.

C'est la façon de Badiou d'installer dans sa philosophie l'ontologie du non-étant propre de Lacan[13], en tant que doctrine capable de visualiser une (imaginaire) pré-situation ontologique en amont de l'apparaître des étants. Mais cette ontologie de l'absence des *entia*, ou "mé-ontologie", *est l'une des ontologies possibles*, et la poser en forme de système d'axiomes ne suffit pas à lui conférer une force universelle.

D'après nous les problèmes philosophiques liés au verbe "être" doivent tout d'abord subir une analyse grammaticale. Suivant Carnap, les distinctions fondamentales à faire sont les suivantes :

> ["être"] joue tantôt le rôle de copule pour un prédicat (je suis affamé), tantôt celui d'indicateur d'existence (« je suis »). (...) la forme du verbe pris dans sa seconde acception, celle de l'existence (...) produit l'illusion d'un prédicat, là où il n'y en a pas. Or, on sait depuis longtemps que l'existence n'est pas un

---

[9] En symboles : $(\exists x)p(x)$ c'est-à-dire « il existe un x qui a la propriété p ». C'est le début formel d'une ontologie quelconque : ce n'est pas de l'absolutisme mais il faut quand même un engagement sur ce qui existe et sur ce qui n'existe pas.
[10] Cfr. *infra*, p.91.
[11] "Exprimable" plutôt qu'"étant", car c'est un concept plus inclusif : il comprend les étants concrets (objets) ainsi que les abstraits (comme les propriétés), les idéels (comme les nombres) et les imaginaires (comme Madame Bovary).
[12] Le compte-pour-un est « le système de conditions à travers lesquelles le multiple se laisse reconnaître comme multiple » (Alain Badiou, *L'être et l'événement, op. cit.*, p.37). Badiou le définit aussi comme une *opération*. Mais qui est, concrètement, *l'opérateur ?* C'est l'un des mystères de la philosophie de Badiou, et de son exclusion des dispositifs perceptifs et cognitifs du discours ontologique.
[13] Alain Badiou, *L'être et l'événement, op. cit.*, p.11.

caractère attributif (...) La forme logique dans laquelle [la logique moderne] introduit le signe de l'existence est telle que ce signe ne peut pas se rapporter à des signes d'objets comme peut le faire un prédicat, il ne peut se rapporter qu'à un prédicat (...). Un énoncé existentiel n'est pas dans la forme « a existe » (...) mais : « il existe une chose dont la nature est telle ou telle »[14].

Premièrement, donc, il faut distinguer « être » comme marque d'existence et comme copule. Deuxièmement, en sus du verbe *être* (*i*) la langue française dispose d'un substantif *l'étant* (*ii*) et d'un autre substantif *l'être* (*iii*). Il faut fixer que Badiou parle toujours de l'être dans cette troisième acception, ce qui est dans le sillage de l'orthodoxie heideggérienne.

Or, pour Badiou l'être est formalisé par la marque de l'ensemble vide : "$\emptyset$". Badiou n'argumente pas la rationalité de cette formalisation qui pourtant implique une portée ontologique de la formalisation même. On perçoit vaguement qu'au fondement de cette idée il y a une *analogie* entre l'ensemble vide mathématique et l'être-en-tant-qu'être (qui dans la perspective heideggérienne est l'être-qui-n'est-pas-l'être-des-étants). Mais si la thèse « $\emptyset$ est le nom propre de l'être » sur laquelle se fonde le système de Badiou nous paraissait dépourvue de sens ?

En effet, si l'expression "être-en-tant-qu'être" signifiait quelque chose, il faudrait pourtant justifier pourquoi se référer à cette signification avec un symbole mathématique qui n'a pas de signification en dehors du formalisme mathématique même. Ce couplage du symbolisme mathématique avec l'ontologie d'origine aristotélicienne n'est pas soutenu par des arguments explicites.

Badiou ne dit pas que l'ensemble vide serait l'être, ce qui ferait apparaître clairement le non-sens de la thèse. Mais de toute façon parler du "nom propre" de l'être ("être" dans notre acception *iii*) ne va pas de soi. La marque de l'ensemble vide "$\emptyset$" est prise ici dans sa *suppositio materialis*[15] pour en proclamer la référence à l'être (iii) pris, lui, dans sa *suppositio formalis*.[16] C'est une stratégie de pensée quelque peu rusée, car il n'y a pas de vrai glissement entre le *denotans* et le *denotatum*[17], mais on ne s'efforce

---

[14] Rudolph Carnap, *Le dépassement de la métaphysique par l'analyse logique du langage*, 1932 dans Antonia Soulez éd., *Manifeste du cercle de Vienne et autres écrits*, Paris, PUF, 1985, p.170.
[15] C'est-à-dire en tant que signe, et non pas en tant que chose.
[16] C'est-à-dire en tant que *denotatum*, en tant que chose à laquelle on se réfère.
[17] Dans l'approche de Badiou du problème de L'être-en-tant-qu'être on assiste à une sorte de réinvention de la question du *Tractatus logico-philosophicus* : on ne peut pas *dire* le sens de L'être mais seulement le *montrer* à travers sa marque singulière, son "nom propre". De la même manière que, pour le Wittgenstein du *Tractatus*, le sens n'est pas dicible, mais se montre, pour Badiou le sens de L'être *se montre dans les signes mathématiques* : la méta-ontologie de *L'être et l'événement* aurait le but de montrer que le sens de ce qui est formalisé en mathématique, le sens de l'ontologie même, ne peut pas être questionné, renonçant

pas d'empêcher l'illusion qu'il y en ait un et qu'il soit considéré valable (comme si Badiou disait que l'ensemble vide est l'être ou que l'être est l'ensemble vide). En effet *l'être n'est pas l'ensemble vide*, ce qui laisserait complètement ouverte la question de ce qu'est l'être. Badiou ne s'en occupe pas, il ne s'occupe que de son nom propre.

4. L'Un et le rien

Dans *L'être et l'événement* deux pseudo-arguments sont invoqués en support de la thèse que "∅" serait le nom propre de l'être.

a) « Il n'y a pas d'un » : Badiou argumente que l'unité et l'identité de chaque étant n'est qu'un effet ontologique de ce qu'il appelle le compte-pour-un :

> il n'est cependant pas question de céder sur ce que Lacan épingle au symbolique comme son principe : *il y a* de l'un. (...) Ce qu'il faut énoncer c'est que l'un, qui n'est pas, existe seulement comme *opération*. Ou encore : il n'y a pas d'un, il n'y a que le compte-pour-un. [...] Il convient de prendre tout à fait au sérieux que « un » soit un nombre. Et, sauf à pythagoriser, il n'y a pas de lieu de poser que l'être, en tant qu'être, soit nombre.[18]

« L'un n'est pas » et « il n'y a pas d'un » ne sont pas des propositions douées de sens : "un", en tant que substantif, est un nom de nombre naturel, et la grammaire (au sens de Wittgenstein) d'un nom de nombre ne supporte pas une prédication d'existence si ce n'est à l'intérieur d'une ontologie pythagoricienne, explicitement refusée par Badiou. A propos de ce genre de problèmes syntaxiques, Carnap proposait d'adopter une "théorie des types" dans une langue artificielle correcte afin d'éliminer d'emblée la possibilité de former des "simili-énoncés" comme « César est un nombre premier ».[19]

b) Le deuxième argument vise le néant. Badiou soutient la dicibilité d'un certain type de rien. Réellement il n'y a pas du néant, mais il y en a au niveau formel, car le néant est désigné par une forme mathématique :

---

sciemment à dire ce qu'on ne peut pas dire. Mais pourquoi ne pourrait-on pas dire ce sens ? Wittgenstein ne nous a-t-il pas enseigné que s'il n'y a pas de réponse possible (le sens de L'Etre est...) il n'y a même pas de question énigmatique (quel est le sens de L'Etre) ?

On pourrait d'ailleurs suggérer que selon Badiou l'ensemble vide *est* sa propre marque. Mais alors comment serait-il possible d'avoir un signe "de rien", exemple unique et privilégié de ce qui ne serait qu'un *signe-vide* (L'être-en-tant-qu'être) ? Mais l'ensemble vide n'est pas un objet ontologique mystérieux : il est défini formellement par la théorie des ensembles, il tombe sous le concept théorique d'"ensemble sans éléments", dont le paradoxe logique et métaphysique est seulement apparent. Nous remercions Peter Hallward pour nous avoir posé des objections dans le sens du rapprochement Badiou-Wittgenstein, et pour nous avoir fait découvrir le très beau texte de Badiou, « Silence, solipsisme, sainteté. L'antiphilosophie de Wittgenstein », paru sur la revue de psychanalyse *Barca!*.

[18] Alain Badiou, *L'être et l'événement, op. cit.*, p.31-32.
[19] Rudolph Carnap, *op. cit.*, p. 163-164.

> (...) l'être-rien se distingue tout autant du non-être que le « il y a » se distingue de l'être. (...) il y a un être du rien, en tant que forme de l'imprésentable.[20]

D'après nous, opposer "l'être-rien" et "le non-être" n'est qu'un jeu linguistique philosophique, un jargon dépourvu de sens en dehors de la philosophie.[21] "Etre-rien" est une expression dépourvue de sens précis, en dehors du simple sens « ne pas avoir de propriétés dicibles ». Le seul sens non rigoureux que nous pouvons y attribuer est un sens mystique : cela n'est pas méprisable en soi mais il nous semble que pour le valider il faudrait un contexte philosophique et rhétorique différent de celui de Badiou.

L'expression (dépourvue de sens) "le non-être", n'est que la susbtantivation d'une négation apposée au substantif "l'être" (dans notre acception *iii*). Depuis Parménide l'on sait qu'il y a ici un danger pour l'analyse. Non-être est une expression équivalente à néant. Et, comme le reprochait Carnap à Heidegger, il y a une erreur

> qui consiste à prendre le mot « Néant » pour le nom d'un objet, parce qu'on l'utilise sous cette forme dans la langue usuelle pour formuler un énoncé existentiel négatif (...). En revanche dans une langue correcte on obtient le même but, en se servant non pas d'un *nom* particulier, mais d'une *forme logique* spécifique de l'énoncé.[22]

Un commentaire de Quine sur le terme "rien"[23] nous semble présenter le problème le plus clairement possible :

> Un terme singulier indéfini dont l'ambiguïté a spécialement invité à la confusion, réelle et feinte, est « rien » ou « personne ». Comme boutade terne, la formule est assez familière, ainsi dans la chanson de Gershwin « j'ai une abondance de rien » [...] ou dans ce passage de Lewis Carroll : « J'ai dépassé personne dans la rue – Alors personne marche plus lentement que vous ». Locke lui-même, si nous admettons l'interprétation peu généreuse de la part de Hume, serait tombé sans rire dans la même confusion lorsqu'il a défendu le principe universel de causalité, en arguant que, si un événement manque de cause, il doit avoir « rien » pour cause, ce qui ne peut pas être une cause. Heidegger, si nous pouvons le lire de manière littérale, a été

---

[20] Alain Badiou, *L'être et l'événement*, *op. cit.*, p.66-67.
[21] Cela n'est pas le propre de la philosophie, car la philosophie n'est pas la discipline des non-sens.
[22] Rudolph Carnap, *op. cit.*, p.166. la forme logique mentionnée serait justement du genre : $\neg \exists x(p_1, ..., p_n)$
[23] Nous ne nous engageons pas dans la distinction linguistique entre "rien" et "néant", les traitant comme synonymes.

> abusé par la même confusion dans sa déclaration « *Das Nichts nichtet* ». Et Platon, paraît avoir eu des difficultés avec Parménide au sujet de ce petit sophisme.
> Ce qui est troublant au sujet du terme singulier indéfini « rien », c'est sa tendance à prendre le masque d'un terme défini.[24]

On ne peut donc pas savoir, du moins si on ne définit pas des critères de signification[25] (que Badiou ne définit pas) ce que c'est que "l'imprésentable", et donc sa forme.

Les arguments a) et b), essentiels au dispositif de *L'être et l'événement*, ne respectent donc pas la grammaire naturelle des termes "un" et "rien" : on pourrait fixer une grammaire artificielle pour des raisons stylistiques mais alors il faudrait les énoncer pour se faire comprendre.

L'argument b) est celui qui porte le poids majeur : faire de $\emptyset$ le nom de l'être-en-tant-qu'être permet le déploiement du discours *méta-ontologique* de *L'être et l'événement*.

La thèse "les mathématiques sont l'ontologie" est donc fondée sur la position invérifiable (car soustraite à toutes questions de sens empiriquement contrôlable) de ce qu'on pourrait appeler le sens de l'être de l'ensemble vide $\emptyset$.

5. En tout cas les mathématiques ne sont pas l'ontologie

> Il faut se méfier de la face « naïve » du formalisme et du mathématisme, dont l'une des fonctions secondaires a été, ne l'oublions pas, dans la métaphysique, celle de compléter et de confirmer la théologie logocentrique qu'ils pouvaient contester d'autre part.
> Jacques Derrida, *Positions*

Le contenu de la définition que Badiou donne de l'ontologie[26] serait peut-être recevable pourvu qu'on réussisse à lui attribuer un sens compréhensible et précis en dehors du jargon idiosyncrasique de Badiou. Comme le dit Bouveresse :

---

[24] Willard Quine, *Le mot et la chose*, Paris, Flammarion, 1960, § 27, pp.190 et suiv.

[25] Une version possible des critères de signification est celle donnée par Carnap *op. cit.*, p. 160 : « Soit *a* un mot quelconque et E(*a*) l'énoncé élémentaire dans lequel il figure. La condition nécessaire et suffisante pour que *a* ait une signification peut s'énoncer dans chacune des formules suivantes, qui disent au fond la même chose : 1. Les *critères empiriques* de *a* sont connus. 2. il est établi de quels énoncés protocolaires E(*a*) est déductible. 3. Les *conditions de vérité* de E(*a*) sont établies. 4. La procédure de *vérification* de E(*a*) est connue ». Il est vrai que Badiou a sa théorie de la vérité, dont nous ne parlons aucunement ici car elle requiert une étude particulière. Mais il est certain que cette théorie ne considère pas des critères *empiriques* de la vérité.

[26] « Science de L'être-en-tant-qu'être. Présentation de la présentation. S'effectue comme pensée du multiple pur, donc comme mathématique cantorienne, ou théorie des ensembles », Alain Badiou, *L'être et l'événement*, *op. cit.*, p.551.

> Dans le cas des énoncés philosophiques, la question est donc moins de savoir s'ils n'ont pas de sens en eux-mêmes que de savoir si nous avons réussi et même simplement cherché à leur en donner un.[27]

Finalement, selon nous, on ne peut peut-être pas parvenir à donner un sens à l'assertion selon laquelle les mathématiques sont l'ontologie. Cela pour au moins deux raisons : a) cette assertion est basée sur la position que ∅ est le nom propre de l'être-en-tant-qu'être, ce qui finit par signifier l'identification de (la dicibilité de) l'être-en-tant-qu'être avec (les propriétés mathématiques de) l'ensemble vide. Au début il y a la position selon laquelle l'être est ineffable en dehors de ses formes mathématiques, mais c'est une position jamais déclarée et qu'il faudrait éclaircir ; b) l'ontologie et la métaphysique n'ont pas nécessairement à parler de la Différence Ontologique entre l'Être et les étants, à moins de vouloir poursuivre (mais alors à quels fins ?) la fabulation de Heidegger.

L'expression "être-en-tant-qu'être" devrait traduire le *tò òn è òn* aristotélicien. Comme le dit le philosophe analytique italien Achille Varzi :

> dans un certain sens l'expression est vide [même si] il y a un sens dans lequel l'ontologie peut être raisonnablement définie comme la science de l'être en tant qu'être : elle s'occupe de ces propriétés générales et structurelles qui caractérisent tout ce qui existe, indépendamment de ce qui existe. Dans ce sens elle s'occupe de ce qui existe simplement en tant qu'il existe. Par exemple, les relations de dépendance ontologique qui subsistent entre les parties et le tout constituent un sujet d'enquête indépendamment de la nature des entités en question.[28]

La thèse selon laquelle les mathématiques sont l'ontologie se fonde (et ne se fonde que) sur une redéfinition radicale, une paraphrase révolutionnaire, du sens du terme "ontologie". Qu'en est-il alors de l'ontologie "réaliste" (anti-kantienne) qui s'occupe du monde empirique et des mondes possibles ?[29]

Il résulte qu'il est impossible de discuter cette thèse sans employer le mot ontologie dans le même sens de Badiou. A moins d'accepter pleinement son jargon, il faut avouer que l'assertion « les mathématiques sont l'ontologie » est dépourvue de sens. Badiou n'a pas de raisons pour affirmer cette thèse si

---

[27] Jacques Bouveresse, *Dire et ne rien dire*, Éditions Jacqueline Chambon, 1997, p.118
[28] Achille Varzi, communication personnelle.
[29] La constellation actuelle des "métaphysiciens analytiques", de Barry Smith à Kevin Mulligan, de Peter Simon à Achille Varzi, hérite de et continue cette métaphysique qui ne pense pas ne pas pouvoir parler des choses en elles-mêmes. Comme *exemplum* de cette position envers Kant, dans *Métaphysique et ontologie*, (*cit. infra*, note 41) Kevin Mulligan affirme que la critique de Bolzano à Kant est *définitive et démolisseuse*. Ici aussi c'est une question de jugement philosophique qui est aussi un jugement de valeur.

ce n'est son désir de traduire l'anti-métaphysique heideggérienne en des termes mathématiques dans le style lacanien.

La proposition « les mathématiques sont l'ontologie » est en effet proposée alternativement comme un "énoncé philosophique"[30], une "thèse"[31], une "hypothèse"[32], une "assertion"[33] : c'est dire que, au moins au niveau terminologique, le statut assertif n'est pas clair. La seule chose que Badiou garantit est que cette proposition méta-ontologique est

> rendue nécessaire par la situation actuelle cumulée des mathématiques (après Cantor, Gödel et Cohen) et de la philosophie (après Heidegger).[34]

On nous permettra de douter que cette nécessité soit réelle. Si l'on accepte qu'il y a d'autres ontologies que celles de l'être-en-tant-qu'être, l'assertion « les mathématiques sont l'ontologie » n'est pas valable, ni au niveau descriptif ni au niveau prescriptif. Badiou a certes des raisons pour affirmer sa thèse, dans son propre jeu de langage, mais tout à fait relativement et sans aucune prétention de véridicité. Il affirme d'ailleurs avec clarté et honnêteté que

> le mode propre sur lequel une philosophie convoque une expérience de pensée dans son espace conceptuel relève strictement, non de la loi supposée de l'objet, mais des objectifs et des opérateurs de cette philosophie elle-même.[35]

Voici à titre d'exemple un passage qui affiche l'impossibilité d'argumenter la thèse "les mathématiques sont l'ontologie" :

> Quelle que soit la prodigieuse diversité des « objets » et des structures mathématiques, ils sont tous désignables comme des multiplicités pures édifiées, de façon réglée, à partir du seul ensemble vide. La question de la nature exacte du rapport des mathématiques à l'être est *donc* entièrement concentrée – pour l'époque où nous sommes – dans la décision axiomatique qui autorise la théorie des ensembles[36] (nous soulignons).

Le "donc" n'indique pas du tout une déduction valide : que la théorie des ensembles permette la transcription des mathématiques dans le langage ensembliste n'implique aucunement que les mathématiques "expriment l'être", sauf à poser que ce qu'on appelle depuis Aristote l'être-en-tant-

---

[30] Alain Badiou, *L'être et l'événement*, op. cit., p.10.
[31] *Ibid.* p.9.
[32] *Ibid.* p.13.
[33] *Ibid.*, p.12.
[34] *Ibid.*, p.22.
[35] Alain Badiou, *Court traité d'ontologie transitoire*, Paris, Éditions du Seuil, 1998, p.119.
[36] Alain Badiou, *L'être et l'événement*, op. cit., p.12.

qu'être trouve une parfaite correspondance en mathématique par cet objet théorique qu'est l'ensemble vide (mais alors comment ?).

« Les mathématiques sont l'ontologie » est une affirmation injustifiée au niveau théorique comme au niveau empirique et historique. Badiou prétend justifier sa position armé de la notion de décision (ou pensée) axiomatique :

> Mais qu'est-ce qu'une pensée qui ne définit jamais ce qu'elle pense ? Qui donc ne l'expose jamais comme objet ? Une pensée qui même s'interdit de recourir, dans l'écriture qui l'enchaîne au pensable, à quelque nom que ce soit de ce pensable ? C'est, évidemment, une pensée *axiomatique*. Une pensée axiomatique saisit la disposition de termes non définis. Elle ne rencontre jamais ni une définition de ces termes ni une explicitation praticable de ce qui n'est pas eux. Les énoncés primordiaux d'une telle pensée exposent le pensable sans le thématiser[37].

Il nous semble que l'idée d'une pensée qui procède *exclusivement* par des termes non-définis soit complètement imaginaire (d'autant plus que Badiou définit plusieurs termes).

6. Ontologie et métaphysique analytiques

En matière d'ontologie il n'y a pas que Heidegger. Il existe aussi une "métaphysique analytique". Les philosophes analytiques[38] et les cognitivistes ont en matière d'ontologie des idées bien différentes que celles de Badiou. Pour les philosophes analytiques qui ont essayé de "régimenter" le langage naturel (Quine) ou pour ceux qui ont étudié le langage commun (Austin, Searle) on ne peut pas proférer des phrases comme « le néant néantit », si ce n'est à l'intérieur d'un jeu de langage particulier qui correspond à une forme de vie particulière (le philosophe académique français).

En l'absence de critères de significations explicites et partagés il ne peut pas y avoir de signification, ni de signification philosophique possible, et l'ontologie peut se faire la *fabula* heideggérienne d'un Être oublié.

Qu'est-ce que c'est l'ontologie du point de vue analytique ? Voici deux définitions possibles :

> L'ontologie, en tant que branche de la philosophie, est la science de ce qui est, des types et des structures des objets, des propriétés, des événements, des processus et des relations qui ont lieu dans chaque région de la réalité. « Ontologie » est souvent employé par les philosophes comme synonyme de « métaphysique » [...]

---

[37] *Ibid.*, p. 32.
[38] Il est vrai que Badiou considère les philosophes analytiques comme des sophistes ou des scolastiques, cas de figure de ce que Deleuze et Guattari ont appelé un personnage conceptuel négatif : le sophiste contemporain.

L'ontologie en situation

> Parfois « ontologie » est employé en un sens plus large, pour désigner l'étude de ce qui peut exister, lorsque « métaphysique » est employé pour l'étude de ce qui, parmi les différentes alternatives possibles, correspond à la réalité[39].

> En effet, si la métaphysique [...] s'occupe fondamentalement de la nature ultime de tout ce qui existe, revient aussi à la métaphysique la tâche préliminaire d'établir *qu'est-ce qui* existe, ou du moins de fixer des critères pour établir ce que serait raisonnable d'inclure dans un inventaire précis du monde. La mise au point de tels critères définit justement la question ontologique [...][40].

Ici il n'est pas question d'être-en-tant-qu'être : l'ontologie est définie comme la science de ce qui existe. La philosophie analytique, que Badiou désigne comme le "tournant langagier" de la philosophie, enquête autour des propriétés des choses du monde réel et des mondes possibles. Ce qui implique que le réel ne soit pas "l'impossible" lacanien, mais un champ d'enquête pour cette discipline rigoureuse qu'est l'ontologie analytique.

Voici un petit catalogue, fourni par Kevin Mulligan, de questions propres de la métaphysique et de l'ontologie du point de vue analytique :

Qu'est-ce que c'est exister ?
Qu'est-ce que c'est une substance ?
Qu'est-ce que c'est un tout ?
Qu'est-ce que c'est une relation ?
Qu'est-ce que c'est la dépendance ?
Qu'est-ce que c'est la causalité ?
Qu'est-ce que c'est une propriété ?
Qu'est-ce que c'est un état ?
Qu'est-ce que c'est l'identité ?
Qu'est-ce que c'est un type ?
Qu'est-ce que c'est la survenance ?[41]

Une ontologie qui enquête « les types d'objets et leurs structures, les propriétés, les événements, les procédures et les relations dans toute partie de la réalité » contraint à se procurer une doctrine du sensible.[42]

---

[39] Barry Smith, *Ontology and Information Systems*. Beaucoup d'écrits de Smith (y inclus celui ci), Mulligan, Simon, Varzi sont publiés sur le site de l'Université de Buffalo.
[40] Achille Varzi, *Ontologia e metafisica*, dans D'Agostini e Vassallo (ed.) *Storia della filosofia analitica*, Torino, Einaudi 2002, pp.157-193.
[41] Kevin Mulligan, *Métaphysique et ontologie*, dans Pascal Engel, *Précis de philosophie analytique*, Paris, PUF, 2000.
[42] Cette critique avait déjà été formulée par Eric Alliez, *De l'impossibilité de la phénoménologie*, Paris, Vrin, 1995, p.86-87. « ... ne serions-nous pas, *malgré tout* en train de vérifier que la différence de l'ontologie à la mathématique, sinon la possibilité d'une

Cela requerrait sans doute d'autres instruments philosophiques que ceux choisis par Badiou.

7. L'ontologie de Badiou entraîne beaucoup de problèmes relatifs à ce qui n'est pas mathématisable ; l'exemple de la pensée

Un point pour nous très insatisfaisant quant à la philosophie de Badiou est le fait qu'elle ne se prononce jamais sur la nature de la pensée et n'analyse pas suffisamment cette notion centrale de la philosophie.

L'ontologie-mathématique permettrait selon Badiou de choisir sa propre « orientation de/dans la pensée ». L'oscillation entre les prépositions "de" et "dans" semble symptomatique du fait que Badiou ne décide pas sur la nature de la pensée. La pensée semble être un certain « dedans » (orientation *de :* la pensée a une orientation métaphorique vers des objets noétiques) et aussi un certain « dehors » (orientation *dans :* la pensée comme élément immatériel, finalement le même que l'être).

On comprend que dans le lexique conceptuel de Badiou l'orientation de/dans la pensée est l'origine des choix ontologiques, c'est-à-dire du choix, conscient ou inconscient, d'une ontologie-mathématique ou d'une autre.

Quelques questions majeures se posent pourtant : 1) s'il existe quelque chose de semblable, *qu'est-ce que c'est* la pensée pour Badiou ? ; 1.bis) si ce n'est pas une chose mais un événement, quels sont *les critères d'identité* de cet événement particulier (différent de tout autre événement) que serait la pensée ? ; 2) (si c'est bien une chose) quelles seraient *les propriétés* de la pensée ? ; 3) qu'est-ce que ce serait une propriété de la pensée comme *orientation ?*

Voyons quelques possibilités de réponse.

1) Il est vrai que Badiou revendique pour une pensée "axiomatique" le droit de ne pas définir ce qu'elle pense, mais la notion de pensée reste ainsi bien mystérieuse. Une citation peut nous orienter dans la théorie *implicite* de Badiou sur la pensée :

> Une pensée n'est rien d'autre que le désir d'en finir avec l'exorbitant excès de l'état (...) La pensée est, proprement, ce que la dé-mesure [entre un ensemble et l'ensemble de ses parties], ontologiquement attestée, ne peut satisfaire. L'insatisfaction, cette loi historique de la pensée dont la cause gît où l'être n'est plus exactement dicible, se donne communément dans trois grandes tentatives de parer à l'excès

---

ontologie non mathématique requise et suspendue par la décision initiale d'une *fondation soustractive* (« en direction du point du réel où l'axiomatique mathématique elle-même défaille » comme l'écrit François Wahl), exige, pour prendre effet, la mise au jour d'une ontologie matérielle doublée d'une phénoménologie conceptuelle (ou phénoménologie du concept) ?... ».

L'ontologie en situation

> (...) Car c'est bien, dans le désir qu'est la pensée, de l'injustice innombrable de l'état qu'il est question.[43]

Que la pensée soit un désir, ce n'est qu'une métaphore. Il nous semble bien difficile pour un philosophe contemporain de ne pas se confronter avec les connaissances scientifiques actuelles en matière d'esprit et de cerveau, lorsqu'on parle de pensée en philosophie. Badiou ne se confronte pas du tout avec la philosophie contemporaine de l'esprit, ce qui rend sa théorie de la pensée assez idiosyncrasique, métaphorique, anti-scientifique, incompréhensible ou impossible à souscrire.[44]

Pour une ontologie analytique, soit la pensée n'est rien, soit elle est une chose, une propriété, ou un événement.

Même en voulant rester à l'intérieur du système de Badiou, on peut se demander si la pensée, dans le cas où elle est une chose, fait partie du monde ou pas, c'est-à-dire si c'est une chose sensible ou une chose abstraite.

Si la pensée faisait partie du monde sensible, ni l'ontologie-mathématique ni la méta-ontologie de Badiou ne pourraient pas en traiter, la première ne prononçant *que*, la seconde ne se prononçant *que sur*, les formes de l'être-en-tant-qu'être, et non pas sur les étants.

Dans cette perspective, étant donné qu'il n'y a pas d'indices pour imaginer que pour Badiou la pensée soit une chose abstraite comme un nombre ou une propriété, elle deviendrait probablement quelque chose comme une *condition de pensabilité-dicibilité* du monde, donc un transcendantal, atteint par l'ineffabilité propre des transcendantaux kantiens.[45]

1 bis) Si la pensée était un événement, il faudrait poser la question de ses critères d'identification, comme le fait Slavoj Zizek dans son *The Ticklish Subject. The Absent Centre of Political Ontology*.[46] Comment distinguer un événement d'un non-événement qui pourrait être proclamé tel par quelque pseudo-sujet événementiel ?

La réponse ici semble simple : le véritable événement est celui qui "troue le Savoir", comme le dit Badiou, ou qui bouleverse la situation cognitive établie dans un système humain quelconque, dirions-nous. Mais est-ce si simple ? Gênes 2001 a-t-il été un événement ou pas ? Et que dire du 11 septembre ?

En tout cas, si la pensée était un tel événement qui troue le Savoir, il s'en suivrait que les gens ne pensent que très rarement.

---

[43] Alain Badiou, *L'être et l'événement*, op. cit., p.312.
[44] D'ailleurs il méprise ouvertement, dans l'introduction à *L'être et l'événement*, p. ... « les ferraillements à la Prigogyne ».
[45] Sur le "transcendantal" (re-mathématisé selon la Théorie mathématicienne des *Topoi*) Badiou annonce qu'il s'expliquera largement dans *Logiques des mondes*, Paris, Éditions du Seuil, 2006.
[46] Slavoj Zizek *The Ticklish Subject. The Absent Centre of Political Ontology*, London – New York, Verso, 2000.

2) D'ailleurs Badiou doit avoir au moins une théorie sur les *propriétés* de la pensée, car il la dit "unique" :
> Il est à mon sens erroné de dire que deux orientations différentes prescrivent deux mathématiques différentes, soit deux pensées différentes. C'est à l'intérieur d'une pensée unique que s'affrontent les orientations.[47]

Mais en sus de son unicité la pensée a d'autres propriété ou est-elle ce que J.C. Milner appelle une « pensée sans qualité » ?[48] Pourquoi ne pas s'attarder sur la nature de l'unicité de la pensée ? Cette notion posée comme intuitive (Badiou ne l'explique pas du tout), si elle était expliquée, nous permettrait sans doute de supposer que Badiou n'est pas loin de croire à la réalité de quelque chose comme un "langage de la pensée" à la Jerry Fodor, Steven Pinker et d'autres cognitivistes. Cette hypothèse nous permettrait peut-être de confronter le discours de Badiou avec celui des sciences cognitives. Cela nous semblerait très intéressant. Mais son discours devrait pouvoir se confronter (si ce n'est aux sciences de la nature) au moins au monde sensible et à la sphère intentionnelle, qu'il bannit, et rien n'est moins certain que cette confrontation soit possible (ni même désirée par Badiou).

Avec l'affirmation parménidienne, tardive et quelque peu étonnante (vu son matérialisme dialectique mathématisé des années soixante-dix), selon laquelle *l'être est le même que la pensée*[49], c'est comme si Badiou renonçait à jamais à formuler des propositions empiriquement contrôlables qui se référeraient à la pensée.

3) A propos de son orientation, Badiou attribue à la pensée trois directions possibles[50] : a) une orientation "grammairienne ou programmatique", b) une "doctrine déployée des indiscernables", c) une "logique de la transcendance". Ces trois orientations de la pensée sont justifiées de façon non-empirique[51], et elles se trouvent en correspondance, respectivement, avec
> la doctrine des ensembles *constructibles*, créée par Gödel et raffinée par Jensen [...] la doctrine des ensembles *génériques*, créée par Cohen [...] la doctrine des *grands cardinaux*, à laquelle ont contribué tous les spécialistes de la théorie des ensembles. [Badiou trouve aussi des correspondances, respectivement, avec la philosophie de Leibniz, celle de

---
[47] Alain Badiou, *Court traité d'ontologie transitoire, op. cit.*, p. 50-51.
[48] Jean Claude Milner, *L'oeuvre claire. Lacan, la science, la philosophie*, Éditions du Seuil, Paris, 1995.
[49] Alain Badiou, *Court traité d'ontologie transitoire, op. cit.*, p.49.
[50] Dans *L'être et l'événement, op. cit.*, p.314 il y avait une quatrième orientation « discernable dès Marx, prise d'un autre biais chez Freud, [qui] est transversale aux trois autres », mais ce point n'est pas clair, et cette quatrième orientation n'apparaît que dans le lieu cité.
[51] Alain Badiou, *L'être et l'événement, op. cit.*, : « Chacune d'entre elles implique que soit intelligible un certain *type d'être* », p.314.

L'ontologie en situation

Rousseau et] toute la métaphysique classique [...] fût-ce sous le mode de l'eschatologie communiste.[52]

Dans le *Court traité d'ontologie transitoire* la théorie des orientations de la pensée est reprise avec plus de clarté :

Il faudrait donc disposer d'une théorie des orientations dans la pensée, comme territoire réel de ce qui peut activer la pensée mathématique comme pensée. (...) Ces orientations sont l'orientation constructiviste, l'orientation transcendante, l'orientation générique.

La première norme l'existence par des constructions explicites et, en définitive, subordonne le jugement d'existence à des protocoles langagiers finis et contrôlables. Disons que toute existence se soutient d'un algorithme, qui permet d'atteindre effectivement un cas de ce dont il s'agit.

La deuxième, la transcendante, norme l'existence par l'admission de ce qu'on peut appeler une surexistence, ou un point de bouclage hiérarchique qui dispose en deçà de lui-même l'univers de tout ce qui existe. Disons que, cette fois, toute existence s'inscrit dans une totalité qui lui assigne une place.

La troisième pose que l'existence est sans norme, sinon la consistance discursive. Elle privilégie les zones indéfinies, les multiples soustraits à toute récollection prédicative, les points d'excès et les donations soustractives. Disons que toute existence est prise dans une errance qui fait diagonale pour les montages supposés la surprendre.[53]

On a l'impression de comprendre ; mais, après tout, on ne serait pas dire *qu'est-ce que c'est* une orientation de la pensée ?[54]

Dans le *Court traité* Badiou propose une pseudo-définition : une orientation de la pensée serait

une *norme immanente* qui ne constitue pas la pensée, mais l'oriente. Nous appellerons orientation dans la pensée ce qui règle dans cette pensée les assertions d'existence. Soit ce qui, formellement, autorise l'inscription d'*un quantificateur existentiel en tête d'une formule* qui fixe les propriétés qu'on suppose à une région d'être. Ou ce qui, ontologiquement, fixe l'univers de la présentation pure du pensable. Une orientation dans la pensée s'étend non seulement aux assertions fondatrices,

---

[52] *Ibid.*, ibid..
[53] Alain Badiou, *Court traité d'ontologie transitoire, op. cit.* p.52.
[54] Nous ne pensons pas que cette question soit naïve. Elle n'appartient certes pas au style propre de Badiou, mais nous croyons que le propre de la philosophie est une transgression intentionnelle des styles des autres.

ou aux axiomes, mais aussi aux protocoles démonstratifs, dès que leur enjeu est existentiel (*nous soulignons*).[55]

Ce n'est pas une véritable définition car Badiou dit, de façon parfaitement circulaire, qu'une orientation dans la pensée est ce qui oriente la pensée. Est-ce cela qu'entend Badiou disant qu'une pensée axiomatique ne définit pas ses termes ? Pourtant il y a bien quelque chose comme une définition négative : une orientation de la pensée est « une norme immanente qui ne constitue pas la pensée ». Or, les normes constitutives étant celles qu'on ne peut pas transgresser par définition : par exemple, dans le jeu des échecs le cheval ne peut pas bouger comme la reine, et le joueur qui l'ignore ne pourrait pas jouer au même jeu. La pensée pour Badiou serait donc quelque chose qui ne pourrait pas avoir affaire à des normes constitutives mais bien à des normes non-constitutives, parmi lesquelles il y aurait les *orientations* ? On n'en sait rien.

Les réponses à ces questions seraient liées à la théorie badiousienne de la pensée, sauf que cette théorie n'est pas explicitée.

Conclusion

La dernière parole parménidienne de Badiou selon laquelle l'être est le même que la pensée nous laisse soupçonner que le discours badiousien est en train de devenir de plus en plus **clos**, et qu'à sa mise entre parenthèses du monde ontique s'ajoute désormais la suspension volontaire d'un concept et d'un sens *transmissibles* de la pensée (comme de la philosophie).

Nous avons voulu parcourir quelques lieux de l'ouvrage très riche et complexe de notre philosophe. Nous savons que notre reconstruction de ce système de pensée n'a pas beaucoup de chances pour ne pas déplaire aux interprètes plus proches de Badiou, parmi lesquels nous avons été quelque temps, sans doute de façon inadéquate. Pourtant il nous semblait important de faire voir qu'en dépit de plusieurs éléments intéressants, à notre avis, de cette philosophie, l'architecture globale reste gravement affaiblie par une fondation inconsistante d'origine ouvertement lacanienne.

D'après Robert Nozick[56] les systèmes philosophiques peuvent ressembler soit à une tour à la fondation mince et friable (on construit sur les intuitions philosophiques initiales comme si tout devait être déduit du Principe), soit à un temple grec comme le Parthénon, dont les colonnes sont les différentes intuitions sur lesquelles on bâtit une architrave de propositions philosophiques qui peuvent rester valables et intéressantes même après l'écroulement de certaines parties du temple. Des propositions de quelque façon déliées de la prétendue fondation.

---

[55] Alain Badiou, *Court traité d'ontologie transitoire*, op. cit., p. 50.
[56] Robert Nozick, *The Examined Life*, 1989.

L'ontologie en situation

Or, prolongeant cette belle image, il nous semble que le système de Badiou ressemblerait à une sorte de pyramide puissante et solide mais, hélas, entièrement bâtie sur un seul point presque inexistant.

Ce ne doit pas être par hasard si pour Badiou le réel est justement un point impossible.[57]

---

[57] Nous avons entendu cette affirmation pendant sa leçon magistrale en l'honneur de Jean François Lyotard. C'est l'une de ses affirmations les plus claires et importantes que nous lui avons jamais entendu prononcer. Il entendait s'opposer (toujours en lacanien) à la phénoménologie husserlienne pour laquelle le réel serait un horizon, ou une ligne.

Entre deux sections
A PROPOS DU « ET » ENTRE ETRE ET EVENEMENT
Réponse d'Alain Badiou à une question des éditeurs

Entre deux sections
A PROPOS DU « ET » ENTRE ETRE ET EVENEMENT

De l'être et l'événement, vous le dites de maintes manières, il faut être capables d'articuler la disjonction que le et suggère. Votre lecteur est donc tout de suite amené à se demander comment un événement peut, à la fois, surgir de nulle part, et posséder une fonction ontologique, celle d'interrompre la consistance de la situation dans laquelle il a lieu.

Si donc un événement est ce qui déploie, au milieu d'une situation consistante, une certaine inconsistance qui vient l'interrompre, peut-on alors dire que l'événement est événement de l'être de la situation comme puissance de deliaison des structures de sa propre consistance ?

Alain Badiou

Remarquons d'abord que l'événement ne surgit pas « de nulle part ». Il est, au contraire, strictement localisé. Ontologiquement, il n'y a « événement » qu'au regard de ce que j'appelle un « site événementiel ». Et un tel site a des caractéristiques très précises, en particulier celle d'être « au bord du vide ». Ce qui veut dire que si lui, le site, est présenté dans le monde considéré, ses éléments, eux, ne le sont pas. Pour être plus simples, disons que l'événement exige qu'il y ait, dans le monde que cet événement va affecter, des zones de fragilité, des zones qui ne sont pas aussi fermement assurées de leur être-dans, de leur immanence étatique, que les autres. J'ai écrit un article qui indiquait pourquoi, dans la France des années soixante-dix, les grandes usines étaient des sites événementiels (pour la politique). N'oubliez pas que les éléments du site sont exactement ce qui compose, ontologiquement, l'événement pensé comme multiplicité. Il y a une topologie des événements (le site), et cette topologie entre dans l'ontologie (le site est élément de l'événement pensé comme multiplicité surnuméraire).

Il est vrai par ailleurs que l'événement fait monter à la surface de la situation (ou du monde) l'inconsistance qui rôde sous la consistance de cette situation. Inconsistance fondamentale, puisque le « compte pour un » du multiple n'est qu'une opération, celle de *l'état* de la situation. Cette montée, cette subversion de la consistance, cette déliaison, en effet, prend la forme d'une représentation de ce qui est non-présentable : le vide propre de la situation.

Situations et ontologie

Car le vide (que je déclare « nom propre de l'être ») est l'épinglage de la consistance des structures à l'inconsistance originaire du multiple pur.

Et enfin, dans « Logiques des mondes », je vais établir que l'événement est logiquement relié au monde qu'il affecte *par ses conséquences*. Tout objet d'un monde contient un inexistant propre, qui atteste la contingence de la présence de cet objet dans le monde considéré. Or, la conséquence majeure d'un événement est de porter à l'existence maximale cet inexistant. C'est ce qui est dit dans « L'Internationale », n'est-ce pas : nous ne sommes rien, soyons tout.

Cette « relève » de l'inexistant, pour parler comme Derrida, ajoute à la puissance de déliaison de l'événement une puissance de maximalisation, de sur-existence.

**DEUXIEME SECTION
L'EVENEMENT, DEHORS DE L'ONTOLOGIE**

A- THEORIE DE L'EVENEMENT
y a-t-il disjonction entre être et événement ?

Oliver Feltham
ET L'ETRE ET L'EVENEMENT ET :
la philosophie et ses nominations

L'être et l'événement part de deux énoncés fondateurs : premièrement que l'ontologie n'est rien d'autre que les mathématiques, et cela car ces dernières réussissent à parler de l'être en tant que multiplicité infinie et pure; deuxièmement qu'il y a des événements-ruptures qui ont lieu imprévisiblement parmi ces multiplicités, et qui peuvent mener à des transformations de l'ordre établi des choses.[1] L'enjeu central de *l'Etre et l'événement* est d'agencer ces deux énoncés, en trouvant les connexions précises entre l'inscription mathématique de l'être, et les événements, les surgissements du nouveau. Si l'on tâche de reconstruire l'agencement de ces deux énoncés, on s'aperçoit qu'il s'accomplit par le biais d'un concept renouvelé du sujet, et d'un emprunt du concept lacanien du Réel. Une telle reconstruction peut nous aider à comprendre la nature de la pratique philosophique chez Badiou par rapport à ce qu'il appelle les conditions de la philosophie ; « l'art », « la politique », « la science », et « l'amour ».

I. Comment passer l'impasse de l'être

Quand on examine l'agencement de l'être et de l'événement chez Badiou, on peut observer qu'il y a une disjonction entre les deux. Cette disjonction est établie de façon explicite dans son système non pas par une absence totale de connexions, mais plutôt par la modalité des connexions qui existent. A proprement parler, il y a deux connexions ; l'une intrinsèque à la science de l'être-en-tant-qu'être, l'autre extrinsèque à celle-ci. En outre, ce sont ces deux connexions entre l'être et l'événement qui permettent à Badiou de boucler sa théorie du sujet – développée dans la dernière section de *L'être et l'événement* – avec un des résultats majeurs de son ontologie ensembliste, son inscription formelle de « l'impasse de l'être ».

Les connexions entre l'être et l'événement sont établies par la succession de trois thèses métaontologiques qui font toutes référence au même énoncé ontologique : $|p(\omega_\alpha)| \geq |\delta|$. Cet énoncé affirme que si on considère la cardinalité de l'ensemble de tous les sous-ensembles d'un ensemble infini, cette cardinalité est plus grande que n'importe quel autre cardinal infini – qui est déjà plus grand que la cardinalité de l'ensemble initial. Expliquons. Un sous-ensemble est une collection partielle des éléments qui appartiennent à

---

[1] Il existe une version en anglais de cet article – « And Being and Event and... »– in Wilkens M, (ed.) *The Philosophy of Alain Badiou*, *Polygraph* No.17, 2005, pp. 27-40.

un ensemble initial. On dira que ce sous-ensemble, ce groupement, est *inclus* dans l'ensemble initial. On peut alors rassembler tous les sous-ensembles possibles d'un ensemble initial, pour former un nouvel ensemble appelé le *powerset*, noté $p(\alpha)$ où α est l'ensemble initial. Chaque sous-ensemble de α est alors un élément qui appartient au powerset $p(\alpha)$. Ce *powerset* a une certaine cardinalité : la quantité de ses éléments. On sait qu'elle est plus grande que celle de l'ensemble initial, qu'elle l'*excède*. En effet, le calcul de la quantité de cet excès est facile avec un ensemble fini : il y a 2^n éléments du *powerset* où n représente le nombre des éléments dans l'ensemble initial. Par exemple, si on a un ensemble de trois éléments, le nombre des éléments dans son powerset est égal à deux à la puissance de trois, soit huit. Cependant, s'agissant d'un ensemble initial qui est infini, il n'y a pas de calcul disponible. On ne sait pas de *combien* la cardinalité du *powerset* excède celle de l'ensemble initial. Autrement dit, la mesure de l'excès quantitatif du *powerset* est proprement indécidable.

A partir de cet énoncé ontologique, ou mathématique, Badiou bâtit donc trois thèses métaontologiques. Qu'est-ce qu'une thèse métaontologique ? Pour Badiou, une thèse métaontologique sera un énoncé philosophique conditionné par des théorèmes, des opérations ou des axiomes ontologiques. Une telle thèse portera sur la nature de la présentation et la représentation, et sur les relations de ces dernières avec le sujet, l'événement, et la vérité. Par exemple, Badiou dit que la distinction entre un ensemble et son powerset schématise la distinction entre une présentation et sa représentation. « Présentation » est prise par Badiou dans son sens le plus général étant un synonyme conceptuel de « situation », et comprenant toute multiplicité phénoménale. « Représentation » est pareillement prise dans un sens général et désigne tous les mécanismes qui sont censés répéter un contenu sans le transformer. Selon Badiou, les relations qui ont lieu entre la présentation et la représentation sont toutes celles qui ont lieu entre un ensemble et son *powerset*. Par conséquent, au niveau des énoncés philosophiques *conditionnés* par les mathématiques, Badiou peut dire que la représentation consiste structurellement en regroupements des éléments de la présentation, et le nombre de ces possibles regroupements est toujours supérieur au nombre des éléments de la présentation initiale.

J'expliquerai ces trois thèses métaontologiques pleinement dans la suite, mais pour le moment il suffit de les identifier et clarifier leur terminologie – rappelons qu'une thèse métaontologique tire des conséquences philosophiques d'un énoncé mathématique pour déterminer l'agencement des concepts du sujet, événement, vérité, etc. ; des concepts qu'on clarifiera plus tard :

- Premièrement, il y a *la thèse du schématisme* qui dit : *l'énoncé « $|p(\omega_\alpha)| \geq |\delta|$ » schématise « l'impasse de l'être » propre à n'importe quelle situation.*
  – En termes métaontologiques, cette impasse est le décalage non mesurable entre la représentation et la présentation dans une situation.
- Deuxièmement, *la thèse du réel* dit que *le forçage de l'énoncé « $|p(\omega_\alpha)| \geq |\delta|$ » révèle la trace et de l'événement et du sujet dans l'ontologie.*
  – Comme on le verra plus tard, le forçage est une technique particulière qui nous donne des renseignements conditionnels sur un ensemble indiscernable. Il ne reste que des traces de l'événement et du sujet dans l'ontologie parce qu'ils en sont tous les deux exclus à cause de la nature paradoxale de leur structure-multiple.
- Troisièmement, *la thèse praxiologique* déclare qu'*il n'y a aucune réponse décisive dans l'ontologie face à ce décalage entre la représentation et la présentation ; donc il faut chercher des réponses multiples dans les enquêtes concrètes des procédures génériques de fidélité.*
  – C'est-à-dire ce décalage dans l'être-multiple est seulement mesuré dans des procédures concrètes et pratiques de vérité dans les domaines de l'art, de la science, de la politique et de l'amour.

Ces thèses, certes, deviennent compréhensibles seulement au prix d'en reconstruire l'argument qui les met en place. En premier lieu, on peut remarquer que le forçage est une méthode de construction des hypothèses dans un langage formel faisant usage des ressources d'un ensemble initial. Ces hypothèses concernent la nature d'une extension ou élargissement de cet ensemble initial, extension qui sera composée du même ensemble plus son sous-ensemble *générique*, c'est-à-dire, le sous-ensemble qui est indiscernable par ce même langage formel. « Indiscernable » veut dire que ce sous-ensemble générique n'est pas nommable ni connaissable en son contenu pour le langage mathématique qui décrit l'ensemble initial. L'extension construite par l'addition de ce sous-ensemble à l'ensemble initial s'appelle l'extension générique. Normalement, ce sous-ensemble générique restera un mythe indistinct, une entité supposée, une espèce de fantôme dans les mathématiques. Cependant, grâce à l'invention de Paul Cohen, il y a une opération qui nous permet d'approximer la nature de ce sous-ensemble, sans la discerner ; le forçage. Faisant usage uniquement des ressources de l'ensemble initial, le forçage nous permet de dire *à propos de* son extension générique, qu'une hypothèse sera vraie dans une telle extension seulement si un élément en particulier, soutenant un rapport spécifique à l'hypothèse, s'avère appartenir à l'ensemble générique. Il ne s'agit pas de confirmer l'application d'un prédicat à toute l'extension générique par son appartenance à un élément particulier, car l'ensemble générique par définition ne correspond à aucun prédicat. D'ailleurs, la totalité du sous-ensemble générique n'est pas connue ; tout ce que l'on sait, au moment de forcer une hypothèse, c'est qu'un élément particulier appartient à ce sous-ensemble.

L'énoncé en question « $|p(\omega_\alpha)| \geq |\delta|$ » est le résultat *d'un forçage particulier* dans l'ontologie. Il n'est pas un théorème de la théorie des ensembles. En effet, il contredit une autre hypothèse de la théorie des ensembles, l'hypothèse du constructivisme (formulé par Cantor) – $p(\omega_\alpha) = \omega_{S(\alpha)}$ – qui, elle, réduit drastiquement l'excès quantitatif du powerset sur son ensemble initial en disant que sa cardinalité est celle qui vient « juste après » celle de l'ensemble initial dans la suite des infinis, c'est-à-dire, c'est la cardinalité qui succède celle de l'ensemble initial.

L'énoncé – qui résulte d'un forçage particulier – dit que dans une extension générique la cardinalité du *powerset* d'un ensemble infini surpasse n'importe quelle cardinalité donnée. Ce forçage démontre que la thèse du constructivisme est une limitation radicale, une réduction sauvage, de l'excès du *powerset*. Ce forçage nous montre qu'il est compatible avec la théorie des ensembles de choisir n'importe quelle cardinalité en tant que mesure de l'excès. C'est-à-dire, la quantité des éléments du powerset *dépasse* la quantité des éléments de son ensemble initial non pas d'un nombre précis, mais de n'importe quel nombre cardinal ; c'est cela que l'on appelle la démesure, un écart quantitatif qui est impossible à mesurer. Par conséquence, la thèse du constructivisme s'avère être une décision contingente dans la théorie des ensembles et non pas un théorème[2].

La thèse du schématisme

Or, cet énoncé est pris en considération par Badiou en tant que point du *réel* dans les mathématiques (469). C'est-à-dire, il serait réel en tant qu'il inscrit une faille, une butée, un point d'impossibilité propre à ce discours *dans* le discours même des mathématiques. Or, il est impossible de décider définitivement l'excès quantitatif d'un *powerset* sur son ensemble même. Et cela inscrit une indécidabilité de quantité dans les mathématiques, qui sont le discours du fixage de quantité par excellence. Ici, Badiou s'appuie sans explication sur le concept lacanien du « réel ». Un concept, d'ailleurs, qui est assez variable et problématique dans l'œuvre même de Lacan. Ce qu'on peut comprendre ici c'est que ce point du réel agirait comme un *index négatif* – négatif parce qu'il n'est pas une positivité comme la fumée qui est index du

---

[2] Alain Badiou, *L'être et l'événement*, Paris, Seuil, 1988, p. 328. Toutes les références subséquentes à cette oeuvre seront notées dans le texte par le numéro de page entre parenthèses.

feu, mais une impossibilité – index parce qu'il y a un lien nécessaire entre ce point et une *extériorité* ou *altérité* du discours ; une extériorité qui n'est pas substantielle mais qui néanmoins contraint le déploiement du discours : c'est pour cette raison qu'il est nommé *réel*, et non pas réalité. En contraste, on pourrait définir la réalité comme ce qui est supposable en tant que substantielle, extérieure, et possible par rapport au discours. Autrement dit, le discours *peut* se lier à une telle extériorité substantielle – à la réalité – par ses mécanismes de référence.

Badiou annonce que – comme le point du réel est *propre* au discours sur l'être-en-tant-qu'être – dans cet énoncé il ne peut s'agir que de l'Etre (311). Que veut-il dire par là ? Dans l'ontologie philosophique il y a une très longue histoire du problème de la relation entre le discret et le continu. Cette relation est pensée en mathématique comme la relation entre le premier infini – qui nombre le discret – et son *powerset* – qui nombre le continuum géométrique ; il s'agit précisément de la relation que notre énoncé déclare impossible à mesurer. La conséquence – une fois admis que les mathématiques sont l'ontologie – est que ce problème de la relation entre le discret et le continu est à proprement parler inépuisable. Pour Badiou, l'incontournable de ce point d'impossibilité, ajouté à sa longue histoire dans la pensée de l'être, semble confirmer ou *nécessiter* que cette démesure soit une structure de l'Etre : ce qu'il nomme « l'impasse de l'être ». A ce point exact, la pensée de la structure-multiple de l'être se trouve bloquée.

Voici la thèse du schématisme. Elle déclare qu'une fois que l'on admet que chaque situation est infinie, c'est-à-dire qu'une situation ou présentation est schématisée par un ensemble infini, et que l'état de cette situation ou la représentation de sa présentation est schématisé par le *powerset* de l'ensemble initial, alors l'énoncé « $|p(\omega_\alpha)| \geq |\delta|$ » schématise « l'impasse de l'être » propre à chaque situation, c'est-à-dire le décalage démesuré entre la présentation et la représentation de chaque situation. Ce qui est intéressant ici c'est que la démesure reste du côté de la représentation. Ce n'est pas la présentation qui résiste à tous les efforts de la captiver dans une représentation – telle est la supposition du discours hystérique selon Lacan – mais plutôt la représentation qui excède la présentation par sa capacité inépuisable de produire des nouveaux regroupements des éléments.

<u>La thèse du réel</u>

Maintenant on est en état d'expliquer la thèse du réel. Elle dit que *le forçage de l'énoncé « $|p(\omega_\alpha)| \geq |\delta|$ » révèle la trace et de l'événement et du sujet dans l'ontologie*. En résumé, le forçage est le schéma général, dans l'ontologie, de la loi du sujet – comme on verra plus loin (cf. 469). Le forçage en particulier qui produit ce point du réel, est la trace où se donne la substructure ontologique du sujet parce qu'il est le point dans lequel

Situations et ontologie

l'événement, exclu de l'ontologie, fait retour. Ce retour implique le sujet aussi parce que chez Badiou l'événement est à la fois l'origine du sujet et il fait partie de sa composition. Par conséquent, ce point du réel – « $|p(\omega_\alpha)| \geq |\delta|$ » – qui est la trace et de l'événement et du sujet dans l'ontologie, donne la première connexion entre l'être et l'événement, une connexion non pas *intrinsèque à* mais *inscrite dans* l'ontologie. C'est-à-dire, ce réel est un point d'extériorité intérieure, c'est une connexion entre quelque chose d'extérieur ou d'extrinsèque à l'ontologie – l'événement – et un énoncé ontologique. La modalité de cette connexion est l'impossibilité[3].

Expliquons. L'argumentation qui soutient la thèse du réel est extrêmement retorse et compliquée. Elle forme l'enjeu de toute la dernière section de *L'être et l'événement* et elle passe par le schématisme ontologique du sujet. Je reconstruis seulement son ordre ici.

D'abord, le sujet pour Badiou est rare ; il est le produit contingent d'une rencontre imprévisible entre une personne et un événement. Quelquefois cette rencontre a lieu, et quelquefois la réaction de la personne est de reconnaître la puissance de vérité de l'événement par rapport à l'état établi des choses dans leur situation. Badiou appelle cette reconnaissance une subjectivisation. « Sujet » est le nom Badiousien pour les actions qui suivent cette reconnaissance en mettant en œuvre les conséquences de l'événement pour la situation. « Procédure générique de vérité » est le nom Badiousien pour l'ensemble infini de telles actions dans leur déroulement inédit. Un sujet est alors un « fragment » fini d'une procédure de vérité, d'une procédure de transformation.

Le schématisme du sujet dans l'ontologie ensembliste est un cas singulier dans cette ontologie parce que pour Badiou, le sujet, parmi tous les étants, se décompose en matière et en opération. La matière du sujet est la collection hasardeuse des éléments de la situation par le moyen des enquêtes qui

---

[3] On pourrait penser qu'il y a une autre connexion impossible et intra-ontologique entre l'être et l'événement: celle du mathème: $e_x = \{x / x \in X, e_x\}$ [où X est le site dont x les éléments non-présentés dans la situation, et e_x le nom de l'événement lui-même] qui schématise l'événement. La connexion a lieu dans la forme d'appartenance : des éléments du site événementiel appartiennent à l'événement. Cependant, en contraste avec « $|p(\omega_\alpha)| \geq |\delta|$ » ce mathème *n'est pas* un schéma ontologique, mais plutôt un schéma métaontologique pour autant qu'il est inadmissible en ontologie. Il est inadmissible parce qu'il est impossible pour un ensemble d'appartenir à lui-même ; e_x dans le fait. C'est pour cette raison que ce mathème métaontologique schématise l'événement en tant que point d'impossibilité pour l'ontologie, en tant que point de « ce-qui-n'est-pas-l'être-en-tant-qu'être ». En effet, c'est l'axiome de fondation qui garantit que ce point d'impossibilité – qui s'est avéré la première fois dans le discours de Frege en réaction à l'intervention de Bertrand Russell – reste exclu du champ discursif de la théorie des ensembles.

interrogent les conséquences d'un événement dans une situation. La collection des éléments est hasardeuse à cause du trajet de la procédure générique. L'opération du sujet est la rencontre même des éléments de la situation *plus* le forçage des énoncés à propos des conséquences globales de l'achèvement de cette procédure générique à partir de ces rencontres.

Ainsi, dans ce type d'ontologie que je nommerais « plate », le sujet est en position exceptionnelle. Une ontologie plate ne reconnaît pas deux types d'être, un nommé « matière », l'autre nommé « opération ». Afin de mieux cerner la spécificité d'une ontologie « plate », nous allons formuler des hypothèses concernant le cas inverse, le cas d'une ontologie « profonde » ou dualiste – la dualité profondeurs/surfaces – qui reconnaît deux types d'être.

Si une ontologie reconnaissait deux types d'être, « matière » et « opération », et elle les diviserait strictement, elle donnerait une espèce de profondeur temporelle aux étants dans laquelle les opérations se dérouleraient séparément des matières. Pour donner une profondeur temporelle aux étants une telle ontologie reconnaîtra une situation du temps qui est globale en tant qu'elle affecte tous les étants, et qui est privilégiée en tant qu'elle subsiste comme une dimension particulière de chacun d'entre eux. Cette dimension du temps sera différente des autres situations des étants, nommés « matière », sinon il n'y aurait pas de distinction conceptuelle entre « opération » et « matière »[4]. Etant donné l'histoire de la philosophie, on peut supposer que pour une telle ontologie cette différence serait que la situation du temps est moins susceptible d'identification ou moins connaissable que la situation de matière. Pourquoi ? Parce que la situation du temps est souvent comprise philosophiquement comme la dimension du changement continuel et interminable – voir l'usage que Platon fait du « on ne se baigne pas deux fois dans la même rivière » de Héraclite.

Or, pour une ontologie plate il n'y a qu'un seul type d'être, multiple, et toutes les dimensions temporelles des étants peuvent être décrites parfaitement en tant que multiples structurés : il n'y a aucune dimension globale d'un changement continu qui sera incalculable : la différentiation, quoique complexe, relève de la multiplicité structurée. Chaque espèce de phénomène temporel, chaque mode temporel d'une action, chaque mouvement de temps, et chaque forme du temps pourraient être pensés selon leur être-multiple et dans leur situation particulière.

---

[4] Par exemple, chez Bakhtin, le temps, étant la dimension de l'*agir* de l'action, forme une situation totale qui inclut chaque situation particulière en lui fournissant une dimension à part, une dimension au-delà du savoir. Cf. Bakhtin, M. *Toward a Philosophy of the Act* (Austin: University of Texas Press, 1993).

Situations et ontologie

Pourquoi alors est-ce que le sujet a ce privilège d'être divisé en matière et en opération dans l'ontologie plate de Badiou ? Parce que lui seul, parmi tous les étants, peut affecter la structure ontologique d'une situation en y ajoutant un multiple indiscernable.

<u>Le schématisme du sujet</u>
Badiou donne trois contraintes au schématisme du sujet. Premièrement, l'ontologie donne sa propre *version* – le forçage – de ce que Badiou appelle la loi fondamentale du sujet, c'est-à-dire son opération de décider l'indécidable à partir de l'indiscernable (439-40). Deuxièmement, l'ontologie ne peut pas penser le concept du sujet, c'est-à-dire, son opération même (449). Mais enfin, ce que l'ontologie peut faire, c'est penser le type d'être, la substructure ontologique, correspondant à cette loi du sujet (449,457).

Comment l'ontologie pourrait-elle donner une *version* de la loi fondamentale du sujet ?

D'abord, un sujet, selon Badiou, est celui qui, en tant que fragment d'une procédure générique de vérité, fait face à *deux* instances d'indécidabilité sur la base d'un indiscernable (469). Premièrement, il doit s'engager avec l'indécidabilité de l'orientation de cette procédure, et cela à cause du fait qu'il n'y ait aucun point d'appui dans les savoirs de la situation pour décider quels termes de la situation doivent être prochainement enquêtés (432). Par exemple, il n'y rien dans la situation colonialiste de l'Australie qui permet aux militants indigènes de savoir par où il faut procéder pour suivre la vraie orientation active d'une politique indigène[5]. Deuxièmement, les hypothèses que le sujet peut faire sur la nature et les conséquences de cette procédure sont indécidables parce que la procédure n'est pas finie et qu'il n'y a pas des critères dans les savoirs établis pour évaluer ces hypothèses (445). Par exemple, même si on tente de le faire pour des raisons tactiques, il n'est pas possible de proclamer la nature générale de « la » politique indigène d'une façon sûre du point de vue restreint d'un groupe d'actions ; c'est ce qui constitue une des faiblesses d'une procédure de vérité.

Le schéma de ces deux indécidabilités dans la théorie des ensembles est le suivant : au moyen de forçages on peut isoler des énoncés exprimés dans le langage formel de l'ontologie qui sont indécidables dans l'ontologie ; c'est-à-dire, qu'il peut y avoir un forçage qui montre que ces énoncés sont compatibles avec la théorie des ensembles, et un deuxième forçage qui montre que les contraires des énoncés initiaux sont aussi compatibles avec la

---

[5] Pour les exemples plus explicatifs je renvoie le lecteur à mon exposition de la politique indigène en Australie dans la dernière section du livre.

théorie des ensembles. Alors comment, pour le mathématicien, décider quels sont les bons énoncés ? Le forçage a révélé une indécidabilité.

Retournons à la métaontologie, en ce cas à l'action du sujet suivant un événement. Un sujet dans une procédure de vérité quelconque ne reste pas immobilisé devant cette absence de critères pour son savoir et son action ; il *décide* sur ces indécidabilités (445), d'abord en enquêtant ce terme-là – par exemple, que sera « l'école » une fois indigénisée ? Deuxièmement, il décide sur ses hypothèses concernant la nature globale de sa procédure de vérité en disant que si un élément particulier de la situation, une fois enquêté, se révèle être connecté au nom de l'événement (en faisant ainsi partie du multiple-générique de la vérité de la situation), alors l'hypothèse relative à ce terme sera véridique dans la nouvelle situation. Au niveau de nos exemples, cela voudrait dire que si l'expérimentation d'une école indigène s'avère une réussite, les principes incarnés peuvent former la base d'une déclaration sur la politique indigène sur l'éducation.

Dans la théorie des ensembles, *le schéma ontologique* de ces décisions sur l'indécidabilité est le forçage, c'est-à-dire, l'opération qui montre qu'un énoncé indécidable pourra être forcé ou *décidé* en construisant un ensemble générique. L'ensemble générique doit être tel que cet énoncé sera véridique dans l'extension générique de l'ensemble initial.

Si l'ontologie propose une version de ce qu'un sujet fait dans une procédure de vérité pourquoi ne peut-elle pas formaliser son concept ?[6] Badiou donne une réponse qui semble problématique : l'ontologie peut penser l'être-multiple des résultats de l'activité d'un sujet, c'est-à-dire, l'ensemble générique, mais elle ne peut pas penser l'*agir* de cette activité, ce que Badiou nomme « l'enquêtant de l'enquête » ou « le réel de la procédure » (433, 438). Or, cette réponse est problématique pour une ontologie plate, comme nous avons vu ci-dessus, parce qu'elle ne reconnaît pas une position globale privilégiée pour la situation du temps. L'ontologie peut penser des opérations qui se déroulent dans le temps, aussi particulières qu'elles soient. Alors pourquoi est-ce qu'elle ne peut pas penser les opérations du sujet ?

On peut considérer trois raisons pour cet obstacle à la pensée :
- premièrement, l'ontologie ne peut pas penser les outils ou déterminants de l'opération ;

---

[6] Cf. « l'ontologie pense la loi du sujet, non le sujet » (450), « Pas plus qu'elle peut supporter le concept de vérité – par défaut de l'événement – pas plus l'ontologie ne peut formaliser celui du sujet. Ce qu'elle peut, en revanche servir à penser c'est le type d'être auquel correspond la loi fondamentale du sujet, c'est-à-dire le forçage » (449) « Tout ce qui du Sujet est son être – mais *un* Sujet n'est pas son être – est repérable à sa trace au joint de l'indiscernable et de l'indécidable. » (469)

- deuxièmement, elle ne peut pas penser le réel des rencontres ;
- et troisièmement, elle ne peut pas penser le rapport entre les opérations particulières et l'horizon de ces opérations.

Les outils de l'opération du sujet sont le nom de l'événement d'une part et l'opérateur de connexion de l'autre part ; ce dernier permet au sujet de décider si un terme de la situation est connecté ou non au nom (433). L'ontologie ne reconnaît pas le nom de l'événement parce que sa structure-multiple – un multiple qui appartient à lui-même – est expressément interdite, sous peine de paradoxe, dans la théorie des ensembles. Le réel des rencontres est le hasard : le sujet, dont l'étoffe-multiple est formée de ses enquêtes, ne sait jamais où la prochaine enquête va le mener. L'ontologie peut penser les résultats de ces enquêtes hasardeuses, mais pas le hasard même au niveau local. Finalement, le sujet est celui qui à partir d'une étape locale d'une procédure inachevée anticipe son achèvement, sa mise en situation. L'ontologie pense cette anticipation en action – la création des noms pour le nouveau, la formulation des hypothèses sur la nature de la situation nouvelle – moyennant son concept de forçage, mais au niveau de multiple, elle ne peut pas figurer le décalage entre un fragment indéterminé d'un multiple générique et ce multiple générique achevé.

Malgré ces obstacles à la pensée ontologique, Badiou affirme que l'ontologie peut penser le type d'être ou substructure ontologique qui correspond à cette opération. Il parle d'une *trace* de l'être du sujet dans l'ontologie ; trace plutôt que schéma parce qu'il ne s'agit pas d'une espèce d'ensemble, mais plutôt d'une connexion (468). Cette trace est précisément l'opération même de forçage dans la théorie des ensembles. L'opération montre qu'on peut, au moyen d'un forçage particulier d'un multiple générique, faire voir qu'un énoncé indécidable dans l'ontologie est décidé dans l'extension générique. Cette opération établit donc une *connexion* entre l'indiscernable – le sous-ensemble générique – et la décision d'un indécidable. C'est pour cela qu'elle est censée donner la substructure ontologique du sujet. Le sujet lui-même, en tant qu'actions déployant la suite d'un événement, n'est rien d'autre que la pratique de cette connexion entre l'indiscernable et l'indécidable.

Juste après, dans l'argumentation de la Méditation 36, Badiou ajoute une espèce de confirmation retorse de cette relation de trace entre l'ontologie et le sujet. Il dit que la démonstration elle-même de l'indécidabilité de la quantité d'excès d'un *powerset* sur son ensemble initial est un cas ou un résultat particulier du forçage, c'est-à-dire de la trace ontologique de la loi du sujet, *parce que* c'est justement en ce point de réel – « $|p(\omega_\alpha)| \geq |\delta|$ » – que l'événement fait retour. L'événement est à la fois *l'origine réelle* du sujet dans les procédures concrètes de vérité, et ce dont le manque empêche l'ontologie de penser le sujet. Puis Badiou monte un brassage de la première conception du réel chez Lacan – le réel est ce qui retourne à sa place – avec la deuxième conception – le réel est ce qui ne peut pas être présenté – en disant que le réel de l'événement, étant forclos de la présentation de l'ontologie, est ce qui retourne à « sa » place, cette place étant une place d'impossibilité, ou place de non-placement dans l'ontologie (468-69).

Ensuite, Badiou donne une deuxième confirmation en ajoutant que tout cela est bien convenable, car ce point de réel, cette « impasse de l'être » est « la passe du sujet ». Ce qui veut dire que *chaque* sujet d'une procédure de vérité a affaire avec le décalage démesuré entre l'état d'une situation – schématisé par le *powerset* – et la situation elle-même au niveau de sa présentation – schématisé par l'ensemble infini initial.

Badiou maintient que l'impasse de l'être est l'origine de toute pensée et toute orientation de pensée. A la fin de la Méditation 36, il déclare que cette thèse est clarifiée par le fait que les aléas ou le hasard des procédures de vérité – qui ne sont que des procédures de pensée – sont *reproduits* dans l'ontologie ensembliste quand elle formalise cette « impasse de l'être », c'est-à-dire, quand elle inscrit une indécidabilité de quantité dans son discours de quantification (469). C'est cette « *reproduction* des aléas des procédures concrètes de vérité dans l'ontologie même » qui nous donne à comprendre pourquoi Badiou parle de « trace » de l'être du sujet. C'est ici que ce point de réel dans le discours d'ontologie – « $|p(\omega_\alpha)| \geq |\delta|$ » – agit comme un type d'index négatif du réel de chaque situation infinie, un réel qui est seulement révélé par l'activité d'un sujet suite à un événement et à une intervention[7].

Telle est l'argumentation sous-jacente à la thèse du réel – *le forçage de l'énoncé « $|p(\omega_\alpha)| \geq |\delta|$ » révèle la trace et de l'événement et du sujet dans l'ontologie* – la thèse qui établit la première connexion impossible entre l'être et l'événement, une connexion inscrite dans le discours même de l'ontologie.

A strictement parler, cette connexion a lieu entre l'être *en tant qu*'impasse de l'être, et l'événement *en tant que* point réel forclos de l'ontologie. La connexion passe par le sujet, et par l'opération de forçage

---

[7] On pourrait bien demander pourquoi une espèce particulière d'étant, le sujet, laisserait une trace dans le discours de l'ontologie alors qu'aucune autre espèce d'étant ne fait pareil. C'est qu'il a le privilège d'être décomposé en matière (les enquêtes) et opération (le forçage), une décomposition reflétée dans sa définition : un sujet est ce qui disparaît entre deux indiscernables. La définition lacanienne – un sujet est ce qui représente un signifiant pour un autre signifiant – était censée pointer le sujet en tant que faille invariable de la structure (472). Cette définition badiousienne est censée repérer le sujet en tant que faille contingente – suspendu à l'occurrence d'un événement – et créatrice – capable de contribuer à la modification de la structure ontologique de la situation.

comme trace du sujet ; d'ailleurs, ce passage est fondamental dans l'argumentation de *L'être et l'événement* : il est le bouclage principal de son ambition.

Les dernières confirmations de cette argumentation font usage d'une proposition qui dit que « l'impasse de l'être est la passe du sujet ». C'est cette proposition même que j'appelle la thèse praxiologique, celle qui établira la deuxième connexion entre l'être et l'événement.

La thèse praxiologique

La thèse praxiologique déclare que « l'impasse de l'être » étant indécidable dans l'ontologie n'est décidable que dans des procédures génériques particulières, ce que Badiou appellerait « la passe du sujet » (314-15, 469). Comment interpréter cette thèse ? Il faut se situer dans la procédure même d'une vérité. En termes métaontologiques, l'impasse de l'être est la démesure entre la présentation et la représentation ou entre une situation et son état. Dans une procédure de vérité cette démesure de l'état s'avère en trois moments :

• Premier moment : la réaction de l'état au surgissement d'une procédure nouvelle est de tenter de la contrôler, soit par une canalisation, soit par une simple répression. Pour ce faire il faut d'abord la catégoriser. A cause de la nouveauté inédite de la procédure (artistique, politique, etc.), la tentative de catégorisation à l'échelle pratique est vouée à l'échec. La conséquence en est une multiplication des tentatives de catégorisation, ce qui fait voir que l'état pourrait multiplier à l'infini ses catégorisations de la procédure sans jamais franchir la barrière entre lui-même et ce qui se passe au niveau brut de l'événement et ses présentations nouvelles.

• Deuxième moment : les sujets qui font partie de la procédure de vérité – par exemple, les militants construisant une politique indigène en Australie – constatent que ces tentatives de représentation ne toucheront jamais l'essence de la pratique nouvelle. En termes métaontologiques, c'est la reconnaissance que l'état est incapable *en principe* de classifier le multiple indiscernable. C'est ce qu'on peut appeler le moment d'hystérie pure, suivant la définition donnée par Lacan du discours de l'hystérique ; « il n'y a aucun signifiant de L'Autre qui me nomme en tant que sujet »[8]. Bien sûr, il n'est pas question d'une psychopathologie individuelle – telle n'est pas la conception lacanienne d'un discours – mais plutôt d'un moment structurellement nécessaire dans la construction du nouveau.

• Troisième moment : les sujets de la procédure affirment que les seules représentations qui réussiront à nommer et transmettre cette

---

[8] Voir Jacques Lacan, *Séminaire XVII: L'Envers de la psychanalyse*, Paris, Seuil, 1992.

procédure de vérité seront celles, autochtones, qui surgissent dans la procédure même ; c'est ce que Badiou appelle la formation d'un « contre-état » : voir, par exemple, le rejet, de la part des militants, de l'idée de « réconciliation » entre les peuples indigènes et les colonisateurs, en tant qu'un projet de « thérapie pour les blancs » ; ils préfèrent les termes « sovereignty », « justice » et « treaty » dans leur création d'un nouveau savoir politique[9].

Ces trois moments constituent le « fixage » de l'état et la révélation de sa démesure par rapport à la présentation de la part des sujets d'une procédure générique.

La thèse praxiologique établit la deuxième connexion entre l'être et l'événement, la connexion non-ontologique, qui est, à proprement parler, une infinité de connexions *extrinsèques* à l'ontologie. Ces connexions sont inscrites dans le développement des procédures génériques, à condition qu'il y ait décision dans ces procédures sur la démesure de l'état. La modalité de ces connexions est celle d'une contingence pure qui découle de la chance d'un événement, d'une intervention et de la suite de la procédure.

Que la première connexion entre l'être et l'événement ait lieu dans la modalité d'impossibilité et intrinsèquement à l'ontologie fait voir qu'il y a bien *disjonction* entre l'être et l'événement. Que la deuxième connexion ait lieu dans la modalité de contingence extrinsèque fait voir qu'il y a des *synthèses* de cette disjonction agencées par la philosophie entre les pratiques mêmes de vérité, et l'ontologie. J'appellerai ces synthèses disjonctives « nominations ».

II La métaontologie et ses nominations de l'ontologie

Dans la littérature sur Badiou il y a une problématique qui se forme autour de la relation entre l'ontologie et ce qu'il appelle métaontologie. La métaontologie est cette partie de la philosophie qui est directement conditionnée par la théorie des ensembles en tant que procédure générique.[10] Cette relation peut être comprise en tant qu'une disjonction, une disjonction apparentée à celle entre l'être et l'événement. Nous verrons s'il y a bien disjonction, et s'il y a parenté.

Nous pouvons traiter la relation entre l'ontologie et la métaontologie comme un exemple de la relation entre la présentation et la représentation.

---

[9] Voir Stuart Macintyre, *A Concise History of Australia*, Cambridge, Cambridge University Press, 1999, p. 276.
[10] Monique David-Ménard affirme: « La jonction du discours au mathème n'est ni thématisée ni réglée transcendentalement....c'est cet excès de la pratique de la pensée sur les règles qu'elle définit qui délivre sa portée », « Etre et existence dans la pensée d'Alain Badiou », dans *Alain Badiou : Penser le multiple*, Paris, L'Harmattan, 2002, p. 21.

Situations et ontologie

La métaontologie – le discours philosophique de *l'Etre et l'événement* – représente l'ontologie – la théorie des ensembles – en tant qu'elle pratique des regroupements des opérations ensemblistes sous des concepts philosophiques.[11] Cela ne veut pas dire que la théorie des ensembles a besoin de la philosophie pour inscrire le dicible de l'être ; elle procède toute seule. Cela veut dire que dans la machinerie philosophique de *L'être et l'événement*, la théorie mathématicienne des ensembles est placée au niveau d'une présentation, et ses effets ou conceptualisations intra-philosophiques comme des représentations. Si la relation entre le discours philosophique et le discours mathématique pose problème chez Badiou, et si on peut traiter la relation entre les deux discours comme la relation que Badiou théorise entre la représentation et la présentation, alors les propositions de Badiou sur « les grandes orientations de pensée » peuvent nous aider à trancher la problématique, car ces propositions traitent toutes de la relation entre présentation et représentation. Elles sont spécifiquement conditionnées par l'énoncé ontologique « $|p(\omega_\alpha)| \geq |\delta|$ » qui inscrit la démesure entre la présentation et la représentation, autrement dit « l'impasse de l'être » : là où, selon Badiou, la pensée elle-même trouve toujours sa cause. Ces trois grandes orientations de pensée sont autant de tentatives de faire face à l'impasse, à la démesure.

La première orientation s'appelle « la pensée grammairienne ». Elle déclare que l'excès non mesurable entre la présentation et la représentation existe parce que trop de parties – trop de regroupements de multiples présentés – sont admises au niveau de la représentation. La manière de réduire cet excès c'est de n'admettre comme partie que des regroupements qui sont clairement discernés par le langage de la situation. Ce qu'il faut faire, alors, c'est bâtir une grammaire du langage qui légiférera sur son propre discernement des multiples. Appliquons cette démarche à notre problème. Face au rapport problématique entre la *présentation* de la théorie des ensembles dans les livres de mathématiques et dans les formules reproduites par Badiou, et la *représentation* philosophique de cette théorie dans *L'être et l'événement*, la pensée grammairienne tentera d'établir des relations constructibles et nécessaires, c'est-à-dire déductibles, entre les concepts philosophiques et les énoncés ensemblistes. Elle essayera de déduire la métaontologie de l'ontologie. Ce qui pourrait donner lieu à une tentative de réanimation de l'analyse logique telle qu'on le trouve dans l'œuvre de Carnap. Or, étant donné qu'il n'y a aucune théorie formelle qui subsume la relation entre la philosophie et la théorie des ensembles, il ne peut y avoir de

---

[11] La philosophie selon Badiou ne se réduit pas à sa re-présentation de l'ontologie ; elle consiste aussi en une pensée conditionnée par des événements dans l'art – ce que Badiou appelle « l'inesthétique » -, une pensée conditionnée par des événements politiques – la « métapolitique » - et une pensée de l'amour qui passe par un engagement avec la psychanalyse.

déduction de concepts philosophiques à partir de la théorie des ensembles. Cette orientation de pensée se trouve donc, dans notre cas, vouée à l'échec.

La deuxième grande orientation de la pensée selon Badiou s'appelle « la pensée transcendantaliste ». Face au décalage entre la présentation et la représentation, sa stratégie est de bâtir un multiple tellement grand qu'il inclut à la fois la multiplicité du niveau de présentation et la multiplicité du niveau de la représentation. Ce multiple transcendantal sera censé contrôler l'excès de la représentation en lui donnant une place dans son enceinte ; ce faisant, il donnera aussi une nature à l'excès, sa nature. Dans l'histoire de la pensée ces multiples transcendantaux et englobants ont été trouvés sous les noms de « Dieu », « la Nature », « l'Histoire », entre autres ; des noms pour la totalité de ce qui est. Expliquons cette démarche moyennant notre exemple : étant donné notre problème, la pensée transcendantaliste tentera d'inclure *et* la théorie des ensembles *et* la métaontologie dans un domaine plus large, celui par exemple, de « la différence et la répétition » ou encore celui de « la différance ». Ensuite, elle qualifiera la relation d'excès entre la métaontologie et l'ontologie en disant que la métaontologie est une traduction ou transformation partielle, non-adéquate et non-fixée de la théorie des ensembles, ou, autrement dit, une répétition qui diffère non pas par rapport à un modèle original – la théorie des ensembles purement mathématicienne – mais par rapport à une autre répétition qui diffère et ainsi de suite. Or c'est la théorie des ensembles elle-même qui interdit, sous peine d'incohérence de son discours, la pensée d'un Tout qui inclurait toutes les situations différentes ; ceci est la fonction de l'axiome de fondation qui évite le paradoxe de Russell. En termes métaontologiques, la séparation des situations ne peut pas être comblée par une méta-situation qui les placerait toutes dans son ordre, sauf à réintroduire une substantialisation ou une métaphysique de l'Un.

Ensuite, dans son argument, Badiou identifie une troisième orientation de la pensée ; la pensée générique. Sa démarche est de dire que l'excès des parties sur les éléments d'un multiple (de la représentation sur la présentation) est dû seulement à la tentative de discerner toutes les parties du multiple en question. Ce qu'il faut faire, par contre, c'est trouver un moyen de joindre la pensée aux parties indiscernables, anonymes, et hasardeuses du multiple, celles qui, selon cette orientation de pensée, sont l'objet essentiel de l'exercice de l'état. Face à notre problème, la pensée générique cherchera un point d'indiscernabilité entre le discours de la philosophie et celui de la théorie des ensembles ; ce que Badiou lui-même semble faire quand il mélange la terminologie de la théorie des ensembles avec sa propre terminologie métaontologique dans l'appareil discursif de *L'être et l'événement*. Ou encore ce que Deleuze et Guattari tentent de faire, explicitement, quand ils mettent en mouvement et en variation leurs concepts, afin de rejoindre le plan d'immanence et de genèse dont ils parlent, et de déchaîner une déterritorialisation plus puissante que les reterritorialisations massives que leur philosophie ne cesse pas de réaliser. Le problème de cette voie est évidemment qu'on peut toujours l'accuser de geste rhétorique ; en dépit de la diversité avérée des noms des concepts, les concepts et leurs fonctions restent plus ou moins les mêmes. Plus subtilement, on peut dire que la déclaration qui dit qu'un discours fait ce dont il parle *est* un mécanisme représentationnel. Par exemple, Deleuze et Guattari montent une critique de ce qu'ils appellent la « philosophie de l'état » qui procède toujours selon le jugement, l'identité et la représentation. Ensuite ils montent un appareil philosophique qui est censé être non-représentationnel, plutôt expressif. Finalement ils déclarent que le mouvement même de leur appareil philosophique incarne ou réalise la nature expressive et non-représentationnelle de leur philosophie : le texte nommé *Mille Plateaux* déterritorialise la pensée philosophique. C'est cette dernière déclaration qui pose problème car elle présume un rapport simple entre *sa représentation* de son appareil philosophique comme « l'appareil non-représentationnel » et *la présentation* de l'appareil même ; elle suppose qu'il y ait une correspondance simple, que le *faire* de son discours – le mouvement et les effets du texte – fasse exactement ce qu'elle dit qu'il fait. Or, face au décalage entre la représentation et la présentation, une correspondance simple entre les deux est la dernière des choses que l'on puisse supposer[12]. Qu'est-ce que cette orientation nous proposera quant à notre problème ; que la philosophie doit-elle chercher à joindre des parties anonymes et indiscernables des mathématiques ? Quelle sera la garantie qu'un discours philosophique a finalement réussi à joindre les mathématiques ? La trouvons-nous au point où la philosophie commence à faire de la mathématique ? Sans doute une telle démarche ne résoudra pas les doutes des interprètes qui questionnent la convenance de l'usage Badiousien des mathématiques. Evidemment, cela ne voudrait pas dire qu'il est impossible de suivre cette orientation de pensée en général ou même en ce cas en particulier. Il s'agit plutôt d'une limitation de ses capacités, de son efficacité.

Aucune de ces trois grandes orientations de pensée donc est porteuse pour notre problème de la relation entre la métaontologie badiousienne et la théorie des ensembles. Cependant, conformément à l'héritage marxien de Badiou, la thèse praxiologique nous éclairera. En effet, Badiou revendique une quatrième voie pour la pensée ; une voie qui s'axe sur la proposition que la démesure entre une présentation infinie et sa représentation ne peut être mesurée ou décidée que dans une procédure générique concrète. C'est ce

---

[12] En effet, cet argument contre Deleuze et Guattari est plutôt de provenance derridienne que badiousienne: selon le Derrida des années soixante, on ne peut pas simplement sortir de la métaphysique – y compris de la représentation – en se déclarant « sorti ».

qu'on a vu auparavant : c'est dans l'incapacité de l'état de circonscrire ou classifier le développement d'une procédure de vérité qu'on peut fixer son décalage par rapport à sa situation en tant que présentation brute. Quelles sont les conséquences de cette thèse pour la relation entre la théorie des ensembles et la philosophie, relation censée être une disjonction ?

Dans un premier temps ce n'est que dans la pratique des nominations philosophiques d'autres procédures de vérités, mathématiques ou scientifiques, que l'on peut cerner les limitations de cette nomination philosophique, nomination d'une procédure de vérité qui est tout l'appareil métaontologique de *L'être et l'événement*. En la cernant, on peut la refaire. Après tout c'est ce que Badiou fait dans son *Logiques des mondes* en traitant l'algèbre de Heyting et la théorie des catégories en tant que logique de l'apparaître[13].

Ensuite, on peut remarquer que la relation entre la philosophie et les mathématiques n'est qu'une relation entre autres, que Badiou qualifie de « condition ». Cette relation de condition est belle et bien une disjonction dans la mesure où il y a un décalage non mesurable entre la représentation philosophique et la présentation ensembliste. Cependant, cette disjonction est synthétisée – ou décidée – par les nominations philosophiques de procédures de vérités. Ce qui ne veut pas dire que la philosophie elle-même est une procédure de vérité, mais que quand elle nomme philosophiquement les noms artistiques ou politiques des procédures de vérité concrètes, elle reproduit les opérations de ces procédures *en elle-même*, y compris une décision sur l'indécidable de l'excès de la philosophie sur ses conditions.

Si on ne risque pas, par une telle interprétation, de faire de la philosophie la représentation englobante de toutes les procédures de vérité[14], c'est pour trois raisons : premièrement, et ici je pars du texte de Badiou, il faut admettre qu'il peut y avoir plusieurs systèmes de représentation de la même présentation, et alors aucun d'entre eux ne la surplombe définitivement ; deuxièmement, c'est la nature de toute procédure de vérité d'être toujours en excès de sa représentation par un état ; troisièmement, chaque fois que la philosophie nomme une procédure de vérité, elle se modifie ; sa tâche, précisément, consiste à penser la compossibilité de ces modifications, sans les fusionner dans une unité globale.

Finalement, il se trouve qu'il y a bien une parenté entre la disjonction de la métaontologie et de l'ontologie et celle de l'être et de l'événement, et

---

[13] Lors de l'élaboration de cet article, le texte appelé *Logiques des mondes* n'était disponible que sous forme de fascicules. Il vient de paraître, aux éditions du Seuil, en ce mois de mars 2006 où nous bouclons l'édition du présent ouvrage.
[14] Je remercie Alberto Toscano pour cette remarque.

Situations et ontologie

qu'il s'agit d'une simple filiation. C'est la nomination philosophique qui dit que « les mathématiques sont l'ontologie » qui à la fois établit la synthèse disjonctive entre la philosophie et la théorie des ensembles, et qui fonde la distinction conceptuelle de l'être *et* l'événement.

Souvenons-nous, la thèse praxiologique trahit un désir particulier, un désir qui est partie essentielle du désir de philosophie, un désir que je qualifierai d'hétéro-expulsion de la pensée de la philosophie : des vérités nous appellent à sortir. Elles nous feront rentrer, un beau jour, mais transformés.

Bruno Besana
L'EVENEMENT DE L'ETRE
Une proposition de lecture, en forçage aux textes de Badiou,
du rapport entre événement et situations

L'article d'Oliver Feltham s'ouvre sur une remarque : la disjonction être-événement ne peut que renvoyer au rapport, ou plutôt au non-rapport, entre *l'être en tant que multiplicité pure,* tel qu'il est dit par l'ontologie, et *la multiplicité des étants,* tels qu'ils sont saisis dans des situations concrètes.Certes, très justement, l'article en question ne parle pas d'« étants » en général, mais de « sujets ». Et une telle limitation du champ d'investigation aux seuls « sujets » trouve ses présupposés dans *L'être et l'événement.* En effet Badiou ne prend quasiment pas en considération les étants naturels, les phénomènes de la nature, car dans ces derniers il n'y aurait aucune inscription événementielle : ils formeraient des situations complètement « normales » ou rien d'extra-ordinaire ne se produit. Au contraire, nous avons affaire à un sujet quand un étant est apte à inscrire un événement dans une situation, est apte à faire de sa propre matière la conséquence de l'avoir eu lieu d'un événement. Si le but est donc celui de prendre en considération la disjonction entre l'être de l'étant et l'étant en situation, pour parler de la disjonction entre l'être et l'événement, alors il faudra prendre en considération exclusivement les étants qui inscrivent dans leur présence actuelle la trace d'un événement, et dans lesquels la différence entre leur être et leur apparaître est quelque part « événementielle ». Car, comme écrit Oliver Feltham, l'événement est « *origine réelle* du sujet dans les procédures concrètes de vérité ». Certes, nous voyons bien que selon cette logique « sujet » ne signifie pas « homme » (un sujet pour Badiou peut être par exemple une œuvre d'art, un acte révolutionnaire, ou encore une découverte scientifique) ; mais néanmoins le lieu d'inscription des événements, les sujets, ont toujours affaire à une sphère « humaine » qui se soustrait à la simple présentation ordonnée de la nature.[1]

---

[1] Une telle dichotomie nature-histoire n'est pas sans poser problème, et ne paraît pas trouver, chez Badiou, une démonstration adéquate : selon quels présupposés ontologiques en effet le multiple pur qui compose l'être de l'homme serait plus susceptible d'être lieu d'inscription d'un événement que le multiple pur qui compose une pierre ou un arbre ? A ce propos il serait intéressant de mettre en place une confrontation nuancée avec le « naturalisme événementiel » de Deleuze.

Situations et ontologie

Or, il se trouve que l'existence de ces étants-sujets, chez Badiou, n'est pas sans poser problème. En effet, certes, l'être, la pure multiplicité « n'*existe* pas », n'étant pas représentable en tant que telle ; mais en même temps Badiou, sans le déplier vraiment, nous délivre le constat que « il est de l'être de l'étant d'apparaître »[2]. Cela signifie qu'il y a toujours des présentations qui font apparaître sous forme d'un, selon une structure connaissable, une multiplicité pure en soi inconsistante. Ces présentations sont ce qui nous emmène dans un territoire soustrait à l'ontologie, laquelle n'a pour objet que des multiplicités pures. Qu'est-ce qui donc nous fait passer de la pure multiplicité à cette multiplicité des étants, comptés pour un ? L'article d'Oliver Feltham souligne que ce passage a affaire au rapport disjonctif entre être et événement. Du point de vue de cette disjonction, Badiou est formel : l'être et l'événement ne peuvent être pensés que dans leur disjonction, si la définition selon laquelle l'événement est « le point où le champ ontologique reste en impasse »[3] est vraie.

Il nous faut néanmoins revenir à l'autre disjonction, à savoir celle entre multiplicité pure et phénomènes multiples, saisis dans des situations concrètes : or, ce qui se pose comme *entre-deux* entre multiplicité quelconque, dite par l'ontologie, et multiplicité des étants, n'est que le principe du compte pour un, à savoir un principe qui permet de reconnaître les phénomènes en tant que structurés, en tant que réellement constitués comme identités.

Il s'agira donc de comprendre quel est le lien paradoxal entre ces deux disjonctions, et d'en tirer quelques conséquences quant à ce qui serait l'« entre deux » entre immanence des phénomènes et transcendance de l'être, « entre deux » qui vient structurer les phénomènes sensibles. Pour faire cela, il nous faut un court détour : or, il se trouve que pour Badiou toute situation normale repose sur l'axiome de fondation, qui dit simplement que pour tout ensemble non vide il existe toujours un sous-ensemble tel que l'intersection entre ce sous-ensemble et l'ensemble donné est vide. Un vide gît ainsi au cœur de toute situation, et le vide, pour Badiou, n'est rien d'autre que le nom de l'être. Mais en même temps il se trouve qu'une situation

---

[2] Alain Badiou, *Court traité d'ontologie transitoire*, Paris, Seuil, 1998, p. 191. On peut d'ailleurs prendre le problème de deux côtés : en premier lieu, le passage de l'être d'un étant à son apparaître ne semble pas être justifié par les propriétés ontologiques de l'être en question (pour ce point de vue, voir l'article de Ray Brassier « l'Anti-Phénomène » dans la première section de cet ouvrage : mais en deuxième lieu, dans un étant concret, nous pouvons toujours y trouver les éléments ontologiques qui en ont déterminé l'apparaître, nous pouvons, c'est-à-dire, retrouver les éléments constituants qui ont servi comme modes de déploiement des conséquences d'un événement donné.
[3] Alain Badiou, *L'être et l'événement*, Seuil, Paris, 1988, pp. 56-57.

normale compte pour un ses éléments[4], mais ne s'inclut pas dans le compte. Il y a donc une partie – dans laquelle gît le principe de représentation de la situation – qui n'est pas représentable par la situation elle-même[5]. Et cette partie, nous venons de le dire, n'est que son être.

En même temps pour Badiou il y aurait des situations « extraordinaires » dont le propre serait de faire apparaître la loi du compte de la situation. Et les situations extraordinaires sont notamment le lieu d'inscription des événements[6]. Comme on le sait l'événement est décrit selon un trait fondamental : il est ce que « l'ontologie rejette dans le ce-qui-n'est-pas-l'être-en-tant-qu'être »[7]. Et effectivement, en s'auto-appartenant, il brise une loi fondamentale de l'ontologie. L'événement sera donc désigné de la manière suivante : $e_x = [x \in X, e_x]$ ce qui signifie qu'un événement e – qui est toujours indexé selon le site événementiel X où il apparaît – donc, e_x – est constitué de tous les éléments – x – qui appartiennent à son site – X –, plus lui-même. L'événement, inconsistant, extra-ordinaire, présente dans la situation un élément surnuméraire, il présente l'imprésentable. A strictement parler, il présente *un* imprésentable. Il présente ce principe surnuméraire qui fait le propre de la situation. Et comme nous avions dit précédemment, présenter le principe surnuméraire qui fait le propre de la situation, ne signifie rien d'autre que présenter son propre être.

Au commencement on avait une double disjonction : celle de l'être et de l'événement, et celle de l'être et des phénomènes. Or, il apparaît que l'événement ne fait rien d'autre que joindre ces plans – certes, toujours selon une jonction paradoxale et évanouissante – l'événement ne fait rien d'autre que présenter dans une multiplicité existante la multiplicité inconsistante de l'être, selon une nouvelle modalité : c'est cela qui fait, à proprement parler « événement ». Selon une expression « deleuzienne » d'Oliver Feltham,

---

[4] Une situation est dite normale quand, nommant « ensemble a » cette situation, nous avons que « tout élément b de cet ensemble est aussi sous-ensemble » (Alain Badiou, *L'être et l'événement*, op. cit., p. 150), ce qui implique que toute multiplicité à son intérieur peut être nommée, car nous connaissons les propriétés du sous-ensemble auquel elle appartient.
[5] Alain Badiou, *L'être et l'événement*, op. cit., p. 208, pour les prémisses logiques de ce discours, voir également *ibid.*, p. 98-104.
[6] En outre la question est de savoir si toutes les situations qui ne tombent pas dans le domaine du pur mécanicisme naturel, ne sont pas, du moins en droit, extra-ordinaires, et si leur normalité n'est pas réellement telle, mais serait plutôt le produit d'une imparfaite «normalisation». Cf. en particulier Alain Badiou, *L'être et l'événement*, op. cit., méditation 18.
[7] Alain Badiou, *L'être et l'événement*, op. cit., p. 205.

entre être et événement il y a synthèse dans la disjonction, et cette synthèse ne s'opère que par rapport à la contingence de situations concrètes.

Revenons maintenant à la description de l'apparaître d'un événement dans une « situation extraordinaire » : Badiou nous dit que « l'événement fait un-multiple d'une part de tous les multiples qui appartiennent à son site, de l'autre part de l'événement lui-même »[8]. L'événement fait *un-multiple*. L'événement fait donc *un* du multiple dans lequel il s'inscrit. Il se pose donc dans la situation comme une absence structurante, comme quelque chose dont on ne peut pas dire avec vérité qu'il apparaît, et qui néanmoins est condition d'une nouvelle manière d'apparaître. L'événement aboutit au résultat paradoxal d'instaurer, en perspective, un nouveau possible compte pour un : et d'ailleurs, s'il *fait événement*, c'est bien à cause du fait qu'il est source d'un nouveau principe de compte[9].

Supplément d'être, et donc soustrait à l'ontologie, disparaissant dans les phénomènes, l'événement serait une sorte de « rareté de non-être » dont le propre serait, par une apparition paradoxale de l'être, de nous rendre raison du passage de l'être à l'étant, de l'ontologie à la phénoménologie empirique[10]. Indicible par l'ontologie, évanouissant dans les phénomènes, l'événement semble assurer en même temps la coupure et la soudure de l'être en tant qu'être et de l'apparaître. D'un côté il serait le témoin dans l'apparaître de l'être qu'il n'est pas, de l'être qui, disjoint des phénomènes, est néanmoins leur être. Et de l'autre, par ce biais même, il serait le principe premier venant structurer ces mêmes phénomènes. C'est ainsi qu'en se posant entre l'ontologie et la phénoménologie, l'événement est ce qui permet l'apparaître des phénomènes en tant qu'*identités* structurées[11].

Ce rapport de passage, double, entre ontologie du multiple pur et multiplicité des étants, et entre être et supplémentation événementielle,

---

[8] *Ibid.*, p. 200.
[9] Certes, on pourrait objecter à ce forçage de la pensée de Badiou, que ce n'est pas l'événement, mais l'intervention fidèle qui fait un, d'abord du site, et, en tendance, de l'ensemble de la situation. Mais, on le sait, une intervention fidèle ne peut être telle que par rapport à un événement qu'elle réalise, qu'elle actualise dans la consistance d'une multiplicité d'éléments comptés.
[10] Restent certes à voir les modalités concrètes d'inscription de l'événement en situation. Pour cela nous renvoyons à la troisième section de cet ouvrage, ainsi qu'aux considérations du paragraphe de passage entre la deuxième et la troisième section.
[11] Tout le problème sera celui de savoir si l'événement, qui fait apparaître en situation l'être de la situation, inscrit dans la situation les conséquences de cette apparition toujours de la même manière, selon les mêmes procédures, ou si ces dernières varient selon le propre des différentes situations.

concerne, nous venons de le dire, des situations extraordinaires. Or, de son côté, Oliver Feltham remarque à juste titre ce qui fait l'extra-ordinaireté de ces situations : c'est qu'un sujet y déploie « son opération fondamentale : c'est-à-dire décider de l'indécidable ». Et l'indécidable dont il décide, ce n'est que l'avoir eu lieu de l'événement, la possibilité de faire rentrer un élément surnuméraire dans le compte des éléments. Cet élément, en tant que disparaissant, n'y pourrait rentrer à aucun compte, mais son propre, une fois que l'on décide de le faire rentrer, est de permettre de nommer cet ensemble comme l'ensemble où se passe quelque chose de tout à fait remarquable : la nomination de l'innommable[12]. C'est donc un drôle de mariage que celui de l'événement et du compte pour un. Badiou l'a mis en lumière en toute son ampleur dans le *Saint Paul* : l'événement y est en effet décrit comme ce qui peut rallier à soi, et donc compter pour un, une multiplicité virtuellement infinie d'éléments. Et s'il peut avoir une telle adresse universelle, c'est bien parce que ce qu'il présente, ce n'est que l'être en tant que tel, la pure multiplicité. Le *Saint Paul* porte d'ailleurs à ce propos un exemple remarquable : il s'agit du Christ, nu et sans attributs, non compté ni par la loi de Rome ni par la loi judaïque, qui s'annonce en premier lieu aux hommes nus, c'est-à-dire aux exclus, à ceux qui ne sont pas comptés par la situation présente[13]. Mais par ce biais ce corps nu qui fait événement peut s'annoncer à tout corps nu, c'est-à-dire à chaque individu. Présentant l'être nu, présentant l'imprésenté, l'événement devient compte pour un de tous les éléments d'une situation à venir : ainsi dans le message du christianisme « il n'y a d'Un qu'autant qu'il est pour tous, […] il n'y a d'*Un événementiel* qui puisse être l'Un d'une particularité »[14]. Pour qu'un événement puisse être tel, un sujet doit advenir, et décider qu'un événement a bien eu lieu, car c'est cette décision, comme remarque justement Oliver Feltham, qui opère une

---

[12] En effet, à proprement parler l'être pur qui « apparaît » dans l'événement reste innommable : on en nomme plutôt l'advenue disparaissante (l'événement) et encore plus les conséquences (la procédure de fidélité) : on nomme donc plutôt la nécessité de le nommer, de donner un nom à son inscription, même dans sa stricte innomabilité.

[13] C'est le thème du site événementiel, tel qu'il est notamment développé dans *L'être et l'événement, op. cit.*, p. 195. A ce propos je renvoie ici à l'article d'Oliver Feltham « Une singularité advenant à la politique » et plus particulièrement au chapitre intitulé *Les peuples indigènes en tant que site événementiel*, où l'auteur montre bien comment le site événementiel, étant composé d'éléments non comptés par la situation présente, est, du point de vue de la représentation, vide : dans le site nous retrouvons donc un vide qui viendra accueillir cet être vide qui est amené à apparaître par l'événement. C'est dans le site « non-nommé » par la situation que l'innommable peut être dit.

[14] Alain Badiou, *Saint Paul, la fondation de l'universalisme*, Paris, Presses Universitaires de France, 1997, p. 80, l'italique est nôtre.

synthèse dans la disjonction être – événement, et, par là même, dans la disjonction multiplicité pure – multiplicité des étants apparaissant. Un sujet doit advenir, et être identifiable par le fait qu'il est comptable comme un selon l'avoir eu lieu de l'événement, de la même manière que l'événement Christ s'avère dans le fait de pouvoir compter un sujet comme « chrétien ». Si l'événement instaure un nouveau compte pour un dans la situation où il apparaît[15], s'il fait donc de la situation une nouvelle situation, il ne peut le faire qu'à condition de s'avérer dans un sujet, ou plutôt dans une infinité de sujets. Tout le problème sera alors celui de savoir ce qui fait le propre, les constantes et les variables de ces sujets des situations, si ces derniers sont forcés par l'événement à l'avérer en en inscrivant les conséquences, ou s'ils peuvent déterminer, selon des stratégies toujours nouvelles, les modes propres selon lesquels un compte pour un vient structurer une situation. Ce qui sera proprement le souci des chapitres à venir.

---

[15] Une telle lecture de Badiou a pour but d'articuler le silence de Badiou quant à la question de savoir d'où vient le compte pour un, mais, certes, elle n'est pas sans poser problème. En particulier, on peut se demander qu'est ce que le compte pour un des situations naturelles, étant donné que ces dernières sont, selon Badiou, dépourvues d'événements. Or, le quasi-silence de Badiou sur ces points frôle l'aporie. Deux solutions paraissent néanmoins envisageables : soit l'on considère que le compte pour un des phénomènes naturels réside dans le point de vue de celui qui les observe, soit l'on considère au contraire que la nature aussi est pourvue d'événements structurants. Cette dernière voie paraît être la plus envisageable, parce qu'elle permet de mettre une parole au lieu des deux silences principaux de Badiou : l'origine du compte pour un, et la présence d'événements en nature.

B- PRATIQUE DE L'EVENEMENT
est-ce que tout événement s'inscrit en situation de la même manière ?

Dariush Moaven Doust
INDEX ET ANTICIPATION

La philosophie d'Alain Badiou se tient auprès du hasard – chaque fois surmonté par un coup de dés dans l'ordre inachevable des puzzles de l'existence. Ce hasard se manifeste par des points singuliers, des événements dont le marquage historique est fait par des décisions qui les nomment. Ainsi, le rapport entre l'événement et le nom propre est une condition fondamentale pour toute pensée de l'avènement de l'excès au sein d'une situation donnée. Pourtant, il s'agit d'un rapport paradoxal : l'excès n'appartient à l'ordre dans lequel il advient que par défaut, il aura lieu où le lieu n'était qu'un rien de lieu, le passé encore à venir. Entre l'événement et sa décision, il n'y a qu'un rapport du non-rapport, le rapport du vide et son bord. Saisir ce rapport à travers des méandres temporels propres au sujet de la décision nommante, voici le point de départ pour une investigation de la pensée de l'événement chez Badiou.

Nous proposons que le mathème de l'événement chez Badiou ne soit pensable qu'à partir d'une logique du deux, celle-ci dépendant à son tour de l'acte de nomination en tant qu'intervention, dont la possibilité relève de l'inadéquation fondamentale entre la finitude du sujet et l'infini des idées. Ce rapport inadéquat se présente en dernière instance sous la modalité *anticipante* de la décision face à l'événement.

1. De l'événement

Le nom du hasard, ce qui intervient au sein des index et des registres déjà établis, fait événement, non pas comme non-sens mais comme une singularité hors-sens, guerre ou amour, poème ou axiome. Il s'agit de ce qui est en excès sur les prescriptions et propositions qui circulent dans une situation ou une structure déjà donnée et ordonnée.

L'événement se distingue de l'abîme d'une profondeur sans différence et du régime de l'être transcendantal comme sa condition ultime. Il n'est donc ni effet d'une volonté divine ni transgression romantique. L'événement est conçu chez Badiou comme ce qui est en plus, ce qui est supplémentaire et illicite par rapport aux multiples normaux ou ordinaires d'une situation : « L'événement seul, comme contingence illégale, fait advenir une multiplicité en excès sur elle-même et donc la possibilité d'outrepasser la finitude. »[1]

Si on part de la perspective de la normalité, normalité comme ordonnance de séries d'éléments appartenant à une situation selon des règles préétablies, l'événement se définit au plus juste comme ce qui n'est pas. Et s'il advient, son advenue est toujours locale. Ce qui constitue un point cardinal de la théorie de l'événement de Badiou : la soustraction de l'événement à l'ordre ontologique. L'événement troue la topologie des lieux en instaurant une temporalité proprement événementielle. Nous appelons cela l'instant, non pas comme une durée finie ou comme « maintenant » mais comme la présentation de l'infini dans le circuit fini du monde, comme le point-multiple où le circuit cède le pas à l'infini.

L'événement est un multiple anormal pour autant qu'il se présente dans la situation comme un multiple dont l'appartenance de ses éléments à la situation n'est pas donnée. Et il est supplémentaire pour autant que ses termes ou éléments ne peuvent appartenir à la situation. « L'événement est cette advenue à l'être du non-être, advenue au visible de l'invisible »[2]. Badiou bâtit son système sur les ruines de la représentation. Cependant, le concept d'événement chez Badiou est également lié à la notion de localité. L'événement est un pointage de la situation, il y intervient mais il n'équivaut pas à la globalité de la situation. En fait « la situation événementielle n'existe pas », comme le précise Badiou dans *L'être et l'événement*, et donc il n'y a aucun point dans l'histoire après lequel on remette le calendrier à zéro. « L'idée d'un bouleversement dont l'origine serait un état de la totalité est imaginaire. ». La totalité n'est qu'au niveau de l'être dans son noyau dur que le nom du vide supporte. L'événement, qu'il soit politique, artistique ou amoureux, est conditionné par les événements précédents et par sa propre localité, même si cette localité ajoute quelque chose du nouveau à la situation, quelque chose dont l'apparaître ne se réduit à aucune causalité localisable.

Le mathème de l'événement

Que Badiou se voie obligé de donner une formulation mathématique à la définition de l'événement, déroule – à nos yeux – de la proximité littérale de l'événement et de l'ontologie. La formulation mathémique de l'événement présente son concept sous forme épurée (épuration formelle du savoir jadis pratiquée par Lacan), et manifeste le rapport entre les composants de la tripartition badiousienne : la pensée philosophique, l'ontologie des mathématiciens et les procédures de vérité (l'amour, la politique, la science

---

[1] Alain Badiou, *Saint Paul. La fondation de l'universalisme*, Paris, éd. du Seuil, 1997, p. 85.
[2] Alain Badiou, *L'être et l'événement*, Paris, éd. du Seuil, 1988, P. 202.

et l'art). Cela nous conduit à la position de Badiou concernant l'axiomatique comme fondement de la pensée de l'être en tant qu'être[3]. Cette position relève d'une critique de toute conception qui limite la pensée aux confins du langage pris dans son élément signifiant. En effet, cette critique est fondée chez Badiou sur la thèse selon laquelle le multiple pur comme tel ne peut être distinct que là où la fonction séparatrice du langage tombe en ruine. La notion du multiple pur précède le semblant de l'un et du multiple ordonné qui est présenté par la force séparatrice du langage. Elle le précède par la lettre pure de la pensée mathématique. La portée de cette critique est plus radicale qu'il ne paraît à première vue. On trouve bien sûr l'exposé historique de cette butée structurale du langage dans le *Parménide* de Platon. En effet, la critique badiousienne peut être conçue comme une redéfinition du concept du concept sous la condition des procédures de vérité d'un côté et de l'ontologie mathématique de l'autre. L'enjeu est la philosophie moderne depuis Kant et Hegel et jusqu'à Frege et Russell, car ce qui noue tous ces penseurs ce sont leurs efforts pour redéfinir les conditions de possibilité de la pensée de l'être selon le concept, au sein de la philosophie moderne : les extensions existantes de l'intention conceptuelle (Frege), l'absolu du concept comme point d'effondrement de toute contradiction (Hegel), les jugements singuliers comme actualité de l'universalité du concept (Kant)[4] et enfin, la typologie langagière de Russell. Dans les écrits de Badiou, on discerne que le destin du concept est défini plutôt par un incessant mouvement qui va du concept philosophique au mathème comme écriture des axiomes sur l'être en tant qu'être. Le mathème contient la littéralité comme disposition du savoir issu des décisions axiomatiques, alors que le concept englobe les instances de sa propre pertinence sémantique. Cette littéralité manifeste l'insaisissable du concept. Le mathème de l'événement s'écrit chez Badiou : $e_x = \{x \in X, e_x\}$. Et il peut se lire : l'événement, toujours relatif à une situation, se compose de soi-même plus tous les éléments x du site événementiel X. Comme on le voit le mathème exprime la complexité du rapport du couple site et événement. En outre, on note l'occurrence de l'événement comme un des deux termes de l'ensemble de l'événement. L'événement, e_x, fait ensemble de tous les multiples de son site et de l'événement lui-même. Le mathème exprime en fait le caractère paradoxal des multiples événementiels. « L'événement est donc bien ce multiple qui à la fois présente tout son site, et par le signifiant pur de lui-même immanent à son propre multiple, en vient à présenter la présentation elle-même, soit l'un du multiple infini qu'il est. »[5]

---

[3] Cf Alain Badiou, *Court Traité d'ontologie transitoire*, Paris, éd. du Seuil, 1998.
[4] Voir en particulier Immanuel Kant, *Critique de la faculté de juger*, (traduction française de Alexis Philonenko), Paris, Vrin, 1993.
[5] Alain Badiou, *L'être et l'événement*, op. cit., p. 201.

Situations et ontologie

Le mathème badiousien de l'événement comporte toutefois un moment d'indécidabilité. Si l'événement n'est pas reconnu, représenté dans la situation, si son appartenance n'est pas assurée et si l'ontologie mathématicienne ne permet pas à un tel ensemble paradoxal d'exister – c'est-à-dire être compté et recompté, alors comment se peut-il qu'il y ait de l'événement ? Ayant destitué le règne de l'Un, ayant renoncé à l'univocité de l'être, il n'y a dans le parcours badiousien en dernier ressort aucune garantie ontologique ou philosophique que l'événement soit. On atteint ici une limite particulière : un moment d'indécidabilité qui ne fait pas partie du dispositif philosophique comme tel. Le point délicat consiste justement à reconnaître ce moment comme la rencontre de l'infini de l'indécidable au sein de la situation. Le nom badiousien de ce moment est l'intervention.

<u>De la nomination</u>
Au-delà de la fondation ontologique, l'événement nous appelle à discerner cet indiscernable, en nommant ce qui n'est pas. La nomination est au-delà de la loi de la situation puisque la nomination ne désigne aucune entité déjà existante dans le cadre de l'opération de la loi de la situation. Le nom, dit Badiou, est tiré du vide : un nouveau signifiant qui étincelle. Ce nom est donc le site où le hasard aura fait advenir les traces du nouveau dans le vide. La théorie de l'événement de Badiou radicalise les théories du nom propre depuis Frege. Si le matériel sonore devient un nom propre en désignant une existence, ce que Saul Kripke appelle *Rigid Designator*, cette désignation n'est possible qu'en s'appuyant sur les multiplicités pures sans y participer.[6]

Il faut souligner le statut du nom propre dans la théorie de l'événement chez Badiou. Le nom propre n'est que la trace de la nomination comme telle fondée sur le vide. En fait, le nom du vide, ce que les mathématiciens écrivent par la marque $\emptyset$, joue un rôle essentiel ici. Si l'être en tant qu'être n'est ni le retiré du monde humain, ni ce qui est rationnellement oublié derrière l'étant, si l'Un n'est que la loi de l'existentiel, et si on admet avec Badiou que l'être en tant qu'être est le multiple pur sans un, tout cela semble confronter la pensée avec une série de notions organisées autour de l'abîme du sens : la profondeur sans fin et sans rapport avec l'existence. Autrement dit, l'être en tant qu'être serait un pur imprésentable, même pas individué, devant lequel la pensée cède le pas au mystique autour de l'indicible ou aux délires, impénétrables instances d'une férocité sans nom et sans visage.[7] En revanche, le nom du vide désigne cet arrêt nécessaire, il est la marque de

---

[6] Saul Kripke, *Naming and Necessity*, Blackwell, 1980.
[7] On retrouve ici la position du néo-platonisme et la métaphysique de l'Un indicible, dont la pensée n'est que des séries de paraphrases. Voir à ce propos V3, 14, 1 – 8 in Plotinus, *Les Ennéades*, vol. III, 1967.

l'acte fondateur de la pensée et en même temps sa limite. Le vide n'est pas un Un car il est strictement la marque qui se distingue dans la structure où la différence constitue globalement les présentations. Le vide n'est ni un autre que soi-même, ni le même dans l'autre, c'est le même dans sa différence à partir du moment de sa nomination. Le vide est « l'irrémédiable unicité de l'indifférence »[8]. Si la nomination est intervention au sein de la situation, le nom est l'indicateur événementiel de l'existence, ainsi renouant l'être et l'apparaître. Cela dit, il faut aussi noter que, en établissant son appartenance à la situation, le site de l'événement se délie du vide originaire. C'est en fonction de cette dialectique que Badiou souligne le caractère surnuméraire et supplémentaire de l'être non-être de l'événement, ni l'un, ni le vide, il est plutôt ce qui fait deux de l'univocité situationnelle.

La logique du Deux

Le mathème de l'événement reproduit le schéma du Deux. Ainsi e_x est à la fois l'événement et l'élément du multiple de son site. L'événement se met entre l'un et le vide comme le deux sans un.

Au sein de la théorie de l'événement de Badiou, on décèle alors la logique du Deux, ce qui est au fond de la théorie de l'amour chez Lacan[9]. Badiou lui-même ne s'attarde pas à mentionner comment son système, en un point si fondamental, recoupe la théorie lacanienne[10]. La logique du Deux définit la rencontre en tant que telle et au-delà des protocoles langagiers ou des schémas de communication entre les individus sociologiquement déterminés. Cela est un point crucial. Sans la dialectique de la nomination et du deux, la théorie de l'événement de Badiou n'est pas compréhensible. L'intervention, dont la modalité amoureuse est la rencontre comme telle, répartit les rapports constructibles autour de l'altérité sans Un. Du point de vue de la situation, e_x n'est pas, et l'autre, dans son auto-appartenance, s'avère hors de la portée du compte : le couple $\{X, \{e_x\}\}$ reste donc un deux incohérent. Le deux est le rapport de disjonction, un rapport intransitif, entre un Autre

---

[8] Alain Badiou, *L'être et l'événement, op. cit.*, p.82.
[9] Lacan aborde le sujet depuis des années 50, notamment dans le séminaire *Le transfert*. Dans le séminaire *Encore*, on trouve la formulation mathématique de cette logique sous la forme de la théorie de la sexuation. Voici une proposition, dite gnomique, de Lacan, qui résume cette logique, en le mettant au sein de la question de vérité en tant que mi-dire : « L'amour : Deux mi-dire ne se recouvrent pas », Jacques Lacan, *Le séminaire : Les non-dupes errent*, 1973-1974 (inédit), 8 janvier 1974. La proposition montre clairement que le point de vue à partir duquel l'amour est défini, n'est que la rencontre où les composants du Deux ne sont pas déterminées comme individus, ni comme personnages, mais justement comme un deux incohérent.
[10] On trouve l'élaboration formelle de ce point, ainsi que les remarques critiques de Badiou sur la théorie de la sexuation chez Lacan, dans l'essai « Qu'est-ce que l'amour ? », in Alain Badiou, *Conditions*, Paris, éd. du Seuil, 1992.

Situations et ontologie

(e_x) et la mise-en-Un {x}. Il s'ensuit que le rapport, restant hors de la portée de la représentation, n'apparaît que comme énigme de la situation. La théorie de l'événement proposée par Badiou possède deux traits fondamentaux : premièrement, elle déclare que la pensée philosophique n'est que la pensée de ce qui s'est présenté en tant qu'excédentaire à une situation donnée. C'est la pensée de l'historicité à partir du futur antérieur : la ponctualité d'un événement qui perfore une situation dont l'organisation aurait pu se réduire à une situation naturelle. Deuxièmement, la pensée philosophique n'est pas la nomination d'un événement, mais la conceptualisation, déjà disciplinée par le mathème, de la nomination de l'événement.

2. De l'anticipation

Il semble tout de même qu'on devrait préciser la modalité du rapport disjonctif entre trois termes opérants de la théorie de l'événement : l'atemporalité de l'intervention, l'infini de la vérité et la logique de l'existence. Autrement dit, comment concevoir le mouvement paradoxal qui traverse les trois registres incompossibles ? Ce mouvement paradoxal, nous pourrions le cerner de plus près par la formulation suivante : l'action humaine, pour autant qu'elle marque le moment subjectif, relève de l'être au « futur antérieur événementiel », c'est-à-dire selon le mode temporel de la rencontre avec ce qui aura eu lieu. Ou encore mieux, la pensée du rapport disjonctif se distingue du projet d'unification de toutes les conditions de possibilité de l'acte : le rêve de la logique classique. Il se distingue également d'une historicité où le sujet s'identifie à son concept pour devenir le repos éternel de la connaissance, le pur concept pour soi et en soi, grâce à l'expulsion dialectique de contradiction : l'horizon de la pensée romantique. En revanche, il procède par les notions de modalités, mouvement et points singuliers ; ou encore, en d'autres termes, il trace les liens entre les multiples et les instants.

Du dogmatisme contemporain

Multiples infinis, ordre situationnel et intervention constituent ensemble une séquence bien distincte de l'ensemble de la théorie badiousienne de l'événement. Le temps advient en premier lieu comme historicité de la situation : il se manifeste comme ensemble des intervalles entre le site et l'événement, entre l'intervention et les multiples advenus à la suite de l'intervention. L'historicité ramène aux histoires de la fuite des crises, des vérités et de leur réintégration dans le savoir établi et indexé de la situation. Or, la question s'impose : peut-on concevoir le lieu sans la succession des événements et des interventions, etc. ? Si la présentation événementielle troue la représentation, si l'être en tant qu'être n'apparaît que comme le dysfonctionnement de l'état de la situation et si l'apparaître – à son tour – engendre ce reste excédentaire, indénombrable (la situation du point de l'infini), et en outre si la situation n'est que le lieu de ce qui a toujours et déjà eu lieu, alors l'événement n'est-il pas la catégorie sans laquelle il n'y aurait plus du tout de lieu ? Ne s'ensuit-il pas que la situation, en tant que lieu de la présentation de la multiplicité, effet de l'événement lui-même, topos des transitions des relations incompatibles, devient globalement dépendante de la notion d'événement ? Hors une définition de situation comme ordre entièrement naturel ou normal, – ce que soutient la logique aristotélicienne, ou encore les calculs pragmatiques des mathématiciens – comment pourrait-on distinguer les bords du site événementiel de la situation historique dans sa globalité ? Cette question débouche sur deux aspects de la philosophie de Badiou : la question du bord de l'événement et la question de la modalité temporelle propre à la décision. La catégorie du temps ne se réduit pas qu'à l'historicité, elle se présente aussi sous la modalité de l'anticipation.

L'ampleur de la question des bords de l'événement peut être mieux éclairée par un exemple politique donné par Badiou. Dans cet exemple il est question de ce résidu de la fidélité à l'événement qui est le dogmatisme. Au sein du capitalisme contemporain, rien ne semble plus loin, plus obsolète que la notion de dogmatisme. Le relativisme libéral est plutôt le mot qui vient à l'esprit en premier. Pourtant le relativisme du discours officiel, au moins dans une partie du monde, exercé au nom de la multitude culturelle et de la tolérance de l'autre, relève d'un dogme dont la communication (tout est impérativement signe à communiquer) et la vérité dogmatique (on *tolère* les différences car on est *sui generis* dépositaire de la vérité de la vraie nature des choses) sont des manifestations explicites. Le dogmatisme actuel se manifeste soigneusement, le soin de soi et d'autrui comme envers du soi. Sa forme discursive est dénégation du dogmatisme, et le mode de son fonctionnement ce que nous appelons le néo-fétichisme. En fonction d'un dispositif dogmatique et de ses actions, on peut démontrer la consistance de la machine numismatique qui fait circuler les signes dans un univers où toutes les instances pensables sont déjà indexées. Dans la situation contemporaine, le fétichisme de la bourgeoisie classique (pour laquelle la monnaie était celle qui changeait de main en tout silence pendant un échange dont le support était les corps humains) est remplacé par une croyance produite et consommée par la circulation des signes : les relations entre signes expriment les rapports entre choses. Là où la croyance est l'une des valeurs assignables aux choses par le travail des signes, l'impératif dogmatique devient : agissez, dans toutes les circonstances, de telle façon que vos actions ne perturbent pas la production de valeur d'échange. Mais, les corps ainsi libérés par la machine, se montrent davantage fragilisés, traumatiques, encore plus en besoin de soin, car les corps humains, les corps parlants sont d'ailleurs soumis au fonctionnement de la machine dont l'effectivité se fonde sur le dogme suivant : le corps est la source ontologique d'une exploitation de jouissance inépuisable. Assimiler le corps humain, le site de connexion disjonctive de la pensée et du temps, dans la circulation des signes le transforme en source d'extraction de jouissance. Ainsi, le corps devient la présence pure et mutique, l'objet autre, le fétiche qui clôt le circuit du temps plein de la présence à laquelle n'échappent ni le passé ni le futur.

Dans le système badiousien, la question du dogmatisme vise au plus près le moment logiquement nécessaire de l'intervention face à l'indécidabilité de l'événement. Le rapport entre l'événement, ce qui aura été, et l'intervention s'ordonne autour d'un choix. L'intervention n'est que la rencontre du choix portant sur l'inscription de l'événement dans la situation. Le choix est strictement hors situation puisqu'il n'est ni présenté ni représenté dans la situation. Le choix n'a pas lieu. Par conséquent, décider l'existence de l'événement, c'est *forcer* une situation, et cela est au plus juste la conséquence de l'indécidabilité de l'événement.

La décision entraîne les multiples dont les advenues dépendent de l'événement. Badiou appelle *fidélité* les procédures qui séparent les multiples connectés au nom de l'événement. Ici encore, la matrice est le schéma de la logique du Deux. En effet, ce qui relie par une décision l'être de ce qui n'est pas, l'événement, à la situation est la fidélité au nom de l'événement. La rencontre amoureuse donne lieu au Deux : le compte un par un selon une fonction, et cet Autre de tous les autres-uns. La fidélité à cette logique qui est l'essence même de la rencontre amoureuse, et qui transcende le couple empirique concerné dans chaque rencontre, fait advenir tous les multiples dont l'existence provient de la mise en circulation du nom de l'événement dans la situation. On voit aussi bien que cette notion est éthique[11]. C'est justement la fidélité qui reste fidèle à la définition locale de l'événement, de son avènement au bord du vide, puisque rien ne garantit l'existence des multiples produits par l'événement dans la situation. La fidélité est le retour de la logique du Deux. Dire que l'événement n'est pas une partie de la représentation signifie dire que l'existence locale d'un site événementiel n'est pas démontrable. Ou bien, que ce site n'est discernable que si il y a au moins une décision antérieure à l'événement lui-même. Entre la décision et l'événement on voit un mouvement orienté du multiple indicible vers le site au sein d'une articulation historique, d'une situation. Ici, on pourrait repérer l'erreur souvent commise par les commentateurs de Badiou, quand ils suggèrent que sa théorie de l'événement ne fournit pas l'analyse de ce qui adviendra. Le moment de la nomination, conditionné par l'événement, indique, par le fait de la nomination, le devenir de l'être. Cela implique une notion dialectique de l'avenir comme futur antérieur, ce qui n'est pas, mais aura été par une décision.

---

[11] Nous parlons, bien entendu, d'une éthique d'après Lacan, après la critique de l'éthique du bien et de l'éthique kantienne. Voir Alain Badiou, *L'éthique, essai sur la conscience du mal*, Paris, Hatier, 1998.

Se hâter

La modalité subjective se présente au rendez-vous de l'instant singulier de ce futur antérieur. Cette modalité est une anticipation coextensive à la décision nommante. Ainsi, l'anticipation est la modalité de la décision, ce qui apparaît comme assertion, acte non-fondé, pointage instantané de l'histoire. Elle ne précède donc pas la décision, ni fait partie des règles déjà existantes de la situation. Ni représentation historique ni prescription, l'anticipation relève de l'inadéquation de l'infini de la vérité et de la localité finie de l'existence, c'est-à-dire de la conséquence ; il se trouve en effet que le moment subjectif se présente comme acte précipité, imprescriptible et ainsi délié de la situation comme telle. On trouve l'élaboration originale de ce moment dans un article de Jacques Lacan de 1945 : « Le temps logique et l'assertion de certitude anticipée »[12]. Lacan propose dans ce texte une élaboration théorique de l'anticipation dans le cadre de ce qu'il appelle la logique de la scansion temporelle de l'acte. Le point du départ est une historiette sur trois prisonniers.

Cinq disques colorés, deux noirs et trois blancs, sont montrés aux prisonniers, ensuite, un de ces disques est fixé entre les épaules de chaque prisonnier, sans que ceux-ci puissent en connaître la couleur. Chaque prisonnier peut voir le disque des deux autres, mais pas le sien. Le directeur de la prison propose de libérer celui qui établira logiquement la nature de son disque. Suivant la solution possible de cette histoire[13], Lacan discerne trois

---

[12] Jacques Lacan, *Ecrits*, Paris, éd. du Seuil, 1966.
[13] Jacques Lacan, relate ainsi la solution trouvée par les trois prisonniers : « Après s'être considérés entre eux *un certain temps*, les trois sujets font ensemble *quelques pas* qui les mènent de front à franchir la porte. Séparément, chacun fournit alors une réponse semblable qui s'exprime ainsi : *"Je suis un blanc, et voici comment je le sais. Etant donné que mes compagnons étaient des blancs, j'ai pensé que, Si j'étais un noir, chacun d'eux eût pu en inférer ceci : "Si j'étais un noir moi aussi, l'autre, y devant reconnaître immédiatement qu'il est un blanc, serait sorti aussitôt, donc je ne suis pas un noir" Et tous deux seraient sortis ensemble, convaincus d'être des blancs. S'ils n'en faisaient rien, c'est que j'étais un blanc comme eux. Sur quoi, j'ai pris la porte, pour faire connaître ma conclusion."* C'est ainsi que tous trois sont sortis simultanément forts des mêmes raisons de conclure ». Jacques Lacan, *Ecrits*, Paris, *op. cit.*, p. 197. Badiou résume d'ailleurs ainsi les deux moments suivants : « Qu'est ce que nous dit Lacan alors ? Que cette mise en marche [vers la sortie] annule leur conclusion. Pourquoi ? Si A, au moment de mettre un pied devant l'autre, voit B et C faire autant, il ne peut plus conclure, puisque son raisonnement incluait l'immobilité des deux autres comme argument conclusif. Tous vont donc s'arrêter, dans la même inquiétude d'avoir anticipé sur la conclusion. Mais chacun, voyant que les deux autres s'arrêtent, annule aussitôt l'annulation supposée de son hypothèse. Car s'ils avaient vu un noir et deux blancs, les deux autres, ils n'auraient aucune raison de s'arrêter. S'ils le font, c'est pour la même raison que moi : ils ont vu deux blancs, et ils s'inquiètent de l'anticipation éventuelle de leur certitude ». Alain Badiou, *Théorie du sujet*, Paris, éd. du Seuil, 1982, pp. 265-266. N.d.R.

Situations et ontologie

temps logiques : l'instant de voir, le temps pour comprendre et le moment de conclure. Lacan en vient à la proposition que le moment de conclure suppose une anticipation de jugement de chacun et une précipitation dont le fondement n'est pas donné dans la situation. On peut dégager d'un côté trois conditions problématiques posées par l'historiette des trois prisonniers : *premièrement* le rapport du savoir et son objet ; *deuxièmement* la question du mouvement, les pas faits par chacun des prisonniers vers la porte de la chambre ; et *troisièmement* la scansion logique des trois temps induite à partir de la solution logique de cette histoire. De l'autre côté, il y a la coupure introduite dans la situation, le moment de franchir le seuil par lequel le dehors se sépare de la logique du temps de la situation des prisonniers. L'anticipation marque la frontière entre les deux premiers temps (l'instant de voir et le temps pour comprendre) et le troisième. Les trois étapes logiques sont organisées de telle façon que seule la conclusion sera suffisante pour établir les étapes précédentes. En fait, les étapes logiques de l'instant de voir et du temps pour comprendre sont déductibles à partir de la conclusion.

Mais ce constat est vrai à condition que l'on conçoive la séquence du point de vue de l'après-coup. En revanche, si on suit le mouvement impliqué par les conditions problématiques jusqu'à la fin possible du mouvement – autrement dit, si on double la scansion logique par la mobilité et le trajet qu'elle dessine – cela nous induit à compter dans l'ensemble des conditions l'incontournable point singulier, la coupure introduite par l'acte anticipant. Ainsi, l'anticipation se montre comme le mouvement orienté par le point singulier. Le sujet devient ce processus où l'être-là se conjugue avec l'événement d'une manière paradoxale : la rencontre instantanée, singulière avec l'infini. Autrement dit, l'acte anticipant – ou, dans la terminologie badiousienne, l'intervention anticipante – propulse son sujet, en tant qu'indice de l'événement, au-delà du seuil de compréhension des conditions données de la situation. Lacan montre bien que ce moment ne procède pas d'un enchaînement des savoirs acquis par observation des données, et que l'acte se définit donc sous la condition de la vérité comme excédentaire à la circulation des signes. Pourtant nous voulons souligner deux autres implications : I. le pas de franchir le seuil délie le lien entre le sujet et son site existentiel ; II. le même fait constitue une limite qui joint et disjoint deux temps ontologiquement différents : la présence saturée par le savoir sur la structure, et le futur antérieur comme pointage temporel, instantané et hasardeux qui vide le temps. Or si cela est vrai en ce qui concerne le mouvement subjectif comme trajet affecté par la rencontre hasardeuse, il serait une erreur d'en tirer l'idée de l'existence d'une surface sur laquelle ce trajet exprimerait quelque chose de plus profond. Il faut donc écarter la pensée selon laquelle le trajet se traduirait en expression d'une cause toujours présente mais cachée, d'une substance insaisissable et démesurée. En vérité, le point disparaît aussitôt, le trajet s'infléchit, la surface se divise en une unilatéralité paradoxale, et l'achèvement du mouvement laisse une irréductibilité excédentaire qui n'est saisissable qu'après l'achèvement du mouvement. Il ne s'agit donc pas d'une cause, mais plutôt des effets de la rencontre avec le point singulier et de la persistance de la singularité hors situation. Poursuivant les deux implications précédentes, l'intervention anticipante a pour effet, dans son mouvement topologiquement infléchi et au niveau du sujet, l'instauration d'un Autre au sein duquel le résidu excédentaire du problème persiste comme marque d'un frayage du réel. Là l'anticipation et précipitation, ici la persistance et répétition. Autrement dit, le réel laisse sa marque comme ce qui manque à la représentation historique de l'événement. Il s'agit donc de la mémoire, de la représentation mnémonique de ce qui aurait été là mais qui était imprésentable comme une partie de la situation vue de l'intérieur du problème historique. La représentation mnémonique de l'imprésentable est le manque à jamais localisé dans un endroit autre : l'Autre en tant que site du réel.

Badiou dans sa lecture[14] de l'histoire des trois prisonniers nous invite à nous rappeler des faits les plus simples de la vie, pour voir le non-fondé de l'hypothèse de Lacan, qui porte sur la simultanéité de raisonnement de chacun des trois prisonniers. Il semble ainsi que son objection vise plutôt la trace de mémoire engendrée par l'anticipation que le dispositif qui précède l'acte du point de vue de l'indécidabilité inhérente à la situation problématique. Même si la simultanéité en question est critiquable et pour des

---

[14] Cf, Alain Badiou, *Théorie du sujet, op. cit.*, pp. 264-269. Selon Badiou le défaut de la solution proposée par Lacan est de « présupposer ce qui la rend impossible : une réciprocité absolue, une identité logique stricte entre les trois prisonniers » (p. 267). Pour Badiou il faut décomposer le raisonnement en trois solutions possibles : a. je vois deux noirs : je suis donc blanc ; b. je vois un noir et un blanc ; si j'étais noir, le blanc, en raisonnant selon a, serait déjà sorti, donc je suis blanc ; c. je vois deux blancs ; si je suis noir, les deux autres voient un noir et un blanc, donc ils se seraient déjà conduits selon b, en sortant, donc je suis blanc. Pour Badiou, les trois hypothèses ne sont pas exclusives, mais inclusives : c. contient b. qui contient a.. Or, Lacan présuppose que les trois prisonniers passent par ces raisonnements à la même vitesse : s'il est ainsi, et si l'un des autres, parvenu à l'étape b, sort, c'est que je suis noir. Autrement dit il ne se peut, par hypothèse, qu'il soit encore à b. quand je suis déjà à c. Donc, si, comme c'est le cas dans l'hypothèse de Lacan, les trois sortent en même temps, le fait de voir aussi les autres sortir ne doit pas poser de doutes, mais simplement confirmer dans l'assurance de l'hypothèse c : en effet, si j'étais noir, comme nous raisonnons à la même vitesse, les autres l'auraient *déjà* découvert. Et Badiou d'en conclure « Que l'autre ne bouge quand je le fais ne peut me conduire au doute [...] Ma conclusion, déjà certaine, se trouve purement et simplement confirmée : certitude excédentaire, et non doute suspensif. [...] Vous n'avez plus qu'un seul temps, celui du déroulement de c, transitif à l'acte qui conclut. Se défont conjointement et la périodisation du procès subjectif et la subjectivation. Car de hâte, point. Bien entendu, la périodisation est exacte et la subjectivation existante. Il faut donc qu'il y ait quelque chose que Lacan ne dit pas. Ce supplément tu est proprement le point où, pour croiser la topologie temporelle et l'algèbre du calcul, pour rendre raison de la hâte, il importe de poser que l'hétérogène de la connexion excède la connexion des places ». (p. 269) N.d.R.

raisons dont Badiou a justement fait état, elle concerne en vérité la validité universelle d'une solution et ses conséquences, les responsabilités et les tâches que la solution prescrit, à partir du moment de la conclusion. Autrement dit, ce que l'acte de franchir le seuil *présuppose*, comme une certitude, n'est que la possibilité universelle d'une décision dans le temps, même si cette présupposition, dans son actualité et par défaut, nous induit à la butée réelle des choses, à la bifurcation inévitable de la situation. La logique de l'anticipation obtient sa valeur fondatrice du fait qu'elle seule nous induit à la rencontre de la présupposition. Prenons comme exemple la configuration historique autour d'octobre 1917 en Russie. Au moment de la révolution d'octobre, on ne saurait pas se demander si toutes les forces sociales sont arrivées à conclure sur le problème de la situation ou pas. On est pressé de supposer que la logique qui scande le temps de la révolution a la même valeur en même temps et pour tout le monde et que le temps presse. Moment de déchirure par une force qui excède les conditions du problème. Certes, il y a là un aspect erroné qui est inhérent à l'instant de décision[15]. De l'autre côté, par le fait même que la décision nommante est une anticipation, la décision ne couvre pas le site événementiel d'un bout à l'autre. Ainsi, on peut dire que l'événement excède la décision ou qu'un événement est toujours inachevé du point de vue de la décision et des conséquences de la décision. Il y a donc cette double face de l'événement : D'un côté l'éclat d'un instant dans l'histoire, la décision nommante liée à celui-ci et ainsi la clôture d'une séquence, et de l'autre côté ce que de l'événement reste inachevé, comme l'induration de l'instant même, le noyau dur et en même temps vide autour duquel la mémoire s'enroule ou bien devant lequel l'avenir se déroule.

L'essence de l'anticipation est le rapport disjonctif ou médiation non-achevable entre l'être et l'être-là, l'effet de l'inadéquation entre l'infini de l'être et la finitude du sujet. L'enjeu est la transition de l'ordre extra-ontologique de l'événement au registre de l'existence, sans faire aucun recours implicite à l'idée de l'attente romantique. Quant à l'Autre, s'il est l'instance propre à la structure de la mémoire autour de l'inachevé des événements advenus, la destitution de l'Autre est à chaque fois propre au temps de décision en tant qu'acte du sujet au bord de l'événement.

3. L'innommable

Toutefois, la question s'impose : la nomination, est-elle une intervention dont la puissance serait sans bornes ? Il faut d'abord considérer que les

---

[15] C'est ainsi que les thèses d'avril de Lénine étaient qualifiées de délirantes par les menchéviques, cf. V. I. Lénine, « Les tâches du prolétariat dans la présente révolution, Thèses d'avril ».

composants majeurs de la pensée badiousienne sont l'homogénéité déliée de l'être, le trans-être de l'événement[16] et les opérations qui renouent ces deux registres. Nous avons vu que la nomination, qui opère comme une forme de forçage, est ce qui, par anticipation, inscrit ces rapports dans la configuration subjective où la vérité infinie est le terme central. Ainsi, on a également discerné dans cette configuration la butée devant laquelle la pensée, dans son actualité, reconnaît une limite, l'Autre en tant que tel. Ce moment, comme on le sait, est élaboré par Lacan, qui en fait la référence de ce qu'il appelle la jouissance de l'Autre.[17] Cela se déduit de deux axiomes ontologiques de Lacan : « il n'y a pas de rapport sexuel » et « il y a de l'Un ». Pour Lacan, le non-rapport sexuel et l'il y a de l'Un induit un sujet conditionné par un mouvement infini. L'*il y a* témoigne de la persistance de ce réel qui n'est pourtant qu'un effet de structure, et le non-rapport est à son tour inscription du vide comme rapport qui insiste entre deux termes qui ne font un. On sait que Lacan introduit l'objet comme ce qui vient à suppléer à ce non-rapport et que la jouissance, par cet objet, est introduite entre les deux termes. Dans ses écrits postérieurs à *L'être et l'événement*[18], Badiou revient sur ces deux axiomes et précise ainsi sa critique de la pensée de l'Un. Au sein des interventions nommantes dans le monde, une limite innommable se présente. C'est ce qu'on a déjà vu, la chose qui dérobe, la virtualité de l'Autre, intrinsèque à la logique de l'anticipation. Pour Badiou, dans son retour à Lacan, l'unicité de ce terme constitue l'Un réel : « aucune nomination ne s'ajuste à ce terme de la situation, si grandes soient les ressources en devenir du tracé immanent du vrai »[19]. La portée de cette notion précise le sens de l'unicité ontologique du vide dans la théorie de Badiou. L'Un comme virtualité effective au sein de l'Autre, comme unicité du réel, est la rencontre du vide dans le monde des relations. Il s'agit d'une rupture restreinte et évanouissante dans l'index des relations et des noms déjà établis du monde. Enfin, on rencontre ici un point d'indifférence, une butée réelle. Comme limite de décision, l'innommable insiste, il est ce dont la vérité en tant que mesure de la disjonction du corps fini et des pensées sans fin est le seul témoin. Cette vérité est sans doute liée à un choix éthique. D'un côté, on trouve la volonté de nomination qui renie la subsistance de l'innommable et remplace l'Autre, comme site d'un réel-limite, par un Autre tout puissant, un être individué qui nomme tout : le jeu cruel du dogmatisme.

---

[16] Cf. la conclusion de Alain Badiou, *Le nombre et les nombres,* Paris, éd. du Seuil, 1990.
[17] Parmi plusieurs instances dans l'enseignement de Lacan, on pourrait consulter Jacques Lacan, *Le séminaire, livre XX, Encore,* Paris, éd. du Seuil, 1975, p. 130 et p. 55. Pour notre discussion sur l'Autre et l'anticipation, voir le même séminaire p. 116 ainsi que Lacan, Écrits, p. 213.
[18] Voir Alain Badiou, *Conditions, op. cit.,* 1992.
[19] *Ibid.,* p 209.

Situations et ontologie

La vérité comme mesure est ainsi entièrement abolie au nom de l'acte de nomination

De l'autre côté, et en face de cette interminable terreur, on trouve la rationalité de résignation qui plonge le corps humain dans la présence unitaire et identique où tout se boucle, où tout se répète et rien n'a lieu que le lieu lui-même. La terreur se dissout ici en peur de ce qui peut avoir lieu, et la vérité se réduit à l'authenticité des énoncés. L'authenticité est la notion d'affirmation et d'approbation des instances produites selon les règles d'un ordre logique. En revanche, la temporalité de la décision nommante, si cela a un sens, se traduit en liberté de devenir le support de la pensée de la vérité, dont l'effet n'est qu'un tracé. L'écriture elle-même en est la matrice dans sa double nature : marquage de l'abolition de l'infini et brisure instantanée de la présence unitaire. Ainsi, le point devient le minimum d'une décision anticipante, une conclusion précipitée qui fournit le prétexte pour un autre texte.

Entre deux sections
COMMENT TENIR LE CAP DE L'EVENEMENT
Réponse d'Alain Badiou à une question des éditeurs

Situations et ontologie

Entre deux sections
COMMENT TENIR LE CAP DE L'EVENEMENT

Il nous semble que vous naviguez entre deux rochers périlleux :
D'un côté, si l'inscription de l'événement est susceptible d'être affectée par les spécificités contingentes de la situation dans laquelle il vient «apparaître», il risque d'en être dépendant, de se suturer à celle-ci, et ainsi de ne plus y faire événement.
De l'autre côté, si l'inscription de l'événement a lieu toujours selon les mêmes modalités, à savoir La Procédure Fidèle, peu importe la situation, ne risque-t-il pas de devenir un supra-événement, un ange, une répétition de l'identique, et donc un non-événement?
Comment éviter le naufrage ?

Alain Badiou
L'événement, dans l'ensemble de ses conséquences (ou de la production d'un sujet fidèle) engendre en effet un sous-multiple de la situation, mais un sous-multiple *générique*. Ce point est fondamental. Ce qui est générique (vous savez que Marx soulignait la dimension générique du prolétariat) est universel, donc au-delà de la particularité de la situation. C'est bien pourquoi du reste un prolétariat localisé pouvait communiquer dialectiquement avec l'universalité du communisme. Il n'y a donc aucune difficulté à concevoir, premièrement qu'une vérité procède toujours dans un monde particulier, et à partir d'une coupure événementielle singulière, et deuxièmement qu'elle est dans son essence trans-mondaine. Nous ne pouvons donc dire d'elle, ni qu'elle est un ange ou une répétition, puisqu'elle surgit comme production absolument singulière ; ni qu'elle est identique à la situation, vu qu'elle y construit une multiplicité antérieurement indiscernable et qui ne correspond à aucun prédicat répertorié dans la langue de la situation.
Je montre en outre, dans *Logiques des mondes*, que pour qu'il y ait le processus post-événementiel d'une vérité, il faut que se construise dans le monde concerné un *corps* tout à fait singulier, que je nomme un « corps subjectivable », et qui est le porteur du sujet-de-vérité. Ce corps identifie pour toujours la provenance singulière d'une vérité, la distingue de toute autre, sans pour autant lui interdire d'être universelle.

**TROISIEME SECTION
BADIOU EN SITUATION**

A- THEORIES DU POLITIQUE
*Quels sont les fondements et les sources de la pensée
politique d'Alain Badiou ?*

Fabio Agostini
LOGIQUE RECURSIVE ET EVENEMENT POLITIQUE

La dynamique fondamentale de la pensée de Badiou assume la forme d'une logique de la récursivité, d'une logique de la rétroaction effectuante. Qu'il s'agisse du rapport entre multiplicité inconsistante et multiplicité consistante, ou bien du rapport entre événement et procédures d'intervention, on peut retrouver la même dynamique conceptuelle, qui se profile comme une logique de la persistance différée et, en même temps, de l'effectuation à-venir. Préliminairement, il faut donc considérer le cas de l'ontologie du multiple (étant donné que l'ontologie, dans la perspective de Badiou, est tout à fait l'ontologie de la multiplicité), pour ensuite approcher la question de l'événement et, spécifiquement, de l'événement politique.

L'ontologie de Badiou se fonde, avant tout, sur la décision préliminaire qui pose que *l'Un n'est pas*. En effet, si l'Un était, la multiplicité, qui se présente, ne serait pas. Mais, puisque la multiplicité est une évidence, l'Un doit ne pas être. De ce point de vue, on pourrait supposer, en se trompant, que la décision ontologique fondamentale soit fondée, comme par exemple chez Deleuze, sur une sorte d'évidence phénoménologique, sur l'évidence de l'autoprésentation du multiple. En réalité, chez Badiou, cette évidence résulte du principe logico-dialectique présenté dans *Théorie du sujet* comme celui de la « scission constitutive : $A = (AA_p)$ » (TS, 24).[1] L'être pur de l'Un (A) se redouble dans l'espace de son « placement ».[2]

La condition logique minimale de la position de l'être de l'Un nous conduit donc à sa scission duale. Mais on pourrait aussi objecter que, de cette

---

[1] Alain Badiou, *Théorie du sujet*, Paris, Editions du Seuil, 1982 (dorénavant il sera cité comme TS, suivi du numéro de page). On fait ici référence au texte *Théorie du sujet* seulement pour nous approcher du principe logique de la décision ontologique préliminaire qui retourne dans *L'être et l'événement* où, par ailleurs, cette argumentation n'est plus mentionnée. Il reste de toute façon à interroger le rapport entre ces deux textes fondamentaux, interrogation qui sera concernée aussi à la lumière des conclusions de cet article.

[2] On pourrait bien entendu objecter que, puisque l'Un est le lieu des lieux (c'est-à-dire le lieu où seulement on peut imaginer une pertinence du « placement »), il n'y a pas de sens à considérer l'Un lui-même sous la catégorie du lieu. En effet, le lieu de tout lieu possible ne peut pas avoir lieu. Mais s'il n'a pas de lieu, on pourrait dire avec Gorgias, il n'existe pas. Ce qui revient à la thèse pour laquelle l'Un n'est pas. En effet, on aura là le même résultat, mais pas le même sens. Badiou ne se contente pas d'affirmer le non-être de l'Un; il s'agit plutôt d'en nier l'être comme conséquence de sa position même. C'est-à-dire : si l'Un est, alors il n'est pas, puisque si l'Un est, il est au moins Deux. Il nous semble donc que Badiou pose déjà, dans cette décision préliminaire, la torsion que l'on va retrouver entre multiplicité pure et structuration d'unification.

façon, on n'a pas encore de multiple. On aurait seulement le duel, la position du Deux. En réalité, dans cette dualité, l'Un n'est pas complètement effacé. Il est plutôt inféré en tant que « division mouvante » (TS 40). Il n'est que l'*entre-deux* mobile, la limite qui, dans sa mobilité, constitue pour elle-même la condition du multiple. L'indice de placement est en effet un « terme générique pour tout placement de A. [...] A_p, c'est A dans le singulier-général du placement. [...] L'indice p renvoie à l'espace de placement P, lieu de toute réduplication possible de A » (TS, 24-25). Par conséquent, « l'essence du multiple est de se multiplier de façon immanente, et tel est le mode d'éclosion de l'être pour qui pense *de près* à partir du non-être de l'un » (EE, 43[3]). La multiplication immanente du Deux est donnée par le dis-placement réciproque des deux qui composent le Deux, par leur perpétuelle alternance oscillante.

La présentation est donc la multiplicité, la situation en tant que lieu de l'avoir lieu, c'est-à-dire la situation considérée de son côté non structuré.[4] Il s'agit du lieu de l'événement, étant donné que l'événement est un avoir lieu. Où se passe ce qui se passe ? Dans une multiplicité, où se donne ce qui se donne et qui, elle-même, se présente dans son avoir lieu. Néanmoins cette multiplicité, dans sa pure inconsistance non structurée, ne peut être saisie qu'à partir de la nécessaire rétroaction d'une procédure d'unification. On peut dire qu'il s'agit, comme à propos de la multiplicité de l'intuition chez Kant ou de la primauté chez Peirce, d'un *a priori* matériel qu'on ne peut relever qu'à partir de la postériorité d'un *a priori* formel d'unification, de structuration, de catégorisation. En ce sens, Badiou écrit que « le compte-pour-un n'est que le système des conditions à travers lesquelles le multiple se laisse reconnaître comme multiple » (EE, 37). Ou encore : « la multiplicité inconsistante est en effet, comme telle, impensable. Toute pensée suppose une situation du pensable, c'est-à-dire une structure, un compte-pour-un, où le multiple présenté est consistant, nombrable » (EE, 44).

Par conséquent, on peut dire que le multiple pur, inconsistant, est vide, c'est-à-dire que le vide est le nom propre de l'être en tant que multiplicité pure. Dans une situation, le multiple est toujours sous un régime d'unification. Tout en étant irréductible à la structure, sa pureté en tant que multiplicité inconsistante et non structurée ne peut qu'être pensée à rebours à partir de la structure elle-même, c'est-à-dire à partir du multiple compté,

---

[3] Alain Badiou, *L'être et l'événement*, Paris, Editions du Seuil, 1988 (dorénavant il sera cité comme EE, suivi du numéro de page).

[4] Quoique les deux termes ne soient pas séparables, il est ici important de ne pas confondre la présentation avec ce qui est présenté en elle. Ce qui est présenté (et qui se donne toujours dans une présentation) est, lui aussi, une multiplicité, mais une multiplicité structurée, organisée, unifiée. La présentation, par contre, est la dynamique par laquelle le présenté se présente. On verra que, néanmoins, la présentation est la limite de ce qui est présenté dans sa marge d'imprésentabilité, ce qui rend indispensable l'introduction d'un troisième terme : l'imprésentable.

unifié. Mais cela signifie aussi que, tout en étant exclu du tout, le multiple pur y est inclus dans sa supposition d'antériorité[5]. Selon les catégories modales, il est problématique, mais nécessaire. « Il s'agit d'une figure imprésentable et nécessaire » (EE, 68). Et il subsiste comme « imprésentation *de la* présentation » (EE, 61, s.n.).

D'une certaine façon, souligne Badiou, ce rien, ce vide, cet imprésentable « est l'opération du compte, laquelle, en tant que source de l'un, n'est pas elle-même comptée » (EE, 68). Ce qui signifie que l'opération structurante et le multiple pur coïncident en tant que rien. « Le rien nomme cet indécidable de la présentation qui est son imprésentable, distribué entre la pure inertie domaniale du multiple et la pure transparence de l'opération d'où procède qu'il y ait de l'un » (EE, 61). D'où la conséquence suivante : la condition imprésentable de toute présentation doit être cherchée non pas du côté de ce qui est donné (qui est nécessairement un multiple structuré), mais plutôt du côté de ce qui donne ce qui est donné (c'est-à-dire de l'événement et de l'intervention active sur l'événement).[6] Ainsi comme le point aveugle du tableau coïncide avec le geste du peintre, ainsi comme la limite irreprésentable de la représentation, sa marge, ne subsiste que dans le geste de présentation de la représentation, de même le multiple pur se profile exclusivement dans le geste opératoire (le compte-pour-un), qui le présente comme le présentable en tant que tel, en même temps qu'il le rend irreprésentable (dans la structuration). Dans sa logique interne, tout cela nous montre aussi qu'on peut dire – *a posteriori* (dans une postériorité réfléchie, rétroactive) – que l'irreprésentable rend possible la représentation, dans laquelle néanmoins il se perd. En effet, ce n'est que du point de vue de la représentation qu'on peut nommer un irreprésentable, qui est, en même temps, le représentable, c'est-à-dire la condition de la représentation elle-même.

En ce sens, si « vide » est le nom propre de l'être pur comme pure multiplicité, si donc « l'ontologie ne peut être, en un certain sens, théorie *que* du vide » (EE, 70), il faut souligner que le vide est rien seulement

---

[5] Et, de ce point de vue, Giorgio Agamben peut justement souligner que la pensée de Badiou est une pensée rigoureuse de l'exception, c'est-à-dire de l'inclusion sans appartenance (*Homo sacer. Il potere sovrano e la nuda vita*, Torino, Einaudi, 1995, p. 30).
[6] Dans cette interprétation, il faudrait remettre en question le statut du «et» entre être et événement. Comment peut-on maintenir, comme le voudrait Badiou, sa valeur disjonctive ? Il nous semble que cette disjonction se profile, au fond, entre une sorte d'extra-temporalité de l'être (en tant que multiplicité pure et, en même temps, principe du compte-pour-un) et la structuration temporelle de l'événement. En d'autres termes : le passage du multiple pur à sa structuration n'est pas de l'ordre du temps. Celui-ci ne concerne que la dimension événementielle, dans la mesure où l'événement lui-même renvoie à une opération intervenante. Reste que, dans la structure logique que nous venons de dégager, les deux termes tendent à s'assimiler. Et ceci peut-être aussi au-delà des intentions de Badiou lui-même (en effet, l'assimilation des deux dynamiques pourrait amener à temporaliser l'être luimême, ce qui ne serait pas accepté par Badiou).

comme corrélat de l'effet global de la structure. Ici, on trouve déjà le *renvoi essentiel à la dimension de l'événement*. En fait, écrit Badiou, « pour qu'advienne un repérage du vide, et donc un certain type d'assomption intrasituationelle de l'être-en-tant-qu'être, [c'est-à-dire, pour que dans la situation on puisse repérer l'imprésentable condition de toute présentation, ce qui est forcément serré dans la co-implication immanente du présentable et de l'irreprésentable], il faut un dysfonctionnement du compte, lequel s'induit d'un excès-d'un. L'événement sera cet ultra-un d'un hasard, d'où le vide d'une situation est rétroactivement décelable » (EE, 69). En d'autres termes : dans la dynamique d'oscillation entre multiplicité inconsistante et multiplicité consistante, dans cette co-implication, on reconnaît la dynamique de la procédure de fidélité post-événementielle à l'événement, procédure qui s'articule dans la figure temporelle différée du « futur antérieur ».[7] « La procédure de décision requiert un certain degré de séparation préalable d'avec la situation, un coefficient d'imprésentable » (EE, 223).

De toute façon, la logique de la récursivité de Badiou s'articule entre trois termes (où chacun est comme la limite des autres, limite qui les sépare en les faisant rebondir réciproquement). Les trois termes sont : représentation, représentable, imprésentable. Sans un représentable, aucune représentation. Par définition la représentation renvoie à quelque chose qu'on suppose être représentable. Mais il faut dire aussi l'envers. Car, sans la projection rétrograde de la représentation, le représentable ne pourrait jamais être nommé comme tel. Il faut par conséquent introduire, dans la dimension du représentable, un élément qui se soustrait à la possibilité de représentativité, un imprésentable de principe. Donc : sans imprésentable, aucun représentable[8]. Mais enfin, puisque cet imprésentable n'est entrevu qu'à partir de la représentation, il faut dire aussi : sans représentation, aucun imprésentable. On doit donc poser, en même temps, la double dimension d'une infinie représentabilité et de sa radicale imprésentabilité, qui, dans sa torsion immanente, rend possible toute représentation à laquelle, bien entendu, les deux ne se réduisent pas.[9]

---

[7] Notamment, le futur antérieur (dans la forme « aura eu lieu ») renvoie la vérification de l'événement à son à-venir toujours différé. On retombera dans la suite de cet article sur ce sujet.
[8] « L'événement n'est pas en effet interne à l'analytique du multiple. En particulier, s'il est toujours localisable dans la présentation, il n'est pas comme tel présenté ni présentable. Il est – n'étant pas – surnuméraire » (EE, 199).
[9] On a là, à notre avis, un des points cruciaux pour une possible confrontation entre la philosophie de Badiou et celle de Gilles Deleuze. En effet on retrouve, dans la philosophie deleuzienne, la même articulation entre trois termes, qui jouent un rôle fondamental par rapport à la notion d'événement, comme par rapport à la dynamique du plan d'immanence. A titre d'exemple, on peut se référer au basilaire deuxième chapitre de *Différence et répétition*, là où on pose pour la première fois la notion positive de la différence pure (notion conçue, notamment, en termes de temporalité) et où on trouve, justement, la même corrélation de la

Fabio Agostini – Logique récursive et événement politique

Or, la dimension fondamentale de la représentation est ce que Badiou appelle « état de la situation », ou métastructure. Ce que cette métastructure représente, c'est la situation, c'est-à-dire la présentation saisie par le biais de sa nécessaire structuration. Qu'est-ce que, en effet, une métastructure ? C'est justement l'effet d'une deuxième structuration, articulée sur la situation, atteinte dans sa dimension déjà structurée. C'est la fixation de l'oscillation entre la présentation et son imprésentable. En ce sens, le passage à la métastructure est « une opération en excès *absolu* sur la situation elle-même » (EE, 98) : c'est-à-dire, un « écart entre la présentation simple et cette espèce de re-présentation qu'est le compte-pour-un des sous-ensembles » (EE, 100). En d'autres termes : au-dessus des trois termes dont on a montré la torsion réciproque, se constitue une dimension ultérieure, celle de la métastructure. Celle-ci re-présente le côté structuré de la triade imprésentable-représentable-représentation. A ce deuxième niveau de la représentation (étant donné que la métastructure est une représentation de la représentation), ce qui est conjuré est bien l'imprésentable. Mais celui-ci (et on le verra sur le plan politique) ne cesse pas de hanter (au moins comme potentialité non prévisible) la dimension de la représentation, sans que la métastructure puisse l'éliminer définitivement de son action.

La question de la métastructure est très importante à cause de ses implications dans la dimension politique, car l'Etat lui-même est une forme de métastructure.[10] « L'Etat est simplement la nécessaire métastructure de toute situation historico-sociale » (EE, 122). Il travaille au niveau des *parties* de la situation et « son office est de qualifier une par une toutes les compositions de compositions de multiples dont la situation, c'est-à-dire une présentation historique déjà structurée, assure, pour ce qui est de ces termes,

---

détermination et de l'*indéterminé* en fonction de la ligne de *déterminabilité* tracée comme ligne du temps. Dans l'articulation des trois formes de synthèse passive du temps analysées par Deleuze, on reconnaît le mouvement des trois termes. La première synthèse (le présent vécu), forme de contraction du temps qui constitue les signes du monde vécu, c'est la *détermination* actuelle du monde. La deuxième synthèse (le passé pur), nécessaire pour expliquer le passage du présent et son devenir passé, constitue l'être déjà là du monde dans son *indétermination* virtuelle. Indéterminé par rapport aux déterminations actuelles, il est néanmoins intrinsèquement différenciel. Et, étant donné qu'entre l'actuel et le virtuel il faut attribuer une très grande importance au trait disjonctif et en même temps inclusif, ce trait n'est tracé que par l'événement, c'est-à-dire par la troisième synthèse passive du temps, la césure, dimension ordinaire du temps et de la *déterminabilité* (symbole qui contient les deux plans dans une coalescence du passé et du présent en perspective d'une ouverture de l'avenir). C'est bien évident que la conception temporelle de l'être dans la philosophie de Deleuze la rend, dans son fondement, irréconciliable avec celle de Badiou, laquelle disjoint le plan de l'être et celui du temps (ceci n'étant déclenché qu'à partir de l'événement). En d'autres termes : dans la perspective deleuzienne, il n'a pas de sens de dire Être *et* événement, car l'être *est* l'événement, celui-ci étant conçu, avant tout, en termes de temporalité (d'où on infère que l'être lui-même est pensé, avant tout, comme plan de temporalité).

[10] La méditation IX de *L'être et l'événement* (*L'état de la situation historico-sociale*) constitue explicitement une exemplification empirique de la méditation VIII (*L'état, ou métastructure, et la typologie de l'être*).

la consistance générale » (EE, 122). Donc, l'Etat « *re-présente toujours ce qui a déjà été présenté* » (EE, 123) ; déjà présenté, c'est-à-dire aussi déjà structuré. En effet, il y a une *liaison* essentielle entre la structuration de la société et l'organisation étatique qui gère administrativement la société elle-même. Mais, en même temps, il y a une séparation qui s'explicite dans les formes coercitives de l'Etat.[11]

Or, *l'historicité concerne la dimension sociale, et non pas la dimension étatique* (EE, 194). Cela signifie que, historiquement, on a avant tout des multiplicités, des multiplicités structurées bien que pas encore représentées au niveau étatique. C'est-à-dire qu'on a la société et ses singularités.[12] Mais comment l'historicité se déroule-t-elle en suivant la ligne des singularités et, encore plus, en suivant la ligne de ce qui, dans sa singularité, se soustrait à la métastructure étatique ? Où se passent les moments et les césures historiques ? Dans les *sites événementiels*, qui sont présentés sans être inclus à la situation (EE, 195).[13] Le site exprime l'événement *dans* le singulier situé, en faisant signe d'une inconsistance (du point de vue de la structure) qui affleure dans la structure. En ce sens, il est au bord du vide : non pas dans le vide (car il est situé), non pas entièrement dans la situation (car il est événementiel, il n'est pas prévisible par la structure), il agit comme la limite *de la* situation *dans* la situation elle-même. En effet, « ce qu'il y a de négatif (ne pas être représenté) dans la définition des sites événementiels interdit qu'on parle d'un site "en soi". C'est relativement à la situation où il est présenté (compté-pour-un) qu'un multiple est un site. Un site n'est un site qu'*en* situation » (EE, 196). Et c'est cette localisation nécessaire qui d'ailleurs rend toujours possible une normalisation étatique du site.

Cette dimension infrasituationnelle du site événementiel nous renvoie à des conséquences pratico-politiques tout à fait remarquables « parce qu'elles engagent une topologie différentielle de l'action. L'idée d'un bouleversement dont l'origine serait l'état de la totalité est imaginaire. Toute action transformatrice sociale s'origine *en un point*, qui est, à l'intérieur d'une situation, un site événementiel » (EE, 197). L'action politique ne peut qu'être, elle-même, à la limite infrasituationnelle.

On a gagné, à ce point, le lieu de la question concernant l'événement politique et ses conséquences pratico-politiques, lieu où on retrouve la logique récursive qu'on a mise en relief sur le plan ontologique. Premièrement, il faut souligner que l'événement, « s'il est toujours localisable, il n'est pas comme tel présenté, ni présentable » (EE, 199). Il est

---

[11] « La coercition est réciprocable à la séparation » (EE, 125).
[12] « La forme-multiple de l'historicité est ce qui est entièrement dans l'instable du singulier, ce sur quoi la métastructure n'a pas de prise. C'est un point de soustraction à la réassurance du compte par l'état » (EE, 194).
[13] Que le site soit présenté sans être inclus signifie qu'il présenté, mais les éléments dont il est composé ne le sont pas : il sont tout à fait imprésentés.

toujours émergence de l'inconsistance, quoique toujours ponctuel et local.[14] Or, c'est bien *l'émergence de cet imprésentable* qui rétroagit sur le site lui-même en le qualifiant en tant que *site événementiel*. « Un site n'est "événementiel" au sens strict que dans sa qualification rétroactive par l'événement. Toutefois, nous en connaissons une caractéristique ontologique liée à la forme de la représentation : il est toujours un multiple a-normal, au bord du vide » (EE, 200). Mais, en même temps, l'événement lui-même n'est que l'effet d'un mouvement rétrograde opéré par une intervention qui décide sur lui. « S'il existe un événement, *son appartenance à la situation de son site est indécidable du point de vue de la situation elle-même* » (EE, 202). L'attestation de vérité événementielle n'est inscrite que dans les redistributions post-événementielles mises en acte par une opération d'interprétation pratique, qui constitue ce que Badiou appelle une procédure de fidélité : « Seule une *intervention interprétante* peut prononcer que l'événement *est* présenté dans la situation » (EE, 202). Mais l'intervention elle-même assume sur soi le statut événementiel au moment où, en se disposant à la fidélité post-événementielle, elle convoque une sorte d'insistance de l'émergence (c'est-à-dire de l'imprésentable) dans la situation. En synthèse : le site sera événementiel au moment où un événement aura eu lieu (et non pas avant). A son tour, l'événement (le fait qu'il aura eu lieu) est soumis à une intervention sur l'événement lui-même, un acte de fidélité qui décide qu'il a effectivement eu lieu. Mais enfin l'intervention a elle-même un statut événementiel : elle aussi est telle dans la mesure où auront eu lieu d'autres procédures de fidélité successives.

Cette posture liminaire de l'intervention, qui de façon analogue à l'événement agit *à la limite dans* la situation, nous oblige à fissurer la dynamique de la récursivité en décidant de l'indécidable. « Car, si l'événement est erratique, et que du point des situations on ne peut décider s'il existe ou n'existe pas, il nous est imparti de parier, c'est-à-dire de légiférer sans loi quant à cette existence » (EE, 220). Et c'est justement à cause de cette dynamique que l'intervention répond à l'impératif éthique : « Décide, du point de l'indécidable » (EE, 219). La décision n'est pas légitime, elle est intrinsèquement illégale et anonyme[15] (*quodlibetal*, on dirait avec Agamben[16]) car la loi et la nomination sont toujours instances structurelles, du régime de la représentation (EE, 226-7).[17] Mais, malgré

---

[14] Il « est toujours en un point de la situation [...] concerne *un* multiple présenté dans la situation » (EE, 199). « L'événement est attaché, dans sa définition même, au lieu, au point, qui concentre l'historicité de la situation. Tout événement a un site singularisable dans une situation historique » (EE, 199-200).
[15] « Ces deux caractéristiques – illégalité et anonymat –, nous y reconnaissons aussitôt les attributs de l'intervention » (EE, 254).
[16] G. Agamben, *La comunità che viene*, Torino, Bollati Boringhieri, 2001.
[17] Et c'est pour cette raison que l'Etat voit dans l'intervention militante par rapport à l'événement « la *main de l'étranger* (l'agitateur extérieur, le terroriste, le professeur pervers).

cette fissure décisionnelle, l'intervention, en se disposant en relation intime avec l'événement, se retrouve elle-même dans une récursivité infra-événementielle. « L'intervention, d'où procède que l'événement nommé circule dans la situation, si elle est décision quant à l'appartenance à la situation, reste elle-même indécidable. Elle n'est reconnue dans la situation que par ses conséquences » (EE, 229). La logique de la récursivité événementielle se présente finalement comme une logique des conséquences.[18] D'où la dimension temporelle du « futur antérieur » qui caractérise son rapport à l'événement, duquel on ne peut que dire qu'il *aura eu lieu*.

A ce point, il faut mettre en question le statut de ces conséquences dans lesquelles s'inscrivent l'événement et la procédure de fidélité. Est-ce qu'elles peuvent être simplement du régime structurel ou métastructurel ? Est-ce que l'événement, qui malgré sa nécessaire inscription dans la situation n'y appartient pas sinon comme instance de son bouleversement, ne peut que se réaliser dans une organisation représentationnelle ? En d'autres termes : est-ce que l'illégalité de l'intervention peut se ramener au service de l'ordre et de la hiérarchie ?

Il s'agit, au-dessous de ces questions, de l'ambiguïté du rapport entre l'événement et ses formes d'effectuation, c'est-à-dire de l'inscription de l'événement dans une situation et dans les opérations du militant intervenant. Cette ambiguïté doit être mesurée par rapport à l'état des choses, étant donné que « c'est en un certain sens sur le terrain de *l'état* de la situation que la fidélité opère » (EE, 258). En effet, la procédure de fidélité agit, dans la situation, selon une fonction de sélection connective. Elle fait référence à « l'ensemble des procédures par lesquelles, dans une situation, on discerne les multiples dont l'existence dépend de la mise en circulation [...] d'un multiple événementiel » (EE, 257). En agissant perpétuellement dans le régime de ses conséquences, l'intervention se retrouve dans une position ambiguë à cause du fait que, du point de vue de son résultat ou de l'être, elle se dispose comme une partie finie d'une situation (c'est-à-dire sur un niveau structurel, d'ordre, sur un plan étatique), pendant que, du point de vue de son

---

Il est sans importance que les agents de l'état croient ou non à ce qu'ils disent. Ce qui compte est la nécessité de l'énoncé. Car cette métaphore est en réalité celle du vide lui-même : de l'imprésenté *opère*, voilà ce que l'état en vient à dire, par la désignation d'une cause extérieure à la situation. L'état colmate l'apparition de l'immanence du vide par la transcendance du coupable » (EE, 230-1).

[18] Dans cette logique des conséquences, l'intervention agit comme ce qui mène le passage entre deux événements. « Pour éviter le curieux renvoi en miroir de l'événement et de l'intervention – du fait et de l'interprétation -, *il faut assigner la possibilité de l'intervention aux conséquences d'un autre événement*. La récurrence événementielle est ce qui fonde l'intervention, ou : il n'y a de capacité intervenante, constitutive de l'appartenance d'un multiple événementiel à la situation, que dans le réseau des conséquences d'une appartenance antérieurement décidée. L'intervention est ce qui présente un événement pour l'advenue d'un autre. Elle est un entre-deux événementiel » (EE, 231-2).

opération, elle outrepasse toujours l'état de choses donné (et, de ce côté, elle est dite justement révolutionnaire). « La fidélité touche certes à l'état, pour autant qu'on le pense dans la catégorie de résultat. Mais prise au ras de la présentation, elle reste cette procédure inexistante pour laquelle *tous* les multiples présentés sont disponibles » (EE, 261).

C'est à cause de cette ambiguïté que Badiou pose une exigence de désétatisation, de désinstitutionalisation de la fidélité elle-même, afin de ne pas confondre l'activité militante, l'action et la pensée politique, avec leur réduction étatique et structurelle. Ou bien, nous dit aussi Badiou, pour ne pas confondre la vérité mise en jeu par une fidélité post-événementielle et l'encyclopédie d'une situation (état fixe d'un savoir). La politique, pensée sous sa catégorie événementielle, est irréductible aux structures de représentation, mais aussi à celles de la situation elle-même. Elle convoque, par conséquent, « des "changements" de la subjectivité politique dans la situation » (EE, 375) ou, pourrait-on aussi dire, une *action directe*, là où chacun, dans une collectivité, ne représente que l'avoir lieu d'une rupture avec l'état des choses, en connexion dispersive avec d'autres points de ruptures.[19] Et, si l'Etat constitue la fixation métastructurelle d'une situation, avec ses dénominations légales et globalisantes, l'action politique s'inscrit nécessairement dans l'anonymat, l'illégalité et la dimension ponctuelle.

C'est bien en ce sens que les événements politiques convoquent « le vide du social au défaut de l'Etat » (EE, 375). En effet, il ne suffit pas de dire que les productions politiques se déploient dans une forme d'indiscernabilité par rapport à l'Etat ; il faut souligner aussi que, *dans* une situation sociale, et spécifiquement dans une situation concernant une collectivité générique (c'est-à-dire sans caractère et prétention d'identification), l'événement politique est ce qui y fait affleurer les éléments qui se soustraient à l'ordre donné de la situation elle-même. Quoi qu'il s'agisse d'une « activité militante organisée », il ne s'agit pas d'un facteur préliminairement organisable. Bref, il s'agit d'une apparition désordonnée, qui ne connaît d'organisation que dans la contingence de son émergence ponctuelle.[20]

---

[19] En ce sens, « une fidélité non institutionnelle est une fidélité qui est apte à discerner des marques de l'événement au plus loin de l'événement lui-même » (EE, 262).

[20] On peut essayer, à ce point, de se plonger pour un moment dans une situation concrète, pour y dégager l'éventuelle émergence d'un événement politique. Plongeons-nous, de passage, à Gênes 2001. Est-ce qu'il y a eu événement politique ? Est-ce qu'il y a eu l'émergence ponctuelle d'une pure inconsistance du multiple, qui, dans l'anonymat et dans l'illégalité, a mis en être des actions irréductibles aux structures de la situation ? S'il y en a eu, cela doit avoir été *à la limite dans* la situation. Sûrement, non pas du côté métastructurel étatique, ou ultra-étatique, qui procède de plus en plus dans sa prétention de transcendance. Mais non plus simplement *dans* la situation, c'est-à-dire dans l'organisation du mouvement de la société civile. En effet, cette organisation, dans son inspiration social-démocratique, s'est déployée dans une structure (quoique fluide et imaginée dans la forme de réseau) qui n'a su poser, au fond, que la question de la représentativité, en se disposant forcément dans une dialectique de la reconnaissance par rapport à ce qu'elle aurait prétendu contester (la surdétermination métastructurelle du G8). Elle n'a su poser, au fond, qu'*une question de*

Situations et ontologie

Dans cette perspective de lecture, qui d'ailleurs consonne avec de nombreuses affirmations de l'*Abrégé de métapolitique*, demeure une question fondamentale et, peut-être, préliminaire. Question que, ici, nous laissons ouverte et qui concerne la notion de *violence*, question qu'il faudrait affronter non pas seulement par rapport à la philosophie de Badiou, mais aussi en elle-même, dans sa possible conception philosophique. En ce qui concerne la philosophie de Badiou, il faudrait comprendre comment il est possible, en même temps qu'on introduit la notion basilaire de *forçage*, d'exclure la notion de *rapports de force* du plan politique (EE, 446), exclusion qui justifierait la destitution de l'idée de destruction du plan de consistance politique (destruction qui, d'ailleurs, jouait un rôle bien important dans *Théorie du sujet*).

Pour ce qui concerne la notion de violence en elle-même, il faudrait poser à nouveau le problème tel qu'il avait été formulé par Walter Benjamin : comment est-il possible de concevoir un concept de violence qui ne soit pas mesuré par rapport à son but et, enfin, par rapport à ses effets à-venir ? Comment peut-on poser la question de la violence au dehors du circuit de la violence qui conserve (l'ordre donné) et de la violence qui pose (un ordre nouveau) ? L'idée de *moyen pur* qui en résulte, à son tour, nous pose à nouveau face à la problématique de l'effectuation de l'événement. Ne s'agit-il pas, plutôt, d'une disposition à se colloquer *dans* l'événement, dans sa pure immanence ?

Au risque d'être taxés de spontanéisme, il nous semble que dans la logique de Badiou, pour laquelle l'effectuation de l'événement coïncide avec un devenir-vrai projeté dans un futur antérieur, il y ait une tendance à se renfermer soit dans la perspective du cercle entre la fixation de l'état des choses et sa transformation graduelle de l'intérieur (laquelle, notamment, commence par accepter et confirmer ce qui est), soit dans la volonté d'un ordre nouveau. L'histoire des effets post-événementiels, n'est-elle pas plutôt la dynamique d'un *devenir-faux*, qui, quoiqu'on ait posé et compris la

---

forme, dans le but de toucher des contenus concernant les collectivités génériques. Peut-être, s'il y a eu événement politique, il faudrait le chercher du côté des singularités quelconques des actions « barbares » de destruction, du côté de ce que la bêtise journalistique a dû forcement nommer de quelque façon, en choisissant la fantomatique expression « Black Block » (en confirmant, ainsi, la nécessité étatique de dénomination et de repérer la « main de l'étranger » au-dessous des événements politiques). Mais quelles ont été les conséquences de cette irruption événementielle et de sa réappropriation de la violence? Dans l'immédiat, on a eu la mise à nu du visage répressif et meurtrier du dispositif policier étatique. Mais, aussi, on a eu le déguisement du mouvement lui-même, qui, d'un côté, n'a su se faire appel qu'à l'Etat pour la vérité et la justice (en demandant, d'ailleurs, de distinguer les mauvais flics des bons !), pendant que, de l'autre côté, il n'a pu qu'accentuer et augmenter son organisation structurale. C'est pour cela que, nous semble-t-il, Gênes 2001 nous pose sérieusement la question concernant les possibilités concrètes et les façons de fidélité et d'intervention par rapport à l'événement lui-même, c'est-à-dire la question de l'affirmation libertaire de rupture avec les liaisons étatiques et structurelles et, en général, celle de la rupture avec ce qui est à partir d'une rupture avec soi-même.

nécessaire inscription situationnelle de l'événement, nous pose aussi la nécessité, comme aurait dit Deleuze, d'opérer une *contre-effectuation* dans la répétition différentielle de l'événement lui-même, pour en dégager la vérité éternelle ?

En d'autres termes : c'est la notion de fidélité qui, au fond, nous semble faire problème, en nous exposant au risque de confondre le devenir-révolutionnaire avec le devenir des révolutions. Ou encore : c'est sur la différence entre dignité et fidélité qu'il faudrait insister (différence fondamentale sur laquelle se trace, à nouveau, la divergence de la perspective finale entre la philosophie de Badiou et celle de Deleuze). Etant donné l'imprescriptible inscription de l'événement dans une situation, qui s'ouvre à partir de l'événement lui-même, la fidélité risque toujours de se tourner en trahison. En effet, si dans l'événement c'est un imprévisible devenir-autre qui est en jeu, la procédure de fidélité implique, au contraire, une sorte de processus d'identification. C'est au niveau de l'événement lui-même, dans la ponctualité illégale de l'action imprévisible, qu'on mesure par contre la *dignité* de ce qui nous arrive. « Etre dignes de ce qui nous arrive » indique un tout autre territoire éthique, une toute autre forme d'expérimentation.

Edoardo Acotto
SUR LA VIOLENCE AVEC UN *NON* PREALABLE

Nous commençons par la fin (et n'irons pas jusqu'au début), car la dernière partie du bel article de Fabio Agostini retient toute notre attention. La reconstruction faite par Agostini de la logique-métaphysique récursive badiousienne est puissante et complètement convaincante : il nous semble qu'elle nous permette de mieux comprendre bien des points qui restaient quelque peu obscurs à l'intérieur du discours clos de Badiou.

Mais comme parfois on reste prisonnier (tels la mouche wittgensteinienne dans la bouteille) du système philosophique que l'on s'acharne à commenter, dans notre cas au contraire y a-t-il peut-être une possible ligne de fuite du bâtiment philosophique badiousien (dans notre intervention nous l'avons comparé à une pyramide sens dessous-dessus).

Le point d'ouverture est justement dans la fin de l'intervention d'Agostini. Il déclare la nécessité d'étudier, à l'intérieur de la philosophie de Badiou – mais pas seulement – la question de la violence. Nous sommes bien d'accord : la violence est certes un thème central de la philosophie, et d'ailleurs, à la différence de son contraire, elle a déjà été beaucoup traitée. Nous voyons d'ailleurs ici un indice d'une décision philosophique préalable et silencieuse chez Agostini, qui évidement pense à *un genre précis de pensée philosophique de la violence*. On pourrait d'ailleurs soutenir que la vraie question philosophique c'est plutôt la nonviolence.[1]

La pensée de Badiou n'y est pas pour rien dans le thème de la violence, et Agostini nous sollicite à nous exprimer là-dessus. Pour que ce ne soit pas une simple juxtaposition de goût philosophique (*moi, violence – toi, nonviolence*) il faut bien qu'en philosophie il y ait la possibilité de communiquer. Possibilité exclue et pourtant bien pratiquée par Gilles Deleuze (dont Agostini est un grand connaisseur), qui à notre sens est l'un des plus grands communicateurs philosophiques du XXe siècle. En dépit de l'excommunication deleuzienne (on nous pardonnera le jeu de mots) sans doute pleine de sens dans son contexte historique et discursif, la communication est sans doute LA possibilité par excellence de la philosophie et des sciences humaines. A quoi bon philosopher si ce n'est pour communiquer avec d'autres êtres, des êtres normalement humains mais pas forcément ?

---

[1] Comme le fait par exemple J.M. Muller, *Le principe non-violence*, Désclée de Brouwer, 1995 : «L'option pour la non-violence apparaît comme l'événement primordial qui inaugure la connaissance philosophique».

Par communication il ne faut pas entendre ni herméneutique ni simplement dialogue, qui est désormais une notion trop idéalisée. En cognitiviste matérialiste le grand anthropologue Dan Sperber, entre autres, nous enseigne que la communication est une modification du milieu matériel du locuteur et de l'écouteur, et une transformation dont l'écouteur perçoit l'intention du locuteur. Communiquer signifie transformer intentionnellement le contexte réel de la communication, (essayer d')avoir des effets contextuels plus ou moins grands.

La question des effets politiques d'une pensée semble être au cœur des préoccupations d'Agostini, comme de celles de Badiou. C'est bien la question principale de chaque philosophie politique au sens large, c'est-à-dire aussi d'une certaine esthétique « engagée » jusqu'à l'ingénierie sociale. Les effets d'une pensée sont de quelque façon son épreuve. Pour Badiou une politique est l'ensemble des effets qu'un sujet fidèle est capable de tirer d'une vérité. Ainsi Badiou prétend « mettre à l'épreuve » les événements, qui n'existent que dans leurs effets, témoignés par les sujets-de-verité qui s'en font *upokeimenon*.

Or, il nous semble qu'effectivement les philosophies puissent être évaluées aussi par leurs effets *réels*. Toutes les philosophies n'ont pas d'effet sur le réel social, mais certaines (il y en a qui) en ont beaucoup (nous sommes aussi bien disposés à considérer des cas particuliers de « philosophie » d'origine orientale, désormais « universalisante », comme le bouddhisme, le zen, le taoïsme...)

La nonviolence est tout d'abord communication et il est tout à fait cohérent que ceux qui ne peuvent pas croire à la communication philosophique ne croient pas à la possibilité de pratiquer la nonviolence avec efficacité. Styles philosophiques différents et inconciliables, dirions-nous, mais l'enjeu est pratique et se fait sur notre chair. La « cruauté » postmoderne ne nous a pas encore vaincus, et les sirènes néomarxistes sont en train de s'éteindre pour nos oreilles (et pour d'autres aussi d'ailleurs). Mais nous ne croyons pas que les deux alternatives opposées soient le *capitaloparlamentarisme* dont parle Badiou ou l'anarco-barbarie violente évoquée par Agostini d'après un pamphlet italien qui développe la figure des « nouveaux barbares » (de façon fortement critique contre cette même figure telle qu'elle apparaît dans *Empire* de Negri-Hardt).[2] La nonviolence et l'anarchisme (qui pour nous sont tout à fait solidaires même si à ce propos il y a un *déficit* de théorie) constituent à notre sens une double possibilité, un « tiers exclu » et refoulé qui ne rentre pas normalement dans le jeu linguistique de la politique postmoderne.

Nous croyons que les termes de la question posée par Agostini à propos de la violence politique et métaphysique ne trouvent pas le juste terrain dans la philosophie « continentale ». Nous croyons que le cognitivisme d'un

---

[2] Crisso Odoteo, *Barbari. L'insorgenza disordinata*, Imprimerie Générale de Châtillon sur Seine, 2002.

Edoardo Acotto – Sur la violence avec un *non* préalable

Noam Chomsky soit bien plus libertaire que la métaphysique « anarchiste » et le nomadisme désirant. Ne serait-ce que pour ses effets pratiques, car même si Deleuze, il faut le répéter, a été un grand communicateur, le résultat positif de cette communication n'a pas été grand-chose sur le plan politique (évidemment c'est un regret, et non pas un plaisir de devoir avouer ça). En réalité il n'y a pas de mouvements politiques sur une échelle planétaire qui se réfèrent à Deleuze, Derrida, Badiou ou Agamben.

Mais revenons à la question de la violence. Ce n'est pas une question de métaphysique préscriptive : nos dispositifs cognitifs se sont évolués, ce qui permet de bien identifier *ce que c'est* (question d'ontologie naïve) la violence. Nous croyons qu'aucune philosophie intéressante ne peut s'édifier aujourd'hui sur des sophismes concernant cette question. Agostini considère justement que la violence est une question centrale pour la philosophie, mais nous pensons qu'il faut ajouter : parce qu'elle pose la question de sa réduction pratique (non-étatique[3]), c'est-à-dire la nonviolence.

Le théoricien et militant nonviolent J.-M. Muller a écrit que « l'option pour la non-violence apparaît comme l'événement primordial qui inaugure la connaissance philosophique. L'architecture qui structure la philosophie (...) repose sur l'exigence de la nonviolence ». Ce jugement est probablement empiriquement inexact. La philosophie est une activité, comme le pensait Wittgenstein : comme toute autre activité elle peut être plus ou moins violente ou nonviolente. C'était une bonne suggestion celle de Badiou, qui proposait (dans son cours de DEA de 1998) que la philosophie abandonne l'imaginaire et le lexique de la guerre pour faire ses propres exercices. Il y avait peut-être là une pensée de la nonviolence *in nuce*, ou du moins une orientation nonviolente de la pensée que Badiou (théoricien récent de la nécessité de la Terreur pour chaque révolution) n'a jamais développée. Mais c'est un point tout à fait intéressant de sa philosophie qu'il faudrait peut-être reprendre à nouveau.[4]

L'intervention de Fabio Agostini sollicite d'ailleurs un point majeur de la philosophie badiousienne, c'est-à-dire la relation que cette philosophie établit entre destruction (ontique) et création (ontologique). Sur le plan de

---

[3] On n'a pas le temps ici d'expliquer pourquoi la nonviolence *est* non-étatique, donc *anarchiste*, mais il suffit de rappeler qu'il ne peut pas avoir d'Etat sans violence gérée en forme de pouvoir, donc un Etat nonviolent serait une contradiction *in adjecto*.

[4] Personne ne songe que le passé maoiste de Badiou puisse le séparer à jamais de la nonviolence, laquelle a pour véritable essence la lutte contre toute injustice. Certains commentateurs ont d'ailleurs fait le rapprochement entre Gandhi et le maoisme (et même l'anarchisme).
Mais il faut aussi dire qu'à partir de la guerre au Kosovo, cas de figure de la violence étatique militaire/policière «postmoderne», Badiou ne s'est pas efforcé de fournir une ligne de pensée pour les problemes posés par les conflits réels. Dans une interview au *Monde* il se bornait à soutenir qu'il fallait «résolument ne rien faire». C'est bien trop insatisfaisant pour les partisans de la nonviolence, pour les philosophes... et même pour le sens commun des hommes ordinaires («les gens pensent» est un axiome politique de Badiou...)

l'imaginaire, l'opposition destruction/création correspond à l'opposition violence/nonviolence. Dans *L'Être et l'événement*, Badiou avait fait son deuil conceptuel concernant le thème de la destruction :

> je m'étais, je dois le dire, un peu égaré, dans *Théorie du sujet*, dans le thème de la destruction. Je soutenais encore l'idée d'un lien essentiel entre destruction et nouveauté. Empiriquement, la nouveauté (politique, par exemple) s'accompagne de destructions. Mais il faut bien voir que cet accompagnement n'est pas lié à la nouveauté intrinsèque, laquelle est toujours au contraire une supplémentation par une vérité. *La destruction est l'effet ancien de la supplémentation nouvelle dans l'ancien.* On peut bien savoir la destruction, y suffit l'encyclopédie de la situation première. Une destruction n'est pas vraie, elle est savante. Tuer quelqu'un relève toujours de l'état (ancien) des choses, ce ne peut être un réquisit de la nouveauté. Une procédure générique circonscrit une partie indiscernable, ou soustraite au savoir, et ce n'est qu'à fusionner avec l'encyclopédie qu'elle se croit autorisée à réfléchir cette opération comme celle du non-être. Si on confond indiscernabilité et pouvoir de la mort, on défaille à soutenir le procès de la vérité. L'autonomie de la procédure générique exclut toute pensée en termes de « rapports de force ».[5]

Il ne s'agit pas d'une condamnation de la destruction, mais de l'élucidation de sa secondarité ontologique par rapport à l'événement. L'événement-vérité n'exclut pas selon Badiou la destruction : simplement elle lui est indifférente. Cela encore pourrait être un bon point de départ pour une pensée nonviolente « stratégique » qui poserait que la nonviolence n'est pas utile (pour créer du nouveau), mais qui n'arriverait pas encore à soutenir que *la nonviolence est un bien en elle-même car elle amoindrit la quantité totale de destruction* (c'est la position en même temps pragmatique, métaphysique et éthique de la nonviolence).

L'affirmation badiousienne selon laquelle il faut ne pas penser en termes de *rapports de force* est pleinement compatible avec la nonviolence, qui pose qu'il faut éviter toutes les oppositions pratiques du type Majeur-Mineur (Pat Patfoort). Il s'agit à notre avis d'une idée éthique forte et importante. Sauf que chez Badiou cette idée reste complètement théorique, comme si « rapports de force » n'était pas un nom pour désigner des conflits entre êtres humains en chair et os, mais plutôt des états de choses et une ontologie annexe. C'est tout le problème d'une philosophie anti-communicative qui perd de vue le monde empirique des êtres humains concrets, l'être-avec des *être-là* que nous sommes.

---

[5] Alain Badiou, *L'Etre et l'événement*, Paris, Editions du Seuil, 1988, p.446

Edoardo Acotto – Sur la violence avec un *non* préalable

Pour se soustraire concrètement aux rapports de force (ce qui n'est jamais possible intégralement car ce n'est pas une question de logique mais de pratique) il faut bien que certains êtres humains impliqués dans des conflits *évitent des comportements violents*. Quelqu'un doit commencer la nonviolence par soi-même brisant le cercle de la violence. Pour cela, il ne faut pas une ontologie différente. Comme le dit Chomsky, les ouvriers n'ont pas attendu de lire Marx pour commencer à s'organiser entre eux pour résister aux injustices infligées par les capitalistes.

Une autre question abordée par Agostini à la fin de sa lecture de Badiou, et centrale pour la nonviolence, est celle des *moyens*. Dans le sillage de Giorgio Agamben et Benjamin, Agostini propose de les considérer *sans fin*[6]. Il nous semble comprendre que l'invention de la figure des « moyens purs ou des gestes (c'est-à-dire des moyens qui, même restant tels, s'émancipent de leur relation à une fin) »[7] est faite dans l'intention de sortir de la logique classique de l'éthique-politique occidentale selon laquelle (au moins à partir de la vulgarisation de Machiavel) *les fins justifient les moyens*. Mais la stratégie d'indistinguer les moyens et les fins – rendant les fins tellement immanentes aux moyens et les moyens aux fins que les deux disparaissent en tant que tels – ne nous semble pas du tout praticable. Déjà chez Benjamin la proposition de considérer la violence *pure*, c'est-à-dire ni révolutionnaire (violence qui institue un ordre nouveau) ni conservatrice (violence du pouvoir qui se conserve), nous semble n'aboutir qu'à une forme particulière d'*onto-théologie*. Donc à une métaphysique préscriptive *mystique*, insoutenable d'après un point de vue philosophique qui ne coupe pas avec le monde tel que les sciences expérimentales nous le décrivent (de façon plurielle et constructiviste tant qu'on veut).

Dans la perspective de la nonviolence, par contre, il doit y avoir *homogénéité entre les moyens et les fins*, car des fins bonnes ne peuvent pas être obtenues avec des moyens mauvais (le moyen transformerait la fin). Ainsi l'hétérogénèse des fins est escomptée dès le départ, et pratiquant des actions nonviolentes, on peut se concentrer avec parfaite force d'esprit sur des moyens *bons en eux-mêmes*. La nonviolence prescrit une sorte de « technologie éthique » et une stratégie d'action.

Dans *l'Éthique* Badiou proclame que le bien existe, et que ce bien est la vérité, ou mieux les vérités. C'était un pas théorique très important pour la pensée de la nonviolence qui se soutient aussi d'une éthique de la vérité (le nonviolent italien Aldo Capitini disait : *nonmensonge*). La position de Badiou était assez compatible avec l'éthique gandhienne de la force-vérité (*satyagraha*), qui nous semble la seule capable de nous faire « sortir » du cercle de la pensée et de la pratique occidentale de la violence.

---

[6] Cfr. Giorgio Agamben, *Mezzi senza fine*, Milano, Bollati Boringhieri, 1996.
[7] *Ibid.*, p.10.

Situations et ontologie

Il est possible que l'opposition entre violence et nonviolence soit réellement trop nette pour être recomposée par un simple discours théorique. Bertrand Russell disait qu'il n'y a pas d'arguments philosophiques pour convaincre un sceptique de l'existence du monde : sans doute il n'y en a pas pour convaincre un « violent » (un non-nonviolent) de la nécessité pratique et de la bonté éthique et théorique de la nonviolence. Mais nous pouvons toujours nous efforcer de communiquer avec l'adversaire (même un Hitler, même un Saddam Hussein, même un Bush), espérant le persuader et étant disposés à faire des compromis honorables. Dans le double devenir de la communication[8] quelque transformation peut se produire qui améliorera toutes les parties prises dans la relation.

Il faut être prêts à (se) changer. Quand Agostini évoque, dans la dernière note de son texte, « la rupture avec ce qui est, à partir d'une rupture avec soi-même » nous voulons lire cela comme l'invitation aussi à la rupture (nonviolente) avec nos violents pères philosophiques, à l'abandon du cercle de la violence métaphysique occidentale. Si cela semble philosophiquement naïf, la nonviolence revendique cette naïveté (et Deleuze de se dire naïf et innocent…).

Même dans l'hypothèse qu'il n'y ait pas de relation possible entre le nonviolent et le « violent »[9], n'était-ce pas Gilles Deleuze, le pop-philosophe, le communicateur de philosophie pour les masses, qui répétait depuis Blanchot : le non-rapport est encore un rapport ?

---

[8] Bien entendu : nous pensons à une communication nonviolente mais non-étatique, la plus éversive possible, en un seul mot : *anarchiste*.
[9] La nonviolence absolue est impossible. Chaque nonviolent est toujours en quelque mesure violent, à cause du simple fait d'exister (même les végétariens détruisent des formes de vie pour les manger), comme l'avait dit Gandhi. Le problème est donc celui de réduire au maximum la violence.

Sophie Gosselin
LA PAROLE MANIFESTE

> « Nous demandons *au matérialisme* d'inclure ce dont nous avons besoin, et dont le marxisme a toujours fait, fût-ce sans le savoir, son fil conducteur : une théorie du sujet.
> Le texte inaugural s'intitulait *Manifeste du parti communiste* »[1].

Badiou en appelle à une théorie du sujet. De quel sujet est-il question : d'un sujet révolutionnaire à venir que la théorie aurait pour but de penser ou du sujet de l'énonciation qui en appelle à sa propre théorisation ? Ce sujet est-il l'objet de la théorie ou son sujet ? Sans doute ces deux sujets se croisent et se confondent, mais le premier tend à masquer la présence, l'identité et la fonction du second. Qui est le « nous », le sujet qui « demande au matérialisme d'inclure une théorie du sujet » ? Quel est le sujet qui parle et qui en appelle au sujet ? Cette question est posée par le matérialisme à Badiou. Qui parle ? C'est la question posée par Marx et Engels dans *l'Idéologie Allemande* : la vérité de la parole réside dans le qui parle et où, c'est-à-dire d'où parle-t-il, depuis quel horizon, depuis quel positionnement dans l'espace social et politique : capitaliste ou prolétaire ? Le *lieu* de la parole est défini par la position politique et sociale de celui qui parle, c'est un lieu qui se dessine sur les fronts d'un affrontement.

A Badiou de répondre à l'ouverture de sa *Théorie du sujet* :

> « M'introduire dans *ton* histoire », c'est bien ce que visent, lecteur, les pré-faces, bien nommées d'avoir à fournir un profil de ce qu'elles précèdent.
> Je n'ai rien à profiler, sinon la certitude où je suis, et dont tout ce labeur témoigne, que le philosophe moderne est – disait il y a si longtemps ! Auguste Comte – un prolétaire systématique »[2].

C'est sur la relation entre ce « prolétaire systématique » et l'élaboration d'un « système » philosophique, sur le rapport entre ce sujet de la théorie et la construction d'une théorie du sujet, qu'il s'agira ici de se pencher.

Qui parle ? Badiou s'inscrit directement dans l'héritage marxiste lorsqu'il se présente au début de sa Théorie du sujet. Cette présentation a pour but d'identifier le sujet qui parle et le lieu depuis lequel il parle. Quatre paragraphes définissent la position du « prolétaire systématique » : identification d'un qui parle ; détermination de la forme de son discours (car il s'agit d'un discours oral, d'une parole, avant d'être un écrit : cette parole a

---
[1] Alain Badiou, *Théorie du sujet*, Paris, Seuil, 1982, p. 198, (chap. Le mouton noir du matérialisme, 2ème partie).
[2] *Ibid.*, préface.

pris la forme d'un séminaire, elle s'inscrivait dans un cadre universitaire et non militant) ; description de la situation historique depuis laquelle s'énonce cette parole ; positionnement individuel face à ce contexte.

Mais cette présentation a pour lieu la préface et non une introduction. Le « qui parle » reste séparé de la théorie. Il y a rupture entre la parole du militant et l'élaboration philosophique qui théorise l'action militante. La préface est un préambule, du latin *prae*, avant et *ambulare*, marcher. Elle ne fait pas partie de la marche. Elle la précède. La marche aura pour lieu la théorie alors même que cette théorie indique pour but une marche en dehors d'elle : la marche militante. Ici se joue une articulation paradoxale de la théorie et de la pratique : la théorie se construit en se coupant de la parole qui lui a donné le jour mais aurait pour but de mettre en acte cette parole. Or c'est en tant que philosophe, philosophe moderne, que Badiou se définit comme « prolétaire systématique » et non l'inverse. Il semble y avoir simultanéité et contradiction entre deux points de départ de la pensée, la pratique militante et la pensée philosophique : l'un sert à définir le contenu de l'autre. Mais la définition pourrait, suivant le contenu de la pensée de Badiou, s'opérer exactement à l'inverse : le « prolétaire systématique » est un militant philosophe. Quel est donc le sens de cette définition ? Le sens d'une définition réside généralement dans le choix du terme de départ et son éclaircissement par une définition qui en révèle le fond non visible dans le premier choix. Or il semble ici y avoir brouillage entre le point de départ et l'éclaircissement : qui parle, le militant ou le philosophe ?

« Prolétaire systématique ». Le « systématique » vient ajouter un élément qui pourrait confirmer la primauté du philosophe sur le militant. « Systématique », le sens de ce terme reste assez mystérieux. Il nous indique cependant une voie pour comprendre, chez Badiou, le rapport complexe qui se joue entre la pensée et la pratique. Or ce rapport entre pensée et pratique passe chez Badiou par une relation non moins complexe à Marx, Marx philosophe et Marx révolutionnaire.

Le rapport que Badiou entretient à Marx se distingue radicalement du rapport qu'il entretient aux autres penseurs qu'il cite : Mallarmé, Hegel, Lacan, Pascal... La pensée de Marx semble avoir une place peu importante dans l'élaboration théorique du système de Badiou. Marx y est toujours cité comme un marxiste parmi d'autres. Et pourtant, la relation que Badiou entretient à Marx est peut-être au *fondement* de sa pensée : cette relation se joue, au premier abord, sur un autre terrain que celui du système philosophique, elle semble se jouer sur le terrain de la pratique politique. Ainsi, l'accent mis par Badiou sur la question du sujet dans la pensée de Marx semble d'abord renvoyer à la nécessité pratique d'un positionnement politique et non pas prioritairement à une nécessité théorique qui découlerait logiquement d'une lecture des textes de Marx.

Sophie Gosselin – La parole Manifeste

Pour comprendre les termes et enjeux de cette relation, il serait peut-être intéressant de développer une lecture des textes de Badiou qui consisterait, suivant une expression qu'il emploie lui-même en parlant de Freud, à « rejeter les représentations conscientes comme guides de l'investigation du sujet, et opérer de biais, par interruption interprétative, sur les indices erratiques »[3]. Chez Freud ces indices erratiques étaient les lapsus, les rêves ou l'étrangeté des mots. Je prendrai pour indices les *opérations* de parole et de construction du discours comme révélateurs d'une subjectivité parlante et d'un contexte de parole, d'un rapport complexe dans la pensée de Badiou entre théorie et pratique : mes indices se dégagent d'un "qui" qui parle, et qui parle à partir d'un "où". Cette lecture a pour point de départ une hypothèse philosophique générale : le discours conceptuel produit par les philosophes constitue une tentative de réponse à un problème dont l'origine est pratique et non théorique.

Par *pratique* j'entends un problème posé à la conscience et à l'inconscient d'un individu dans une situation sociale, politique, historique, idéologique et symbolique donnée auquel il s'agit de faire face en produisant un système d'interprétation qui opère comme instrument d'analyse et comme grille de repères et d'orientation. Ce qui m'intéresse ce n'est donc pas tant la réponse proposée en elle-même que de dégager le problème auquel la théorie tente de répondre en suivant les *opérations* mises en œuvre dans la construction de la réponse théorique, c'est-à-dire en décomposant les mécanismes de la machinerie théorique pour dé-couvrir les lignes de fractures ou les contradictions dynamiques qui la portent et remonter à la surface les spectres qu'elle refoule pour s'édifier.

Par *problème*, je n'entends pas les difficultés de la vie quotidienne, mais *une rupture du sens* qui peut prendre la forme d'une contradiction existentielle ou d'un événement politique... La philosophie, contrairement aux autres formes de savoir, ne cherche pas à colmater la rupture à travers la production d'une prothèse signifiante, mais à prolonger cette rupture en lui donnant un *corps de sens*. Or un problème réside aussi dans ce qui distingue la pensée philosophique du savoir. Il est toujours possible, en théorie, d'affirmer une différence claire entre la démarche philosophique et la démarche savante. En pratique, cependant, au moment où s'élabore ce corps de sens, la philosophie s'appuie sur les ressorts du savoir directement branché sur la réalité problématique, elle travaille de l'intérieur du savoir pour en dégager la rupture du sens. A ce point, elle peut rester enfermée dans la machinerie du savoir et se transformer elle-même en machinerie, mais elle ne devient *pensée philosophique* qu'à partir du moment où elle déconstruit la machinerie pour affirmer un corps de sens qui ouvre une nouvelle perspective à la pensée. Le travail de lecture d'un texte philosophique

---

[3] Alain Badiou, *Peut-on penser la politique?*, Paris, Seuil, 1985, p. 88.

consiste selon nous à dégager les rapports complexes entre savoir et pensée philosophique à l'intérieur du discours philosophique même. Le savoir s'élabore comme une machinerie prothétique par le refoulement des spectres apparus depuis la rupture du sens. La pensée philosophique donne aux spectres un corps de sens par lequel ils peuvent agir sur le réel.

Or la question posée ici à Badiou réside précisément sur la relation ambiguë qu'il tisse entre savoir et philosophie. Ce qui, dans les textes d'Alain Badiou, pose problème, c'est le statut de son discours : qui parle ? De quel point de vue parle-t-il ? Dans quelle perspective ?

Le discours politique qui traverse l'ensemble de ses écrits semble appeler le lecteur à l'action, mais à la fois, le discours proprement philosophique se pose comme une pensée *sur*, une pensée qui dirait la vérité de ce qui est à travers le développement des concepts. Le discours de Badiou semble s'ancrer dans une pratique, mais à la fois il se pose dans l'absolu à travers l'évacuation de la dimension historique (réintégrée dans le système philosophique comme un concept parmi d'autres).

Il ne s'agira donc pas tant, à travers cette lecture, de déterminer la justesse des concepts badiousiens[4], qui s'avèrent souvent, une fois admis le cadre à l'intérieur duquel se développe son discours, convaincants pour décrire et analyser des situations pratiques, que d'interroger le statut de ce discours, le *point de vue* à partir duquel il s'énonce.

1975 : commence l'écriture de *Théorie du sujet* publié en 1982. 1985 : publication de *Peut-on penser la politique ?*

A ce moment historique, la génération d'Alain Badiou est confrontée à un double problème politique, double problème que Badiou analyse et auquel il tente de proposer une issue :
- le sujet politique (la classe ouvrière et le mouvement communiste) dont il est héritier est en voie de décomposition.
- ce sujet n'a plus de lieu propre : il a perdu sa patrie d'accueil (l'URSS) et l'opposition structurante de la lutte des classes se noie dans la production idéologique d'une pseudo classe : la classe moyenne.

« Théorie du sujet », « Peut-on penser la politique ? » : les titres des deux ouvrages tentent de tenir ensemble deux logiques distinctes : une logique théorique et une logique pratique. Dans les deux cas cependant, la première semble dominer l'autre et la prendre pour objet : le sujet politique est posé comme objet d'une théorie et la politique comme l'objet d'une pensée. Or le

---

[4] Pour analyser le statut du discours d'Alain Badiou, nous devons nous situer en dehors de sa pensée, c'est pourquoi nous ne reprendrons pas ses propres concepts, et que les concepts que nous développerons n'auront, ne pourront avoir, le même sens que ceux développés par Badiou, malgré l'identité des mots. Par exemple: le mot « vérité » n'aura pas dans notre lecture le même sens que dans le concept badiousien de vérité.

contenu des textes semble appeler à un mouvement inverse, à un mouvement qui mettrait la pratique au premier plan.

Dans *Peut-on penser la politique ?*, Badiou expose l'acte qui motive la production de sa pensée philosophique :
A la fin du chapitre exposant la destruction du mouvement communiste, il dit : « Nous devons refaire le Manifeste »[5], et à l'entrée du processus de recomposition qu'il engage : « Il s'agit de l'hypothèse d'une politique de la non-domination, dont Marx a été le fondateur et qu'il s'agit aujourd'hui de re-fonder »[6].

L'acte dans lequel semble s'originer sa pensée philosophique est clairement annoncé comme étant un acte politique. Cet acte politique passe par le langage, par une production discursive active : il reprend la forme de la *parole Manifeste*, parole performative, parole-acte. La reproduction active du Manifeste s'opère à travers un acte de re-fondation. Quel est le sens de ce geste de re-fondation ? De quel ordre est la re-fondation ? Est-ce une re-fondation théorique ? Quel est alors le rapport entre la re-fondation théorique et l'acte politique posé par la parole-Manifeste ?

Qu'est-ce qu'un Manifeste ? C'est une parole performative qui crée un « nous », une identité collective, du fait même de la nommer. C'est une parole qui articule une interprétation du monde (développée ou non en théorie, c'est-à-dire en machine stratégique), à une pratique, à un programme d'action qui découle de cette vision du monde. C'est une parole qui annonce un avenir par sa propre négation, par l'appel à un passage à la pratique. Son acte se limite à son énonciation : la parole-Manifeste ne peut exister au-delà de l'acte qu'elle pose. Le Manifeste est l'affirmation d'un sujet collectif dans l'espace public. Il exprime une volonté collective qui affirme un pouvoir d'action et de transformation du réel. Ce pouvoir se manifeste par l'affirmation d'un au-delà du réel actuel, c'est-à-dire par la capacité à imaginer un possible inexistant. En ce sens, le sujet qui s'affirme par la parole-Manifeste est un sujet de type cartésien : affirmation d'une volonté infinie au-delà des limites de l'entendement. L'entendement c'est ici la raison conservatrice qui ne peut voir ou imaginer au-delà de ce qui est, de ce qu'elle peut concevoir dans les limites de l'entendement. La parole-Manifeste affirme une volonté infinie par laquelle l'homme ressemble, selon les mots de Descartes, à Dieu. Seul le sujet cartésien peut transformer le monde, peut se poser comme origine et modèle du monde et faire table rase du passé à travers un geste de mise en doute radical de l'autorité présente. Le Sujet qui s'exprime dans une parole-Manifeste serait donc le sujet cartésien[7] ayant conquis la sphère publique. Or cette sphère publique est, selon l'analyse

---
[5] Alain Badiou, *Peut-on penser la politique, op. cit.*, p. 60.
[6] *Ibid.*, p. 76.
[7] Cf. René Descartes, 4ème Méditation Métaphysique.

conduite par Habermas dans « L'espace public », la sphère publique bourgeoise dont le principe organisateur est la publicité[8].

La forme Manifeste apparaît au moment où se constitue la sphère publique bourgeoise au XVIIIe siècle. La constitution de cette sphère publique correspond à un transfert du pouvoir et de la visibilité politique du monarque à l'opinion publique de la société civile constituée par la classe des propriétaires. Le Manifeste opère comme l'acte par lequel une partie de la société civile se rend visible dans l'espace public en train de se constituer. Le Manifeste opère donc comme une *image*, c'est pourquoi il pose une interprétation du monde et la place et positionnement du sujet qu'il affirme dans l'espace public découlent directement de cette interprétation. Mais la parole-Manifeste comme acte de parole publique se distingue de la déclaration, cela à deux niveaux :

- Le « nous » qui s'affirme se pose face à un « eux », identifié comme ennemi. La parole-Manifeste est une parole conflictuelle, guerrière. C'est peut-être ce qui explique l'emploi de cette forme par les mouvements « d'avant-garde ». La parole-Manifeste transforme l'espace public en espace de conflit : elle révèle le conflit latent, la guerre civile sur laquelle s'édifie le système démocratique moderne[9]. La parole-Manifeste démasque l'hypocrisie ou le consensus idéologique qui soutient le contrat social démocratique.

- L'image produite par le Manifeste n'a pas sa fin en elle-même, mais dans son dépassement pratique. En ce sens elle se distingue radicalement de l'image de type idéologique ou de ce que Badiou a appelé la *fiction*, c'est-à-dire la représentation fixée par le pouvoir, la représentation auto-référencée. Cette image se dissout dans l'acte même qu'elle initie. Le Manifeste est à la fois l'affirmation d'une visibilité et un dépassement de la visibilité dans l'invisibilité de la pratique. La dimension révolutionnaire contenue dans la forme Manifeste correspond à ce passage à l'invisible de la pratique[10]. Or nous assistons aujourd'hui à une récupération publicitaire et esthétisante de la forme Manifeste qui neutralise le conflit qu'elle a pour but de mettre au jour en la dissociant de la pratique : la forme Manifeste n'est plus une parole mais une image assimilée à de la provocation.

---

[8] Dans ce passage, nous partons de l'analyse développée par Jünger Habermas, dans son ouvrage *L'espace public* (Paris, Payot, 1978) pour développer nos propres hypohèses, notamment celle concernant le Manifeste.

[9] Le conflit latent du système démocratique apparaît notamment dans le développement de la pensée de Jean-Jacques Rousseau dont l'aboutissement dans le *Contrat Social* consiste, d'une certaine manière, dans la négation idéale de l'inégalité parmi les hommes analysée dans un ouvrage précédent celui-ci (*Discours sur l'origine de l'inégalité parmi les hommes*).

[10] Lorsque l'espace public se structure autour de l'élément de l'image, la pratique est plongée dans l'invisible. Voir sur ce point les analyses développées par Michel de Certeau dans *L'invention du quotidien 1 ; Arts de faire*, Paris, Gallimard Folio, 1990.

Sophie Gosselin – La parole Manifeste

« Re-fonder le Manifeste » donc. D'une certaine manière, Badiou tente de redonner à la parole-Manifeste son potentiel révolutionnaire.

Mais dans cette formulation, un paradoxe nous apparaît qui conditionne et détermine, selon nous, la dualité inhérente à la pensée de Badiou. Le rapport de la question de la fondation à la parole-Manifeste fait écho au rapport entre d'un côté la volonté de produire un système philosophique et de l'autre l'affirmation d'une « intervention interprétative », entre la construction d'un système d'interprétation de l'être et la question de l'événement, c'est-à-dire d'une certaine manière entre une tendance ou tentation à la *fiction* et le geste d'*interprétation*.

Il y a un paradoxe[11] à vouloir fonder un Manifeste. Quel sens peut-il y avoir à fonder un Manifeste puisqu'un Manifeste est justement la parole performative qui fonde, qui se pose comme fondement à une pensée et à une pratique. La parole Manifeste est un acte qui fait le lien entre une pensée et une pratique. Ce qui pose problème ici c'est le rapport du fondement à l'acte.

Le fondement est le résultat d'une opération, d'un acte de fondation et non l'objet d'une découverte. Mais la différence entre l'acte du Manifeste et un acte de fondation est que ce dernier oublie rétrospectivement l'acte qui l'a fondé une fois le fondement établi ; d'où l'illusion que le fondement est découvert et non produit. L'acte du Manifeste n'existe que dans la position de l'acte lui-même, il ne peut jamais oublier l'acte sous peine de se nier lui-même.

Fondement, en latin *fundamentum*, fondation, support, ou *fundare*, fonder, asseoir solidement. Le latin nous conduit vers l'image de l'architecture : la fondation est le support d'une architecture. La fondation a pour but de *fixer* une construction sur un territoire de telle manière à ce qu'elle puisse faire face aux variations de son environnement. La fondation a pour but de permettre à l'architecture de tenir toute seule sans que l'architecte ait besoin d'être là. Le Manifeste est un acte de fondation paradoxal parce qu'il implique la non-fixité ou non-immuabilité, c'est-à-dire la reproduction toujours répétée de l'acte de fondation. En ce sens, il suppose la présence nécessairement permanente de l'architecte : l'architecte est celui-là même qui vit dans les lieux et qui pour cette raison, parce qu'il s'y confronte au quotidien, doit pouvoir sans cesse les reconfigurer. L'acte de fondation du Manifeste correspondrait à de l'autogestion architecturale. La force du bâtiment autogéré ne tient pas à la solidité de ses fondations, solidité qui permet à l'architecte fournisseur de s'absenter pour d'autres commandes, mais au remodelage constant de l'architecture en fonction des changements, rencontres et déplacements. L'acte du Manifeste opère, selon

---

[11] Par « paradoxe » j'entends une apparence de contradiction qui révèle un conflit plus profond qu'une contradiction théorique.

la terminologie de Michel de Certeau[12], sur un mode *tactique* : il privilégie le jeu avec le temps à la fixation d'un espace sur un territoire défini, il produit un espace mouvant qui évolue en fonction des circonstances. L'architecte tacticien développe des techniques et opérations de construction qu'il peut déployer dans des contextes multiples. La pensée de Marx est selon nous parmi les modèles de pensée tacticienne, malgré toutes les tentatives postérieures de figer sa pensée en système et de le refouler comme un simple « produit de son temps » qu'il faudrait aujourd'hui dépasser. Cette pensée tacticienne vaut, paradoxalement, au-delà de son temps historique et cela précisément parce qu'elle est ancrée dans son propre temps historique : elle implique du lecteur un travail pour dégager les techniques et opérations de pensée par lesquelles son architecture s'élabore. L'architecte tacticien ne transmet pas aux générations futures une doctrine de pensée totalisante mais l'articulation d'une série d'opérations à se réapproprier dans son contexte propre.

L'opération tactique se distingue de l'opération de type *stratégique* qui privilégie la fondation d'un « lieu propre ». Le fondement permet ce que Michel de Certeau appelle « la victoire du lieu sur le temps ». L'opération stratégique consiste dans la délimitation d'un *espace propre* par la production d'un système clos de lois, d'un langage artificiel construit a priori qui se distingue d'un environnement indéterminé. Ce lieu sert de base à une gestion des relations avec une extériorité distincte. Si l'on transpose ce geste à la pensée d'Alain Badiou, il s'agirait à un niveau théorique de gérer son rapport à une réalité problématique et à un niveau pratique de produire un discours de vérité pour gérer son rapport à l'ennemi politique, l'ennemi idéologique.

« J'appellerai la gauche la classe de ceux qui disent toujours le vrai, la droite la classe des menteurs systématiques »[13].

Plus tard, dans *Conditions*, il met en œuvre la même stratégie argumentative mais appliquée au niveau de la philosophie :

« Il existe une définition de la philosophie.
J'ajoute qu'à mes yeux cette définition est elle-même un *invariant* historique. Ce n'est pas une définition en termes de résultat, ou la production d'une perte du sens, c'est une définition intrinsèque, qui fait qu'on distingue la philosophie de ce qui n'est pas elle, et ce depuis Platon. Et aussi qu'on la distingue de ce qui n'est pas elle, mais lui *ressemble*, lui ressemble beaucoup, et que depuis Platon on appelle la sophistique ».

---

[12] Cf. Michel de Certeau, *L'invention du quotidien*, op. cit., p. 60.
[13] Alain Badiou, *Peut-on penser la politique?*, op. cit., p 92.

Sophie Gosselin – La parole Manifeste

La construction de cet espace propre par lequel un sujet de vouloir s'isole d'un environnement permet d'assurer une indépendance par rapport aux circonstances de la réalité aporétique et aux coups portés par l'ennemi, elle rend possible « une pratique panoptique à partir d'un lieu d'où le regard transforme les forces étrangères en objets qu'on peut observer et mesurer, donc "inclure" dans sa vision[14]. Elle permet à un sujet de vouloir de se constituer en sujet de pouvoir par la maîtrise des lieux et du temps. Ainsi Badiou élabore une armature philosophique totalisante posant les conditions qui déterminent son propre discours comme son contenu, comme productrices de vérités que la philosophie se doit d'énoncer (l'amour, la science, l'art et la politique)[15] : il définit les limites de son territoire de l'intérieur, empêchant par ce geste qu'aucun événement ne puisse venir bousculer l'invariance éternelle de son essence, de sa définition. L'événement est enfermé à l'intérieur de son système par une opération d'exclusion inclusive ou inclusion neutralisante. Cette armature totalisante, produisant un point de vue panoptique sur la réalité, pose le philosophe en position stratégique de distance et de maîtrise. A travers la constitution de cet espace propre, le sujet se pose en dehors du temps : il nie son point de vue singulier en se posant comme œil absolu, divin. Au contraire, l'acte Manifeste, comme opération tactique, joue avec le temps sur le terrain de l'ennemi, dans la réalité pratique. Il joue des circonstances en se posant et posant le « bon moment » ou le « kairos » de l'intervention en territoire ennemi.

> « Un spectre hante l'Europe, le spectre du communisme. Toutes les puissances de la vieille Europe se sont unies en une Sainte-Alliance pour traquer ce spectre : le pape et le tsar, Metternich et Guizot, les radicaux de France et les policiers d'Allemagne. (...) *Il est grand temps* que les communistes exposent, à la face du monde entier, leur manière de voir, leurs buts et leurs tendances ; qu'ils opposent au conte du spectre du communisme un manifeste du parti »[16].

La philosophie chez Marx ne vient pas après la pratique pour en énoncer la vérité dans son rapport aux autres domaines producteurs de vérité dessinant ainsi le tableau global des vérités de l'être : la philosophie se donne pour destin de se dépasser elle-même dans la transformation du monde, de se

---

[14] Michel de Certeau, *L'invention du quotidien, op. cit.*, p 59.
[15] Ce cercle explique la dualité du discours Badiousien analysé en début de texte: dans les titres de ses ouvrages la théorie semble dominer la pratique et la prendre pour objet, mais le contenu de ses ouvrages semble au contraire mettre la pratique au premier plan.
[16] Marx et Engels, *Le Manifeste du parti communiste*, Paris, Mille et une nuits, 1994, je souligne.

dépasser en tant que philosophie à travers sa confrontation directe avec le réel[17].

Pour re-fonder le Manifeste, Badiou double le geste tactique d'un geste stratégique, celui de la construction d'une machine théorique.

Ce qui est en jeu ici est le rapport du savoir (ou de la théorie) à la pratique. Dans le rapport du fondement à l'acte se jouent deux rapports au savoir distincts :
- d'un côté, un savoir qui cherche à se fonder par lui-même. Ce savoir n'a aucune *légitimité* dans la pratique (ce qui ne veut pas dire qu'il n'a pas d'*effet* sur la pratique), il cherchera donc sa légitimité en lui-même, dans un fondement dit « objectif ». Pour ce faire il construit une mécanique qui le démontre par redoublement, par pétition de principe. C'est ce que Marx et Engels ont appelé l'Idéologie : une représentation coupée du réel produisant l'illusion de l'auto-engendrement. Ce savoir est idéologique parce qu'il s'impose du fait même de se répéter, il s'impose comme vrai par une opération tautologique. Idéologie : Badiou lui donne un autre nom, *fiction*. La *fiction* est une pensée coupée de la pratique pour être fixée dans l'ordre de la représentation. Ainsi coupée de la pratique, elle se pose dans l'absolu de la représentation.
- d'un autre côté, une pensée inscrite dans une pratique. Or cette pensée ne trouve pas sa légitimité en elle-même, elle la trouve dans la pratique et cette pratique trouve son sens et sa légitimité au-delà d'elle-même dans une « vérité » d'ordre éthique fonctionnant comme « idéal régulateur ».

L'acte de fondation est directement en lien avec une situation pratique politique subordonnée à cette « vérité ». Cette « vérité » est l'autre nom de la justice.

Prenons un autre exemple pour éclairer le paradoxe de ce geste : la déclaration des droits de l'homme. L'acte de déclaration est ce qui pose les droits de l'homme comme fondement de l'ordre politique moderne. Toute tentative ou tentation « objectiviste » de fonder théoriquement ou de trouver un fondement théorique en deçà de l'acte de déclaration lui-même s'est confrontée à ce que Montaigne et Pascal appellent « le fondement mystique de toute autorité »[18]. Toute autorité aurait pour fondement la

---

[17] « Les philosophes n'ont fait qu'interpréter diversement le monde, ce qui importe, c'est de le transformer », thèse XI sur Feuerbach, dans Karl Marx et Friedrich Engeles, *L'idéologie Allemande*, Paris, éditions sociales, 1976.
[18] Jacques Derrida, *Foi et savoir*, Paris, Seuil, 1996, p. 29.

croyance et le secret, la croyance en un inexplicable. C'est pourquoi Badiou a raison de dire que l'engagement politique n'est inférable d'aucune preuve : son point de départ n'est pas théorique, il n'a rien à voir avec la connaissance. Il est de l'ordre de la certitude[19], certitude « morale », qui a pour origine l'expérience d'une rupture du sens, ce que Badiou appellerait un événement. C'est pourquoi on ne peut convaincre politiquement simplement par l'argumentation[20]. Cependant, « l'impératif catégorique » kantien rejeté par Alain Badiou comme cause de l'engagement politique est au même niveau que l'impératif de « fidélité à l'événement » de Badiou et non ce qui le détermine[21]. Badiou aurait donc encore raison de dire que l'engagement politique n'est l'effet d'aucun impératif[22]. L'impératif catégorique de Kant tout autant que la fidélité à l'événement politique de Badiou s'originent dans ce « fondement mystique » qu'est l'expérience de la justice et de l'injustice.

Les droits de l'homme seraient la forme concrète que prend une exigence de justice à un moment donné de l'histoire en fonction d'un certain système d'organisation social. Lorsque Marx remet en question les droits de l'homme ce n'est pas en révélant leur fausseté théorique, leur absence de fondement théorique, mais leur contradiction, dans la réalité pratique, avec l'exigence de justice même qui les légitime. L'acte qui fonde les droits de l'homme trouve sa légitimité dans une « vérité » d'ordre éthique. C'est parce qu'il trouve sa légitimité en elle, qu'il ne vaut que tant qu'il produit dans le réel sur lequel il s'appuie pour s'affirmer les effets de cette « vérité ».

La pensée de Badiou est complexe parce qu'elle croise ces deux rapports au savoir. Re-fonder le Manifeste : cette entreprise révèle cependant la contradiction qui empêche de tenir ensemble ces deux rapports au savoir. Badiou inverse le second mouvement : il subordonne l'acte au fondement, il va fonder l'acte politique dans une objectivité de type scientifique.

L'affirmation d'une autorité théorique opère ainsi comme une négation de la nature « mystique » du fondement de l'autorité communiste.

Un Manifeste est à lui-même son propre fondement. Il se pose comme fondement parce que justement sa légitimité est au-delà de lui-même, dans le futur de sa promesse. Chez Marx, cette légitimité a pour nom le communisme. Mais, comme l'expose très justement Badiou dans son texte *Peut-on penser la politique ?*, cette promesse n'a pas été tenue par une

---

[19] « Je n'ai rien à profiler, sinon la certitude où je suis, et dont tout ce labeur témoigne, que le philosophe moderne est (...) un prolétaire systématique », Alain Badiou, *Théorie du sujet*, op. cit., préface, p. 11.
[20] La conviction par la parole suppose de la part de celui qui écoute d'avoir déjà fait l'expérience de la rupture du sens.
[21] « De ce point de vue, l'engagement politique a la même universalité réfléchissante que le jugement de goût pour Kant. L'engagement politique n'est inférable d'aucune preuve, et il n'est pas non plus l'effet d'un impératif. Il n'est ni déduit ni prescrit. L'engagement est *axiomatique* », Alain Badiou, *Peut-on penser la politique ?*, op. cit., p 76.
[22] *Ibid.*, ibid..

Situations et ontologie

partie de ceux-là même qui la formulaient. Ce qui est perçu comme son échec réel a porté le doute sur ce qui soutenait la pratique politique, sur ce qui soutenait le Manifeste. Nous sommes (nous, c'est-à-dire tous ceux pour qui cette promesse, la promesse du communisme, guide toujours la pratique) confrontés au risque d'une perte de sens dans notre pratique, d'une délégitimation de l'acte qui fonde notre pratique et pensée : le Manifeste du parti communiste. C'est ce risque que Badiou affronte en tentant de « refonder » l'acte qui ne cesse de fonder notre pratique. Cette refondation ne s'adresse pas à ceux pour qui l'échec réel n'a pas ébranlé, même si elle la rend plus difficilement soutenable, la promesse du communisme. Cette refondation s'adresse à tous ceux, qu'en ses débuts de livres, Badiou ne cesse de fustiger : ceux qui ont si aisément abandonné, avec tout ce que cela implique de renoncement à l'exigence de justice, et jeté dans les ordures cette promesse, ceux qui ont rejoint les rangs des dominants tout en se donnant bonne conscience. Badiou s'adresse à la cour des savants, à tous ces mécaniciens de la théorie dont le fondement du discours est la pétition de principe, dont le lieu de la parole est la forteresse stratégique du pouvoir propriétaire. Or, ma question porte sur les formes que prend cette adresse. Pour maintenir la promesse de Marx vivante, Badiou met en œuvre un geste paradoxal, un geste qui repose sur le même dispositif autoritaire/« étatique » (au sens badiousien) que celui qu'il combat : il tente de refonder un geste dans une objectivité de type scientifique, celle de l'axiome[23]. L'axiome, le plus tautologique de tous les fondements. Fonder une action politique dans une axiomatique n'est-ce pas la délier de l'exigence pratique de justice qui lui donne sens ? En effet, les axiomes sont auto-référencés : leur valeur ou validité ne renvoie à aucune extériorité.

Le fondement de type scientifique appelle l'élaboration d'une architecture systématique. C'est pourquoi, pour prolonger et soutenir la fondation axiomatique, Badiou doit construire un système. Une fondation de type scientifique trouve sa légitimité dans le système, dans la mécanique qu'elle construit pour se confirmer à elle-même : la mécanique scientifique se légitime dans la répétition tautologique qui confirme son propre principe[24].

L'effet d'arbitraire dans les fondements que pose Badiou pour construire son système philosophique correspond à la procédure tautologique mise en

---

[23] Axiome: « chez les Grecs, et jusqu'à la découverte des géométries non euclidiennes, proposition ou principe évident et non démontrable (...). Sens actuel, englobant les trois types de principes de la géométrie euclidienne (axiomes, postulats, définitions) les axiomes sont les notions de base ou hypothèses abstraites posées arbitrairement comme telles et dont la fonction est de constituer une science cohérente », Louis-Marie Morfaux, *Vocabulaire de la philosophie et des sciences humaines*, Paris, Armand Colin, 2000.

[24] Pour cette question de la répétition comme démonstration je renvoie à une analyse que j'ai proposée sur la construction de la perspective par Brunelleschi à la Renaissance. Ce texte peut être lu sur le site de l'association APO33: http://www.apo33.org (atelier philo n°3).

œuvre par toute construction scientifique, notamment dans les sciences formelles comme les mathématiques[25], élément central de la pensée de Badiou. Ainsi « les mathématiques *sont* l'ontologie [26] » dit-il dans *L'Etre et l'événement*. Dans ce sens, Badiou croise Descartes, au-delà ou en deçà de Marx.

Mais là où il reste décidément plus marxiste que cartésien c'est dans ce double mouvement, *double bind*, entre la fidélité à un idéal de justice (le communisme, nom pratique de la justice) qui s'énonce à travers l'événement d'une parole-Manifeste et une volonté de scientificité qui s'énonce à travers l'élaboration d'un système. En effet, ce double mouvement est présent chez les deux penseurs, Badiou et Marx ; cela peut-être parce qu'il constitue les deux faces d'un même mouvement. « Interprétation » et « fiction », tactique et stratégie, seraient les deux actes d'une même figure métaphysique du Sujet : le sujet volontariste conquérant et utopique. Dans les deux cas, la volonté se pose comme point de départ absolu. Mais ce qui distingue la pensée de Badiou de celle de Marx, c'est que le premier fonde le geste tactique dans un geste stratégique, alors que le second produit un geste stratégique en développement d'un geste tactique.

Dans *Peut-on penser la politique ?* et *Théorie du Sujet*, la volonté de Badiou transperce l'axiome, elle rend visible en deçà de l'axiome celui qui parle, elle empêche l'axiome de tenir seul, automatiquement, elle nourrit la machine tout en la dépassant, elle rend visible le *point de vue* du producteur de la machine : parole impérative, « *il faut* effectuer pratiquement et théoriquement, la dé-fixion de la politique », « *il faut* avoir l'audace de poser que, du point de la politique, l'histoire n'existe pas », « *Nous devons* refaire le Manifeste », « dans ma définition de la situation pré-politique, *j'impose* que soient concernées des « singularités ouvrières et populaires » »[27].

Chez Badiou, le double mouvement entre tactique et stratégie apparaît de manière beaucoup plus paradoxale que chez Marx parce que le sujet politique qu'il affirme est un sujet seul : son affirmation ne prend pas sa source, contrairement à Marx, dans un sujet réel qui lui soit extérieur. Le sujet politique réel auquel se réfère Badiou est en phase de « décomposition » nous dit-il au début des années 1980. Nous sommes, ceux qui poursuivent dans la direction ouverte par la promesse marxiste, seuls, même à plusieurs, seuls confrontés à la mise en doute radicale d'une promesse. C'est depuis cette solitude que s'affirme, selon nous, la souveraineté du sujet badiousien.

---

[25] Mais les sciences naturelles, bien que procédant par expérience, se construisent aussi à partir des mêmes opérations. Voir sur les procédés de construction du savoir scientifique les analyses de Michel de Certeau ainsi qu'un article sur *L'expérimentation* sur le site http://www.apo33.org/raccorps.
[26] Je souligne.
[27] Alain Badiou, *Peut-on penser la politique ?*, op. cit..

Or face à cette absence de sujet réel, se dessine, inéluctablement, non pas un dépassement de Marx mais un retour à Hegel[28], à l'abstraction et à la « fortification étatique » de type hegelienne à travers la constitution d'un lieu propre, d'une machine systématique : renversement dialectique. Badiou parle *de* la pratique, il conceptualise la pratique. Sa pensée consiste dans une description de l'opération mise en œuvre par la pensée de Marx : il formule une théorie du sujet qui est une théorie *sur* le sujet communiste. Badiou redouble formellement l'opération marxiste dans l'ordre de la théorie. Mais où agir puisqu'il n'y a plus de sujet politique réel ? Le passage d'une théorie du sujet à une ontologie dans *L'Etre et L'événement* correspond peut-être à la nécessité de combler une absence, de colmater une rupture du sens. L'élaboration du système philosophique badiousien consiste à ontologiser les opérations tactiques et stratégiques par lesquelles Marx a construit une pensée pratique : « situation pré-politique », « structure », « événement », « intervention », « politique », « fidélité »[29] sont les concepts d'un méta-discours sur la pratique politique. Ces concepts sont constitutifs, chez Badiou, de la structure même de l'être : c'est peut-être pourquoi le mode d'exposition qu'il adopte, mais *un instant* seulement, est celui de Spinoza[30], le mode d'exposition synthétique étant celui de l'être lui-même. L'élaboration d'un système philosophique qui produise une définition de l'être reviendrait alors peut-être à ontologiser les restes d'un vide, ce vide qui a une part si importante dans la conception de l'être badiousienne. « Ontologiser des restes » c'est précisément l'opération par laquelle Derrida décrit le travail du deuil[31].

> « Il y a quatre figures, comme quatre concepts du sujet. Centrale et impavide, Béatrice fait surmoi de sa propre beauté. L'escortent, vassales, l'inclinaison arrière floue de la justice, et la jeunesse, aveugle et parée, du courage. Dante porte au cœur la main de l'angoisse »[32].

Dante écrit des poèmes pour Béatrice morte. Dante écrit des poèmes dont Béatrice est le personnage principal. C'est sur l'image d'un Dante angoissé regardant une Béatrice escortée par la justice et la jeunesse, peut-être la même justice et jeunesse qui escortaient le mouvement

---

[28] La *Théorie du sujet* s'ouvre sur une analyse du concept de dialectique chez Hegel.
[29] *Ibid.*, p 76.
[30] *Ibid.*, ibid., « L'enjeu est de cerner l'essence non programmatique de la politique, et de penser ce que j'appellerai une fidélité intervenante. J'adopte un instant le style d'exposition de Spinoza. J'appelle situation pré-politique un complexe de faits et d'énoncés tel que s'y trouvent engagées collectivement des singularités ouvrières et populaires, et tel qu'y est discernable un achex du régime de l'Un. Donc, un « il y a du Deux » irréductible. Ou encore: un point d'irreprésentable. Ou encore: un ensemble vide. Etc... ».
[31] Jacques Derrida, *Spectres de Marx*, Paris, Galilée, 1993, p. 30.
[32] Alain Badiou, *Théorie du sujet, op. cit.*, p. 9, explication de l'image de couverture.

révolutionnaire, que s'ouvre la *Théorie du sujet* d'Alain Badiou. Badiou serait-il le Dante d'une Béatrice ? Un Dante qui tente de faire revivre Béatrice par l'écriture ? Alors Béatrice serait peut-être plus le marxisme que le mouvement révolutionnaire. Marx et le marxisme sont deux spectres qui hantent Badiou mais sous des modes très distincts. Le marxisme est le discours et l'autorité historique d'une puissance révolutionnaire que Badiou a rencontré. Marx est le stratège génial qui a su décrypter les opérations de domination et inventer des stratégies de libération. Badiou tente de faire le deuil du marxisme en essayant de rejouer Marx.

> « Ou encore : décidées et royales, les femmes empruntent de face le chemin tracé d'un esplace. Ce procès subjectif ancien les éclaire et les nie. Horlieu de profil, frappé par la foudre, l'homme subjective le cycle à venir de lui-même »[33].

Face à l'échec stratégique du marxisme, Badiou adopte une autre tactique, mais de biais et seul cette fois.
Car, « A moins que nous suffisent les deux rapports possibles à tout fleuve : le quai qui le longe, le pont qui le franchit »[34].

Le défi est porté au fleuve : dominer, de tous les côtés, son écoulement. Le suivre tout en le dominant pour rejoindre la Béatrice idéalisée dans le chœur de la divinité. Au-delà du marxisme et de Marx, c'est peut-être *l'éternité* d'une histoire philosophique que, à travers la production d'une machine théorique construisant et se construisant d'un point de vue total, d'un point de vue panoramique et panoptique, d'un point de vue divin, cherche à rejoindre le prolétaire *systématique*.

---

[33] *Ibid.*, ibid..
[34] *Ibid.*, ibid..

Jason Barker
DE L'ETAT AU MAITRE : BADIOU ET LE POST-MARXISME

La perspective d'un « post-marxisme » soulève certaines questions inhabituelles. Elles sont inhabituelles parce que le mot « post-marxisme » signifie que le marxisme est mort ou a entamé une phase finale de déclin. Naturellement, cela est tout à fait vraisemblable et ne présente rien d'inhabituel en soi. Marx n'a jamais voulu être marxiste, ni Lénine d'ailleurs. « Marxisme » n'est qu'un mot bricolé – un mot surdéterminé – qui veut désigner une philosophie matérialiste entièrement scientifique. Il est tout à fait logique que la contribution du marxisme à une telle philosophie (ou à la *pratique* d'une telle philosophie) vienne tôt ou tard à échéance. Il n'y a ici rien d'inhabituel, ni la moindre matière à controverse.

Peu de gens aujourd'hui nieraient que le projet politique du marxisme était l'engagement de la pratique révolutionnaire, celle qui facilite la transition de la forme d'Etat « démocratique » au communisme. Seul le marxisme a autant à donner à cet égard et il est tout à fait possible qu'il ait déjà tout donné. Ce que je trouve toutefois inhabituel ou ce qui me rend tout au moins perplexe en ce qui concerne le mot « post-marxisme », c'est que si nous assistons au déclin, ou à la mort, ou à la vie après la mort du marxisme, si nous sommes réellement dans la phase du post-marxisme, qu'en est-il alors des concepts provenant de la théorie politique de « l'après Marx » ? Que nous posions la date de la séquence post-marxiste plus tôt, c'est-à-dire aux alentours de *Que faire ?* (1902), ou plus tard, c'est-à-dire à « Pourquoi le pouvoir rouge peut-il exister en Chine ? » (1928), ou bien encore plus tard, c'est-à-dire à « La décision du Comité central du PCC concernant la Grande Révolution culturelle prolétarienne » (1966), la question qui demeure est la suivante : qu'advient-il des concepts d'« Etat », de « parti », de « révolution », de « masses », de « prolétariat », etc. pendant la phase post-marxiste ? S'agit-il de concepts qui ne peuvent pas être pris en considération en dehors d'une politique ou d'une « philosophie » marxiste ? Sont-ils aussi en déclin ? Comment changent-ils ? Et quelles sont les implications liées à leur transformation – pour le meilleur ou pour le pire – en ce qui concerne la perspective de la « politique révolutionnaire » ?

Je vais essayer de répondre à cette question en me focalisant sur le concept d'Etat. Après tout, c'est celui qui cause le plus de difficultés (en théorie et en pratique) aussi bien aux marxistes (qui soutiennent le concept de « révolution ») qu'aux post-marxistes (qui le réfutent), et qui conditionne notre compréhension de tous les autres concepts marxistes.

Situations et ontologie

Un

Considérons, à titre d'exemple, mai 1968 comme le point culminant de la pratique révolutionnaire marxiste dans le monde ou bien comme le seuil du post-marxisme[1] : on peut soutenir alors qu'il marque le commencement de ce que j'appellerai *la dépersonnification de l'Etat*.

Jusqu'en mai 1968, Staline et Mao personnifiaient l'image de l'Etat, ils étaient la personnification de l'Etat, telle que Hobbes l'entendait, le sujet qui est à la tête de l'Etat (et qui est d'ailleurs *la tête* de l'Etat) tout en étant en même temps l'incarnation des masses. Bien entendu, dans le cas de Staline, nous savons qu'il est devenu le grand prêtre du marxisme et que pour y arriver, il lui a fallu marier science et parti, ou transformer la philosophie en une religion d'Etat. Dans le cas de Mao, le culte de la personnalité, qui a atteint son point culminant pendant la Révolution Culturelle, a consisté d'une part à saturer le processus politique par la bureaucratie mortelle de l'Etat, et d'autre part à libérer la politique de masse jusqu'à la limite extrême que peut tolérer le parti. C'est là la contradiction que l'Etat personnifie : un échange apparemment impulsif (une « vacillation » ?) entre la nécessité d'un processus scientifique d'une part (le « scientisme ») et l'autonomie de la pratique politique d'autre part.[2]

Bien sûr, en termes historiques, le culte de la personnalité subsiste après mai 1968 aussi bien à l'est (en les personnes de Ceausescu et Hoxha par exemple) qu'à l'ouest (en les personnes de Thatcher et Reagan). Mais le point fondamental est le suivant : à partir de mai 1968, la pratique révolutionnaire véritable cesse d'avoir pour finalité de donner vie à une nouvelle personnalité d'Etat. Après mai 1968 (et avec le post-marxisme), Etat et révolution ne sont plus deux termes couplés : il y a plutôt une disjonction entre les deux. Dorénavant il s'agit de l'Etat *ou* de la révolution, et non plus de l'Etat *et* de la révolution. C'est ainsi qu'aujourd'hui, en regardant avec un certain recul, le fait que le PCF (quelle qu'en soit la raison) ait voulu en 1976 supprimer l'objectif de « dictature du prolétariat » de sa constitution apparaît tout à fait symptomatique d'une telle disjonction[3].

---

[1] Comme nous venons de le dire, ce choix a un certain arbitraire. Mais, comme l'indique Badiou, un choix n'est tel que s'il comporte de l'arbitraire (autrement, à proprement parler, il n'y aurait rien à choisir), et il n'y a que les choix qui importent. Au lecteur donc de juger le bien fondé de ce choix dans les conséquences de cette affirmation, c'est-à-dire dans le développement du discours dans les pages qui suivent. On peut néanmoins affirmer brièvement qu'il nous paraît qu'en choisissant cette date on peut montrer de manière plus aisée la résurgence contradictoire du lien état-politique au sein même de sa dissolution.

[2] Sur les paradoxes de Mao et de la Révolution culturelle, cf. Alain Badiou, *La révolution culturelle : la dernière révolution ?*, Les Conférences du Rouge-Gorge, Paris, 2002.

[3] Les effets de cela peuvent bien sûr être lus de deux manières : dans le sens d'une politique révolutionnaire finalement libre de la figure – forcément contre-révolutionnaire – d'un nouvel Etat ; ou dans le sens d'une politique qui, en vertu de cela, est d'autant mieux intégrée à l'Etat présent.

L'Etat au sens « étroit » ou au sens des « Appareils répressifs d'Etat » reste indifférent à la nature constitutionnelle du gouvernement ou à la classe particulière au pouvoir. L'Etat reste suprêmement indifférent au « corps » politique. En ce sens Etienne Balibar, dans son livre *Sur la dictature du prolétariat*[4], montre de manière très claire que l'erreur de Staline a été de vouloir domestiquer l'Etat socialiste, de faire de l'Etat un « ami » du peuple, plutôt que de le traiter comme une représentation antagoniste et implacable de la lutte des classes. Et Balibar a raison : rien ne peut abolir la dictature du prolétariat en tant que séquence historique, si nous acceptons que la dictature n'a pas pour finalité l'institution d'une nouvelle forme de gouvernement ou l'installation d'une machine d'Etat alternative. Balibar a cependant tort aussi, parce que même si nous acceptons que la dictature du prolétariat ne soit pas un régime coercitif et ne constitue pas une prise par la force des institutions existantes de l'Etat, elle repose quand même sur une conception qui fait de la personnalité qui incarne l'Etat une figure d'antagonisme.

Balibar a raison quand il dit que les masses « brisent l'Etat » non pas par la force brutale, mais en s'insinuant à la dérobée dans la machine administrative. « Il ne saurait être question de supprimer d'emblée », disait Lénine, « partout et complètement, le fonctionnarisme. C'est une utopie. Mais briser d'emblée la vieille machine administrative pour commencer sans délai à en construire une nouvelle, permettant de supprimer graduellement tout fonctionnarisme, cela n'est pas une utopie ; [...] c'est la tâche urgente du prolétariat révolutionnaire. »[5] Mais Balibar a également tort, parce que ce faisant on ne fait que remplacer une image charismatique de l'Etat, Staline, par une autre : celle du prolétariat. Citant encore Lénine : « Le prolétariat, s'il veut vaincre la bourgeoisie, doit former des "hommes politiques de classe", bien à lui, prolétariens, et qui ne soient pas inférieurs à ceux de la bourgeoisie. »[6].

Aujourd'hui les effets de cet « antagonisme » sont quelque peu risibles. Par exemple, l'Etat n'est en aucune façon un obstacle à la soi-disant « démocratie de masse ». En fait, la « lutte » implacable contre l'Etat capitaliste prend des formes multiples, elle est endémique dans la société et opère au niveau le plus banal imaginable. L'anti-étatisme, qu'il soit de nature libérale (économie de marché) ou communiste, consiste simplement en une volonté saturée de ressentiment, qui vise à miner la légitimité de la personnalité d'Etat ou la figure du Maître. Mais une telle personnalité, que l'on parle d'un « individu » ou d'une « multitude », ne peut pas être la cible de la pratique révolutionnaire. De nos jours, lancer des insultes aux leaders du G8 à une distance de deux kilomètres est à peu près aussi révolutionnaire que la pratique d'un investisseur privé spéculant sur le marché de l'avenir ; il est probable que ces actions soient toutes deux irrévérencieuses en ce qui

---

[4] Etienne Balibar, *Sur la dictature du prolétariat*, Paris, Maspero, 1976.
[5] Cité dans Etienne Balibar, *ibid.*.
[6] Cité dans Etienne Balibar, *ibid.*

Situations et ontologie

concerne leur attitude sous-jacente vis-à-vis de la classe au pouvoir. Je ne cherche pas à trivialiser l'effet des tendances sociales démocratiques ou réformistes de la politique de masse contemporaine ; certaines d'entre elles peuvent être d'une grande importance. Ce que je voudrais plutôt souligner, c'est que les modes « révolutionnaires » de la politique (s'ils existent) ne sont plus conditionnés par la volonté d'éradiquer la légitimité institutionnelle de l'Etat, que ce soit de l'intérieur, de l'extérieur, ou qu'il s'agisse du démantèlement des appareils idéologiques ou répressifs d'Etat existants.

Deux
L'idée que l'Etat n'est plus une figure de l'antagonisme politique (ou qu'il reste en grande partie indifférent à toute « lutte de classe » présumée) constitue une proposition déterminante du post-marxisme contemporain. La métapolitique d'Alain Badiou s'insère dans la tendance générale du post-marxisme à concevoir des politiques réelles et singulières, soustraites à tout mode universel d'énonciation, qu'il soit partitique ou étatique. Pour Badiou, l'Etat n'est pas une quelconque figure abstraite de représentation, mais il se manifeste comme une limite subjective du processus politique même. En d'autres termes, l'Etat « manifeste » le point où la politique s'arrête. Badiou sépare les objectifs singuliers de la politique des fonctions nécessaires ou administratives de l'Etat. La politique « saisit » le pouvoir de l'Etat au sens où elle tend à empêcher que ce dernier exerce une politique réactionnaire, un pouvoir anti-politique. En ce sens Badiou remarque que « la politique maoïste peut pratiquer une esquisse de révolution agraire dans les zones libérées (celles qui sont hors de portée des armées réactionnaires), ou que la politique bolchevique peut remettre partiellement certaines opérations étatiques entre les mains des soviets ... »[7] Mais la politique doit refuser d'assumer le rôle de l'Etat, d'en couvrir le territoire ou de lancer une idéologie politique rivale.

En même temps, il ne faut pas confondre politique et contre-culture, mésentente ou encore politique des multitudes (telle qu'elle se réalise par exemple dans les mouvements alter-mondialistes). Et cela car ces dernières sont des pratiques qui mettent en jeu les collectivités comme objet de l'Etat ; au contraire la politique pour Badiou cherche à se faire au singulier, et elle est relativement autonome – dans la mesure de ce que lui permet la surpuissance de l'Etat, qui est par nature errante et indéterminée[8]. La répression et l'aliénation que nous associons à l'Etat ne changent rien à l'intégrité et à l'ingénuité de l'action politique directe. Cependant, la métapolitique de Badiou suscite la question suivante : la définition de l'Etat que donne Badiou[9] suffit-elle à dé-personnifier l'Etat, à dé-staliniser ou dé-maoïfier l'Etat et à

---
[7] Alain Badiou, *Abrégé de métapolitique*, Paris, Seuil, 1998, p. 165.
[8] Cf. Alain Badiou, *Abrégé de métapolitique*, op. cit., p. 159.
[9] L'Etat comme principe de représentation d'une multiplicité quelconque, qui tend à compter pour des touts ses parties. N.d.R.

le réduire ainsi à une simple machine de coercition ? Dans *Abrégé de métapolitique* nous pouvons lire :

> Nous savons tous que la politique, quand elle existe, suscite aussitôt des manifestations de la puissance de l'État. C'est évident de ce que la politique est collective, et concerne donc universellement des parties de la situation, ce qui est le champ d'existence de l'état de la situation. La politique [...] convoque la puissance de l'État. La figure ordinaire de cette convocation est que la politique rencontre toujours la répression. Mais la répression, qui est la forme empirique de la surpuissance errante de l'État, n'est pas le point essentiel[10].

Si l'on prend Badiou au mot, alors pourquoi faut-il encore soutenir le concept d'Etat ? Ce que j'essaie de proposer ici, c'est que nous vivons dans la phase post-marxiste et que celle-ci doit comprendre – pour les marxistes et pour ceux qui se veulent encore « révolutionnaires » – la dépersonnification de l'Etat, la fin de la définition étatique du champ politique. Pour Badiou, l'Etat est certes une structure socio-logique qui vise à organiser des multiplicités humaines ; mais de manière analogue, Badiou, en termes ontologiques, parle de « l'*état* de la situation » pour définir tout principe de structuration d'une multiplicité quelconque. Toujours d'après Badiou, l'association de l'Etat à la répression « n'est pas le point essentiel ». Cependant la question reste : en abandonnant l'idée que la tâche fondamentale de la politique est de se confronter à l'Etat et à ses personnifications, sommes-nous immuns politiquement et subjectivement de sa surpuissance ? Cette surpuissance peut d'ailleurs venir de l'extérieur, c'est-à-dire de l'action de l'Etat actuel, ou bien de l'intérieur de l'action politique (quand une fonction étatique se forme au cœur même d'une politique qui se revendique comme étant complètement a-étatique). Il ne s'agit pas d'une question éthique. Je ne me demande pas si la politique peut maintenir ses liens avec un « bon » Etat quand elle renonce aux personnifications d'un « mal » Etat. Je me demande, peut-être de façon plutôt sommaire, s'il existe une distinction politique entre la politique et l'Etat.

Autrement dit, en assumant que sont politiquement épuisées les personnifications de l'Etat, telles qu'elles se présentent par exemple à travers le culte de la personnalité, nous faut-il une nouvelle figure de l'Etat pour remplacer l'ancienne ? Badiou est de cet avis. Il déclare que la « figure » de l'Etat est numérique. Plus précisément, qu'il existe trois figures numériques (trois cardinaux infinis), qui correspondent à la situation, à son Etat et à la prescription politique qui fixe ou calcule la puissance de l'Etat[11]. Comme Badiou le dit :

---

[10] Alain Badiou, *Abrégé de métapolitique, op. cit.*, p. 159.
[11] Cf. Alain Badiou, *Abrégé de métapolitique, op. cit.*, p. 162.

> les trois premières composantes de la numéricité, les trois infinis […] sont affectés à chaque séquence politique singulière et n'ont aucune espèce de détermination fixe, sinon celle de leurs rapports. Toute politique, en particulier, procède à sa propre prescription postévénementielle sur la puissance de l'État […][12]

Ainsi le contrôle présumé de l'Etat sur les classes ou collectifs est sous condition d'une prescription politique qui mesure sa puissance. Autrement dit, la politique « fixe la puissance de l'Etat » en élargissant la portée de son activité propre jusqu'aux affaires ordinaires de l'Etat. Ce dernier ne peut pas exercer de pouvoir politique sur le sujet parce que ce dernier est constitué d'ensembles infinis de relations qui, malgré le fait qu'elles se présentent comme un sujet « un », ne peuvent être représentées ou comptées comme un-tout. Seule la politique prend en compte cette multiplicité qui est soustraite à la représentation du sujet comme un. Et c'est là que, paradoxalement, elle saisit l'individu dans sa singularité, donc comme « un », unique. C'est en ce sens que Badiou peut dire : « Le 1 déconfigure toute présomption inégalitaire »[13]. Chaque « un » est sujet de la politique, et il l'est en tant qu'irreprésentable comme « un » dans les catégorisations de l'Etat.

Chez Badiou, un processus politique immanent se construit dans une telle égalité qui se soustrait à toute restriction par la loi et en même temps, ce processus se construit en fixant la puissance de l'Etat, se construit donc en excès sur celle-ci ; néanmoins, à notre avis, au sein même de ce processus politique, apparaît une nouvelle figure de l'Etat ou de la fixation politique (c'est tout un !) : celle du Maître.

Trois

Qu'est-ce la figure du Maître ? *Ce qui se présente chaque fois que la source et la cible de la terreur coïncident.* C'est une question énorme dont la complexité ne peut être traitée ici de manière exhaustive. Il faut simplement reconnaître qu'il n'existe rien au-delà de la politique : on y est toujours déjà ; donc, forcément, l'Etat lui-même, qui est l'Autre de la politique, sera déjà quelque part « inclus » dans celle-ci. L'Autre *de* la politique revient encore au Même de *la* politique. Celle-ci n'apparaît qu'en tant qu'*image* de celui-là.

En 1969, Jacques Lacan préfigure l'apparence historique du Maître au cours du séminaire qu'il a animé au centre universitaire de Vincennes en plein milieu d'un « potin » révolutionnaire. Il s'agit du célèbre « impromptu » ou le public a forcé Lacan à faire la critique du maoïsme. Il a répondu simplement de la façon suivante : « Ce à quoi vous aspirez comme révolutionnaire, c'est à un Maître. Vous l'aurez. […] vous jouez la fonction

---

[12] *Ibid.*, p. 163.
[13] *Ibid.* p. 165.

des ilotes de ce régime. Vous ne savez pas non plus ce que ça veut dire ? Le régime vous montre. Il dit – *Regardez-les jouir.* »[14]

Autrement dit, selon Lacan, la jouissance est le spectacle que le Maître fait miroiter aux masses, le semblant qui séduit les « révolutionnaires ». Qu'a dit « l'autre » candidat présidentiel, John Kerry, pendant la campagne électorale américaine en 2004 ? Non qu'il allait mettre fin à la terreur, mais : je suis le vrai Maître, l'autre Maître n'est pas le Maître. Comment a-t-il pu perdre ?

Un principe révolutionnaire se cache-t-il au cœur de ce montage ? Pouvons-nous aujourd'hui récupérer le terme « politique révolutionnaire » à l'encontre de la « démocratie occidentale » ? Si c'est possible, si le post-marxisme veut toujours prétendre à de véritables références révolutionnaires ou transformatives en politique, on peut supposer que cela doive passer non seulement par la voie de la dépersonnification de l'Etat, mais aussi par celle de la dé(con)figuration du Maître.

Pour conclure, considérons les mots de Lacan, qui constituent la topique communiste d'où paraîtra cette figure étrangère et ambiguë qui porte le nom « homme » :

> Cette image du maître, qui est ce que [l'homme] voit sous la forme de l'image spéculaire, se confond chez lui avec l'image de la mort. L'homme peut être en présence du maître absolu. Il y est originellement, qu'on le lui ait enseigné ou pas, pour autant qu'il est soumis à cette image.[15]

« A l'homme seulement, dit Lacan ailleurs, cette image révèle sa signification mortelle […]. Mais cette image ne lui est donnée que comme image de l'autre, c'est-à-dire lui est ravie »[16]. C'est-à-dire : retirée de l'homme par le même qui viendra comme un voleur dans la nuit.

---

[14] Jacques Lacan, « L'impromptu de Vincennes » in *Le Magazine littéraire* 121, 1977, pp. 24-25.
[15] Jacques Lacan, *Le Séminaire I : Les écrits techniques de Freud*, Paris, Seuil, 1975, p. 172.
[16] Jacques Lacan, *Écrits*, Paris, Seuil, 1966, p. 346.

B- LES SITUATIONS DU CONTEMPORAIN
peut-on nommer des situations grâce aux outils conceptuels de Badiou ?
peut-on nommer les outils conceptuels de Badiou dans des situations ?

Oliver Feltham
UNE SINGULARITE' ADVENANT A LA POLITIQUE
« Aboriginal Tent Embassy », Canberra, 1972

Fondation sur exclusion
En janvier 1788 les Anglais débarquent sur une terre étrangère avec l'intention d'y installer une colonie pénale. Ils voient depuis les bateaux que cette terre est peuplée. Cependant quand ils enfoncent leur thampe dans le sol, ils déclarent que c'est *terra nullius,* terre inhabitée. Cette déclaration crée l'entité légale « New South Wales », la plus récente des colonies britanniques.

Au moyen de cette déclaration le gouvernement anglais évite des obligations – selon la loi internationale de l'époque – de récompenser les peuples indigènes pour la perte de leur terre et de leur souveraineté.[1] En ce faisant les Anglais excluent et effacent ces peuples de l'espace politique qu'ils commencent à construire sur cette terre étrangère, un espace couramment connu sous le nom « Australia ». Le résultat, une dislocation fondamentale entre cet espace « Australia » et la terre.

Depuis 1788, les gouvernements australiens ont pratiqué trois genres de politique vis-à-vis des indigènes, chacun incarnant une structure d'exclusion et d'effacement : une politique de génocide, une politique d'intégration et une politique de marginalisation et de déplacement.[2] Les effets sociaux de ces politiques – peu importent les intentions qu'on y assigne – sont bien connus : chômage, taux élevé d'incarcération, d'analphabétisme, d'alcoolisme, de malnutrition, espérance de vie réduite, et schizophrénie culturelle.[3] Leurs effets politiques, cependant, ne sont pas encore connus.

Il nous semble que c'est seulement l'action d'une politique indigène qui pourrait intervenir par rapport à la dislocation fondamentale de la politique australienne. Cependant une telle intervention risque sa propre dislocation

---

[1] Voir Gary Foley, « Native Title is not Land Rights », www.kooriweb.org/foley/essays, p. 1.
[2] Voir Colin Tatz pour une analyse des conséquences politiques et légales des définitions divergentes de génocide ; « Genocide in Australia », dans *Australian Institute of Aboriginal and Torres Strait Islanders Studies Research Discussion Papers No. 8*, http://www.aiatsis.gov.au/rsrch/rsrch_dp/genocide.htm.
[3] Voir la contribution de Peter Read – « Aboriginal-European relations » – dans S. Bambrick (éd.), *Cambridge Encyclopaedia of Australia*, Cambridge, Cambridge University Press, 1984, pp. 136-145.

ou détournement à cause des processus interminables de colonisation de la part de la politique australienne. Ainsi, la deuxième thèse de mon argument est que le seul moyen de penser philosophiquement la possibilité d'une telle adresse d'échapper aux prises colonialistes est par moyen du concept d'une procédure générique de fidélité qu'on trouve chez Badiou.

De la résistance indigène à la politique indigène
La résistance indigène aux envahisseurs blancs commence au début de la colonisation. On peut sélectionner les faits suivants parmi d'autres – notons que cette liste n'inclut pas des actes privés de résistance, se concentrant sur des actes destinés au public.[4]

Ignorés pendant longtemps dans la version scolaire de l'histoire d'Australie, les premières décennies de colonisation ont vu des massacres, des escarmouches et des missions de recherche et destruction. Un des premiers incidents a eu lieu à la fin de février 1788 ; en comprenant que les blancs n'avaient pas l'intention de partir, des indigènes ont attaqué des soldats qui voulaient débarquer dans une des baies du port.[5] Ce ne sera que beaucoup plus tard que la résistance indigène aura pris une forme plus symbolique. En 1927, David Unaipon, une journaliste indigène, soumet une pétition au parlement fédéral en demandant la création d'un « Model Aboriginal State » séparé de l'état australien. En 1938 des activistes indigènes renomment l'« Australia Day » – le jour national qui commémore l'atterrement des blancs à Sydney – le « Day of Mourning and Protest » (Jour du Deuil et de la Manifestation), et ils organisent un colloque dans lequel ils demandent la citoyenneté pour les indigènes.[6] En 1963 le « Yirrkala bark petition » est envoyé au parlement de la part d'un peuple du Nord de l'Australie qui contestait le commencement de l'exploitation minière sur leurs terres ancestrales. En 1965, Charles Perkins, athlète et étudiant à l'Université de Sydney organise une série des « freedom rides » à travers New South Wales pour exposer et protester contre la ségrégation pratiquée dans les provinces. En 1967 un referendum a lieu qui demande aux blancs si les indigènes ont le droit d'être citoyens, le droit d'avoir des droits : la réponse est positive.

Dans les années soixante-dix, le mouvement pour la revendication des terres ancestrales – *land rights* – s'accélère. En 1972 une ambassade des tentes est

---

[4] Une chronologie de la résistance indigène, compilée par Julanna Hennessy et Julie Paterson, se trouve à l'adresse : www4.tpgi.com.au/2juls/resistance.html
[5] Manning Clark, *A Short History of Australia*, édition abrégée, London. Pimlico, 1995, p. 13.
[6] Voir Gary Foley, «Power in Redfern 1968 – 1972», essai publié sur l'Internet : www.kooriweb.org/foley/essays/essay_1.html. Voir aussi Patrick Dodson, «Wentworth lecture 2000: Beyond the Mourning Gate, Dealing with unfinished business», sur le site www.treatynow.org.au

érigée en face du parlement pour manifester contre le manque de reconnaissance des revendications indigènes. En 1976 un gouvernement régional fait passer la première législation qui répond aux revendications indigènes en leur assignant des morceaux de terre limités. En 1992 la cour suprême de l'Australie annule la déclaration initiale de *terra nullius* en reconnaissant l'antécédence de l'habitation indigène à celle des blancs ; elle déclare l'existence de « Native Title » (titre indigène) à la terre. Cependant, cette « reconnaissance » se révèle être plus calculatrice que sa publicité nous laissait croire : « Native Title » s'avère être la plus faible forme de propriété dans le Commonwealth et les revendications sous ce titre sont interdites sur les terres privées ; à ce titre, quelques activistes indigènes l'ont baptisé le plus grand acte de saisie de terre de la part des blancs depuis le début de la colonisation. Malgré ces limitations, le débat dans la politique australienne dans les années quatre-vingt dix s'est concentré sur des moyens de limiter encore plus les effets de cette décision.

De la politique indigène et des savoirs colonialistes
Une liste des actions de résistance indigène en Australie pourrait se prolonger indéfiniment. La question qui se pose est si une telle extension nous permet de parler d'*une* « politique indigène ». Beaucoup de commentateurs médiatiques soulignent que l'on trouve la même gamme des positions politiques, conservateurs et progressistes, chez les peuples indigènes que chez les colonisateurs ; qu'il faut respecter la diversité des voix indigènes, et qu'un seul groupe indigène ne peut ni doit être tenu pour représentatif des indigènes en général. Bien sûr, on ne peut pas nier la diversité, mais un tel discours relève trop de l'ancienne tactique de diviser pour dominer – *dividi et impera.* Sous l'apparence de respecter la diversité ce discours assimile des voix indigènes aux positions connues de la structure de la politique colonialiste : « conservateurs », « réformateurs modérés », « extrémistes », etc... La séparation des voix avec l'intention apparente de classification disperse la force qu'on pourrait gagner en assemblant ces voix.

Alors, comment pourrait-on parler d'une politique *proprement* indigène sans effacer la diversité de ses voix ?

Le piège d'identité en-soi : qu'est-ce qui définit l'aboriginalité authentique ?
Une réponse à cette question est celle qui se concentre sur l'identité : la politique indigène est unifiée autour d'une notion renforcée d'indigèneité. Cette réponse a surgi historiquement en tant que réaction aux procédures « bien-intentionnées » d'appropriation et d'assimilation subies par des militants indigènes dans toutes les associations et institutions qui ont entrepris d'améliorer le sort des « aborigènes australiens ». Par exemple, en 1970, Oodergeroo Noonuccal a proposé au « Federal Council for the

Situations et ontologie

Advancement of Aboriginal and Torres Strait Islanders » que seulement les indigènes occupent les postes exécutifs ; à ce temps, les blancs contrôlaient l'organisation. La proposition a été refusée. Ensuite, elle a créé, avec d'autres militants, une organisation entièrement indigène qui s'appelait le « National Tribal Council ».[7]

Dans les années suivantes, les termes « indigène » et « non-indigène » ou « koori » et « non-koori » sont devenus des outils politiques permettant un triage des actions et organisations selon leur domination par des voix blanches.[8] Bien évidemment, dans la quête pour ce que les militants appellent « self-reliance » (autosuffisance), la fonction stratégique de ces termes était essentielle. Cependant, il n'est pas évident que le débat autour de la notion d'identité indigène en soi soit aussi essentiel. Sa fonction est ambivalente, et pour deux raisons, une politique, l'autre structurale.

Premièrement, l'usage d'une notion d'identité en soi est toujours exposé à une appropriation par des discours racistes comme celui des colonisateurs anglais avec leur distinction entre pur sang et métis. Critiquer un tel discours sans critiquer sa notion fondamentale – par exemple, admettre l'identité raciale en soi pour ensuite prêcher l'égalité des races – est un exercice perdu d'avance. Dans la politique indigène elle-même il y a une critique de la notion d'identité en soi en tant que garantie par la généalogie : cette critique a été développée par Kevin Keeffe, Mudrooroo et Gary Foley en réaction aux scandales médiatiques autour du « degré d'aboriginalité » des quelques écrivains éminents. En bref, il s'agissait de combattre ceux qui voulaient policer le lien entre la lettre et les voix indigènes en jugeant que seulement les écrivains qui étaient en état de prouver leur identité indigène par des généalogies attestées et reconnues avaient le droit de s'exprimer au nom du peuple indigène. Il faut noter que non seulement ce critère d'identité était employé pour des fins réactionnaires – la délégitimation de certaines voix politiques –, mais qu'il était complètement irréaliste dans le contexte de la politique d'enlèvement des enfants indigènes de leurs propres familles, sans documentation, menée par des gouvernements successifs en Australie.[9]

Deuxièmement, l'idée même de l'identité en-soi est un leurre, une fiction idéologique, car il n'y a que des identités-*pour*-eux-mêmes-et-*pour*-des-autres pour autant que l'identité personnelle et l'identité collective sont structurellement des produits d'un réseau de liens qui se rassemblent autour

---

[7] Voir Read, « Aboriginal-European relations », *op. cit.*, 143
[8] Voir Gary Foley, «Whiteness and Blackness in the Koori Struggle for Self-determination», www.kooriweb.org/foley/essays/essay_1.html. Notons que le terme «koori» ne s'applique, à strictement parler, qu'aux peuples du New South Wales.
[9] Voir Gary Foley «Muddy Waters: Archie, Mudrooroo & Aboriginality», www.kooriweb.org/foley/essays/essay_1.html

d'un nom propre. Ces liens incluent des liens à la famille, aux amis et aux étrangers plus des liens vers soi-même. Dans sa polémique contre l'idée de l'identité indigène exclusivement généalogique, Gary Foley dit que l'identité indigène peut être constituée par une relation au racisme des blancs ou à l'action militante et ainsi de suite ; l'identité est alors constituée par une conjonction contingente des quelques éléments de la liste, non par la nécessité exclusive d'un seul élément comme la généalogie familiale.

Les débats médiatiques à propos de l'aboriginalité authentique forment un leurre parce qu'ils détournent l'énergie politique et la mènent dans un cul-de-sac. Ces diversions distrairont tous les Australiens d'une question beaucoup plus troublante et difficile : l'identité en question dans la politique indigène n'est pas finalement celle des indigènes ; *c'est l'identité de l'Australie elle-même*. Qu'est-ce que c'est ce pays une fois qu'on admet l'existence de ses propriétaires d'origine ?

Le piège de la représentation : le « aboriginal industry »
L'autre phénomène qui menace la politique indigène est sa canalisation par la politique parlementaire. L'état a créé et assigné des fonds aux organisations indigènes censées être représentatives. Ces organisations gouvernementales ont un degré modéré d'autonomie et un degré minimal de pouvoir ; cependant elles sont critiquées pour leur recours fréquent à des consultants chers et pour leur peu de resultats au niveau des communautés indigènes.[10] On les critique aussi en raison de leurs effets politiques à long terme ; en permettant ce minimum de contrôle indigène des affaires indigènes dans l'enceinte du système bureaucratique, le gouvernement crée une classe de subalternes dont les revendications deviennent d'autant plus raisonnables que ces individus privilégiés deviennent experts dans la machinerie parlementaire et bureaucratique.

Des tels mécanismes d'appropriation constituent ce que Gary Foley appelle le « aboriginal industry » (l'appareil étatique aborigène). Par exemple, depuis la création légale du « native title » le mouvement pour la revendication des terres ancestrales – *land rights* – a été ralenti et divisé dans des procès interminables sans grand résultat.[11]

On peut alors reformuler la question posée auparavant : comment peut-on parler ou penser une politique indigène sans effacer la diversité de voix, *sans* tomber dans le piège d'identité en soi, et *sans* tomber dans le piège des procédures gouvernementales ?

---

[10] Voir Gary Foley, «Whiteness and Blackness in the Koori Struggle for Self-determination», *op. cit.*, p, 11.
[11] *Ibid.*, 12.

Situations et ontologie

Il est sûr que le traitement légal, parlementaire et bureaucratique de la politique indigène constitue une canalisation de son énergie dont les effets sont bien ambivalents. Ce qui n'est pas sûr, par contre, c'est ce qui détermine si un traitement de la politique indigène est une canalisation ou non. Cette question est d'autant plus importante que certains indigènes actifs dans les institutions se definissaient comme militants avant de devenir fonctionnaires, et probablement se definissent encore de la même manière. On pourrait invoquer la distinction marxiste entre la politique réformiste et une politique révolutionnaire en jugeant des procédures selon leur intérêt de classe sous-jacent. Cependant l'absence d'une base industrielle pour la politique indigène et le discrédit dans lequel le programme marxiste pour le renversement de l'état est tombé rendent cette distinction obsolète.

Il nous semble que le critère le plus simple pour déterminer s'il y a canalisation de la politique ou non, est celui de savoir s'il y a une procédure de représentation ou non. Dans une situation politique une procédure de représentation cherche à regrouper des revendications ou actions présentées dans la situation. Ce regroupement se fait sur la base de ce qui est légitime ou reconnaissable en tant que revendication politique dans la situation. Les critères eux-mêmes sont fondés sur des procédures innombrables de représentation dans le passé. Si une revendication nouvelle, échappant à ces critères, se manifeste, la procédure de représentation la prendra en charge soit en l'ajustant aux critères existants, soit en l'excluant de la représentation.[12] Au niveau politique, de la part de ces procédures de représentation on ne peut pas espérer plus qu'un petit aménagement de la hiérarchie des places de la situation ; « places » au sens de niveaux de pouvoir, priorité et intérêt. Autrement dit, les procédures de représentation ne mèneront jamais à autre chose que la réforme d'une situation politique ; la structure fondamentale de cette dernière restera invulnérable.

Or, tel est le problème pour la politique indigène : la structure fondamentale de la politique australienne n'est rien d'autre que celle de l'exclusion et de l'effacement des peuples indigènes. En tant que telle, il faut qu'elle soit transformée. Donc, une politique indigène ne peut pas passer par des procédures (étatiques) de représentation. C'est au niveau de son existence même, de la présentation des peuples indigènes en tant qu'indigènes et en tant que sujets politiques – séparés des représentations blanches comme celles de « propriétaire », « consommateur », « citoyen » – que la politique indigène peut passer sans être canalisée, et alors, transformer la structure même de la politique australienne.

---

[12] Voir à ce propos ce que Patrick Dodson dit de la possibilité d'un échange culturel réel ; « L'éducation entre les deux cultures n'a jamais eu lieu : tout ce qui provient de nous doit être subordonné et soumis aux règles, pratiques et valeurs de la société dominante. » Wentworth 2000 lecture, *op. cit.*.

Oliver Feltham – Une singularité advenant à la politique

L'écho dans la philosophie : le problème du changement structural
Comment peut-on penser, alors, la transformation structurale d'une situation politique si cela ne passe pas par des procédures de représentation ?

La différence entre la réforme et le changement structural d'une situation est bien connue et reformulée souvent en termes stratégiques et théoriques par les militants et les hommes politiques de la politique indigène ; une telle distinction dispose d'une histoire et des effets réels indépendamment des problèmes philosophiques.[13] Cependant, il y a un écho entre les débats autour de la politique indigène en Australie et un problème philosophique de nos jours. Le problème philosophique est de construire une théorie du changement radical sans avoir recours à une version, marxiste ou post-structuraliste, de la dialectique ; c'est-à-dire, sans faire recours à un sens de l'histoire, ni celui du progrès ; ni celui du déclin. S'il y a un écho entre la philosophie et la politique, la première pourrait se trouver en position de répondre à cet écho et vice versa. Notons que les réponses de la philosophie arrivent toujours trop tôt ou trop tard : le fou de Nietzsche comprend que la foule n'est pas prête pour sa déclaration de la mort de Dieu, et le hibou de Minerve s'envole à l'aube.

En 1988, bicentenaire de l'invasion britannique de la terre nommée « Australie », le philosophe Alain Badiou a sorti son *L'Etre et l'événement*. Dans ce texte il développe une théorie du changement radical par moyen d'un concept nouveau de la *praxis*.[14] Selon sa théorie, il faut toujours un nombre d'éléments particuliers pour qu'une procédure pratique – une *praxis* – transforme la structure même d'une situation au point que sa présentation change ; plus en détail, il montre qu'il y faut les éléments suivants :
1. Un événement anormal a lieu, qui interrompt le fonctionnement de la situation.
2. Cet événement advient à un endroit spécifique dans la situation, un type de point faible qui n'est ni compris ni contrôlé par les pouvoirs dominants de la situation – le site événementiel.
3. Au lieu de rejeter cet événement en tant qu'anomalie, quelqu'un le reconnaît et le nomme en tant qu'élément appartenant à la situation ; ce qui s'appelle l'intervention.
4. L'intervention est suivie par d'autres actions qui explorent et développent les conséquences de l'appartenance de l'événement à la

---
[13] Voir, par exemple, la distinction faite par Patrick Dodson entre deux types de changement politique: «Echouerons-nous encore une fois, en tant que nation, à saisir une occasion de changer l'architecture politique du pays ? Reussirons-nous à surmonter la médiocrité qui nous pousse à ne chercher qu'un changement graduel, crée par des solutions bureaucratiques et temporaires ? », *ibid*.
[14] Alain Badiou, *L'être et l'événement*, Paris, Seuil, 1988.

situation pour la nature et la structure de cette dernière. Ce sont ces actions – nommées les enquêtes – qui forment le travail même de la transformation ; prises ensemble elles constituent ce que Badiou appelle « une procédure de fidélité » à l'événement.
5. Cette série d'actions ne se conforme à aucun programme préétabli d'action politique ; cette non conformité transcrit la nouveauté – Badiou dira la nature « générique » – de la procédure.
6. Si la procédure est « générique », elle ne reconnaît pas les distinctions et hiérarchies établies de la situation. Pour cette raison elle apporte *et* une adresse universelle – cet événement a eu lieu pour tout le monde et à tout le monde – *et* un « axiome immanent d'égalité » – quant à la manière de répondre à l'événement, chacun(e) est égal(e).

Les peuples indigènes en tant que site événementiel
Quel écho peut-on entendre entre cette théorie philosophique et la politique indigène en Australie ? Commençons avec le concept de site événementiel. Badiou le définit comme un élément d'une situation qui y est présenté mais non pas représenté ; c'est-à-dire, il est présent dans la situation mais il n'est pas classifié, analysé ou synthétisé par ses mécanismes représentationnels (gouvernementaux, médiatiques ou universitaires). La raison structurale pour ce manque de représentation est qu'à son tour, aucun élément de cet élément – rien de son contenu – n'est connu dans la situation. Le résultat : selon les mécanismes représentationnels de la situation, cet élément est vide. C'est pour cela que Badiou caractérise ces sites d'être « au bord du vide ». Nous pouvons reformuler cette structure comme celle d'une *exception immanente* : il y a du contenu dans une situation qui est tellement exceptionnel, quant à son *modus operandi*, que l'état de la situation n'y voit rien, sauf le vide.

Y a-t-il une meilleure description structurale de l'exclusion et de l'effacement des peuples indigènes en tant que sujets de la situation de la politique australienne ? Bien évidemment les peuples indigènes sont représentés dans cette situation, mais toujours en tant que « sujets britanniques », « parasites des fonds publics », « une race en voie d'extinction », « victimes de la politique du gouvernement précédent », « un peuple primitif, encore chasseurs, qui ne possèdent pas la terre par moyen de l'agriculture », etc. Les indigènes de cette étendue de terre entre l'Océan Pacifique et l'Océan Indien, ne sont jamais représentés en tant que sujets politiques ; c'est-à-dire, la formule « indigène + subjectivité politique » est structurellement vide pour la situation australienne.

Notons que cette description structurelle n'implique nullement que la subjectivité politique des indigènes soit vide en elle-même : dans les situations alternatives comme celle des liens internationaux entre les politiques indigènes de divers pays, et celle des réseaux universitaires, elle est présentée et représentée de maintes façons.

Qu'est-ce qui fait preuve de l'existence de cette exception immanente, de ce point d'aveuglement de la politique australienne ? Chercher une absence en elle-même nous mènera dans les paradoxes de la phénoménalité de la négative ; cependant, chaque manque a ses effets, y compris ses signes, et un des signes le plus sûr d'un manque est un excès. Dans les représentations qu'on trouve des indigènes en Australie il y a toujours un excès : non pas dans la quantité des représentations mais dans leur assignation permanente d'un excès aux indigènes eux-mêmes : « ils avalent trop de fonds publics », « ils revendiquent trop de terre », « ils veulent trop de culpabilité de notre part », etc. Ce qui est curieux, c'est que si ces représentations ne parlent pas d'excès, elles parlent de manque – matériel, non pas structural – : « manque de ressources », « manque d'aspirations positives », « manque de civilisation », « manque de raison », « manque de reconnaissance de nos bonnes intentions », etc. Ces signes confirment notre analyse structurale.

L'« Aboriginal Tent Embassy » : Evénement et Intervention
Quand Badiou théorise le site événementiel il ajoute qu'à strictement parler, un site est seulement événementiel une fois qu'un événement y est advenu. Que s'est-il produit que les peuples indigènes ont reconnu en tant qu'*événement* en leur politique ? Parmi les actions symboliques qui apparaissent dans les écrits politiques des militants indigènes, le plus puissant et polarisant des événements est sans doute celui de l'érection d'une ambassade des tentes en face du parlement national à Canberra le 27 janvier, 1972. Le 25 janvier, le Premier ministre annonce qu'au lieu de céder de la terre aux revendicateurs indigènes, le gouvernement crée un système de baux. Il annonce qu'il n'y aura pas de cessation de l'exploitation minière sur des sites sacrés aux indigènes. En réaction quatre militants – Billy Craigie, Tony Coorie, Michael Anderson et Bertie Williams – s'installent sous un parasol de plage en face du parlement en déclarant qu'ils ne partiront pas avant la reconnaissance proprement dite des revendications indigènes.[15] Le coup de théâtre qui transforme cette action en événement, et qui reste insaisissable et dérangeant pour les hommes politiques en Australie, est le fait d'avoir baptisé le parasol et les tentes comme « Aboriginal Tent Embassy ». C'est précisément ce que Badiou appelle le premier acte d'une intervention ; la nomination de l'événement.

Badiou donne une définition structurale d'un événement, affirmant qu'il consiste de son nom et des éléments de son site. Le deuxième acte de

---
[15] Gary Foley, «Power in Redfern: 1968 – 1972», in *op. cit..*, pp. 15-16.

Situations et ontologie

l'intervention est de faire circuler l'événement – une fois nommé – dans la situation. Cette circulation crée de la confusion au niveau de ce que Badiou appelle « l'état » de la situation ; ce que j'appelle ci-dessus les mécanismes représentationnels. L'état ne peut pas comprendre – classifier et dominer – la relation entre le nouveau nom et ces éléments auparavant inconnus dans la situation. En effet, des hommes politiques australiens étaient bel et bien perplexes par ce couplage : le Premier ministre dit « ce n'est pas convenable de négocier avec des sujets britanniques comme s'ils étaient des nations étrangères ». Les éléments du site-événementiel qui faisaient partie de l'événement étaient les militants – sujets politiques – indigènes qui ont installé l'ambassade ; le Premier ministre ne pouvait les reconnaître qu'en tant que « sujets britanniques », ainsi continuant la pratique colonialiste d'assimilation. Le nom de l'événement responsable pour l'inconvenance était « Embassy », parce qu'il constituait ces « sujets britanniques » comme une nation étrangère. La réponse du ministre pour les Arts, l'Environnement et les Indigènes, Peter Howson, était encore plus révélatrice ; il croyait avoir détecté « un sous-entendu troublant… Le terme implique un état souverain, et s'oppose à la politique explicite du gouvernement qui, elle-même, s'oppose contre l'idée du développement séparé ; c'était apparié à l'apartheid. ».[16]

Une des caractéristiques structurales de l'événement pour Badiou est que son appartenance à la situation est indécidable : il n'existe pas des critères qui permettront à quiconque de décider si cette combinaison sans sens d'un nom nouveau et des éléments auparavant inconnus appartient ou non à la situation. Une telle indécidabilité est présente dans le statut du « Aboriginal Tent Embassy » ; c'est cela qui a confondu les hommes politiques.[17] D'un côté les militants proclament que les peuples indigènes sont, en effet, des peuples étrangers et séparés qui ont besoin, donc, d'une ambassade pour se représenter au gouvernement australien ; en tant que tel, ils n'appartiennent pas à l'espace politique australien. De l'autre côté, ces militants s'identifient par leur implantation symbolique en face du parlement, dans ce morceau de terre vacante possédé par l'état – vacant Crown land –, et par leur déclaration du sens de l'indigénéité *comme* des habitants de ce continent ; en tant que tels, ils appartiennent à l'espace politique australien pour autant qu'il est censé recouvrir la totalité du pays. Cependant, si ces individus

---

[16] Canberra News, 31 January 1972. Cité en *ibid*.
[17] Cette indécidabilité continue à irriter des hommes politiques en Australie; ils tentent de classifier et rejeter la Tent Embassy en termes esthétiques ou légaux comme une chose qui blesse l'œil – *eyesore* – ou un campement illégal. La Tent Embassy a déjà survécu aux tentatives nombreuses de l'enlever du paysage politique ; elle a été reconstruite et réinstallée maintes fois, et, sans doute, elle le sera encore une fois après son enlèvement récent. Voir Coral Dow, «Aboriginal tent embassy: icon or eyesore?» *Chronology: Social Policy Group, No.3*, 2000. A trouver sur http://wipi.aph.gov.au/search/ParlInfo.ASP?action=view&item=0&resultsID=CuFXy.

appartenaient à cet espace politique, ils devraient faire usage des moyens de représentations légitimes et normaux pour leurs revendications. En effet, ils n'ont pas fait usage de ces moyens ; d'où l'indécidabilité.

De la part des militants et des peuples indigènes, il y avait de l'enthousiasme et de la prise de conscience dans la réaction à l'ambassade des tentes : son message était très clair et frappant ; les militants responsables ont rejeté la non-place assignée aux peuples indigènes dans la situation de la politique australienne. Ils ont déclaré leur propre souveraineté en même temps qu'ils ont déclaré leur droit à la terre, un droit dont le gouvernement australien s'est octroyé la jouissance exclusive en matière de legislation et de commerce.

On peut alors identifier un événement et son site dans la politique australienne. Que dirons-nous d'une intervention et du travail de transformation, les enquêtes ?

Beaucoup des militants ont exprimé leur fidélité à l'ambassade des tentes en fonction de son pouvoir vis-à-vis de la prise de conscience politique, et de son appel à la souveraineté indigène.[18] Depuis l'ambassade des tentes il y a eu des actions et pratiques innombrables qui développaient l'indépendance indigène – *self-reliance* était le mot d'ordre – dans les domaines de l'éducation, de la santé publique, de l'assistance juridique, de la protection culturelle, et de la gestion des biens. Cependant, dire que la seule source d'inspiration de ces actions était l'ambassade n'est pas évident. L'importance des quelques actions en particulier est directement due à l'ambassade comme son adoption rapide d'un nouveau drapeau national pour les indigènes, un index explicite de la revendication indigène de souveraineté.[19] D'autres actions politiques comme la création du « Redfern Aboriginal Legal Aid Service » dataient d'avant la création de l'ambassade. En tout cas, on ne peut pas dire que l'ambassade ait été l'origine chronologique de la politique indigène.

Est-ce que la théorie badiousienne s'y trouve réduite au silence devant l'histoire ? N'y a-t-il plus d'échos entre la philosophie et la politique ? Je

---

[18] Shirley Smith a parlé de l'ambassade en ces termes : « le début d'une toute nouvelle route dans ma vie, une autre éducation, un apprentissage de la politique. Si je devais penser à un repère, à un signe sur la route de ma vie qui a marqué le commencement de la politique militante du Black Power, je peux dire que, imprimé sur ce signe, il y aurait les mots "Aboriginal Embassy". » En Shirley Smith, *Mum Shirl: an autobiography,* Port Melbourne, Mammoth Publishing, 1992 (2ème éd.), p. 110. Arthur et Rosa Kirby se sont mariés au site de l'ambassade en 1997. En outre, des services commémoratifs y ont eu lieu pour les militants Kevin Gilbert and Billy Craigie. Voir Coral Dow, *op. cit..*
[19] Voir Dow, « Aboriginal tent embassy: icon or eyesore? », *op. cit.*, p. 3 et Gary Foley, «Power in Redfern: 1968 – 1972 », p. 16.

n'y crois pas. Il n'y a aucune raison pour laquelle la singularité d'un processus historique créera des blocages pour le raisonnement philosophique : au contraire, elle fait apprendre la philosophie, elle l'enseigne à nuancer ces descriptions structurales.[20]

Par exemple on peut ajouter à la théorie de l'événement – une addition, admettons, que Badiou a anticipé en notant la relation contingente entre l'événement et la procédure de fidélité – que l'événement n'agit pas en tant que fondation pour la procédure : il n'est pas une condition unique de possibilité pour n'importe quelle action politique subséquente. L'événement agira plutôt comme une sorte d'ancrage, un point de focalisation, un guide plutôt qu'un programme. Les idées de souveraineté et « *self détermination* » étaient incarnées d'une manière ponctuelle, éclatante et originelle par l'ambassade des tentes. On pourrait objecter qu'il y avait des appels à la souveraineté indigène quarante années avant l'ambassade. Cependant le statut de l'ambassade comme événement est dû à la puissance du lien symbolique et physique qu'elle a établi entre l'appel à la souveraineté *et* la revendication des terres ancestrales *par* son implantation en face du parlement national.

Idées et noms subjectivants : une politique immanente
Comment est-ce qu'un événement incarne une idée ? A ce point, la pensée de Sylvain Lazarus sur la singularité dans la politique nous aidera en complément à la philosophie de Badiou.[21] Lazarus développe sa propre conception de la *praxis* sous le nom d'un « mode immanent de la politique », c'est-à-dire, un processus autonome de la pensée qui ne fait appel à aucune institution extérieure pour se légitimer – par exemple, l'économie ou les traditions nationales. Pour garantir l'immanence d'un tel processus, il faut qu'il y ait plusieurs « noms » qui agissent en tant que lieux de subjectivisation, c'est-à-dire, des lieux où une idée peut être transmise entre un sujet et un autre. Au regard de la politique indigène, il y a des « noms »

---

[20] Par contre, en contraste avec la suggestion de Bruno Besana, je ne crois pas qu'on pourrait accepter que chaque événement donne lieu à une structure ontologique différente : la structure ontologique de l'événement est *unique* dans l'ontologie ensembliste parce qu'elle se tisse d'un ensemble impossible – qui s'auto-appartient. Si un événement particulier donnait lieu à un structure différente, il ne tomberait pas dans la catégorie de ce-qui-n'est-pas-l'être-en-tant-qu'être, ce qui veux dire tout simplement qu'il ne serait pas ce que Badiou appelle un événement, mais plutôt une espèce de fait ou modification dans l'état des choses. D'ailleurs, il faut que la structure d'une procédure de transformation conséquente à un événement, soit en état d'être écrite en ontologie comme ensemble générique. Dans le cas contraire, l'événement ne parvient pas à inscrire de nouveauté dans sa situation historique car il se laisse discerner par le langage établi de la situation.

[21] Le complément théorique mis en jeu ici fait écho à l'échange en activisme politique et philosophie qui a lieu entre Alain Badiou et Sylvain Lazarus depuis des décennies. Voir Sylvan Lazarus, *Anthropologie du nom*, Paris, Seuil, 1998.

dont la compréhension implique un changement de position important ; autrement dit, une subjectivisation : « sovereignty » (souveraineté) et, intrinsèquement lié, « treaty » (traité).

Cependant, ces noms appartiennent au langage des colonisateurs. Par conséquent, ils peuvent être compris en des termes non-subjectifs, c'est-à-dire « extériorisés » ou assignés à des références externes. Par exemple, Noel Pearson, homme politique indigène d'une position plutôt modérée, extériorise le nom « souveraineté » en le renvoyant aux codes de la loi australienne.[22] Le résultat est que la souveraineté s'avère un objectif « irréaliste » pour la politique indigène. Pearson conclut que le débat autour de la souveraineté détourne la volonté politique des questions « difficiles et réelles » telles que la dépendance de la sécurité sociale (*welfare dependency*), la violence domestique, et l'alcoolisme.

Le discours de Pearson a été approprié et mobilisé par le gouvernement conservateur en Australie. John Herron, le ministre pour les affaires des aborigènes cite Pearson avec approbation :

> La solution se trouve dans l'orientation des formes de auto-gouvernement aborigène comme celles envisagées dans les stipulations de « self-determination » de la Déclaration Provisoire des Droits des Peuples Indigènes. La Déclaration Provisoire risque de devenir un détournement des tâches et priorités réelles auxquelles nous sommes aujourd'hui confrontés. Noel Pearson ne s'est pas tu sur ce problème.[23]

Un tel discours forme un côté de ce qu'on appelle le débat « pain ou liberté » en Australie ; un débat qu'on peut considérer ici, ironiquement, comme un détournement en lui-même de la politique indigène, une colonisation de plus. Pourquoi ?

---

[22] Concernant la position de Pearson, Marcia Langton écrit: « D'ailleurs, comme Pearson a observé dans son discours en 1993 à la Evatt Foundation, " d'un point de vue international, en tant que question de théorie du droit, la validité de l'acquisition de la souveraineté sur l'Australie par la Couronne Britannique, est à débattre." Cependant, dans la littérature relative à ce sujet, on s'accorde volontiers pour convenir qu'une telle question ne sera jamais traitée sur un niveau international…La réfutation lucide par Pearson des discours de la communauté aborigène à propos des questions de souveraineté a pour argument que celle-ci ne serait qu'une diversion inutile ; cette réfutation a été accompagnée par une demande conséquente d'autres solutions pragmatiques ». Voir M.Langton, « A Treaty between our Nations? », Inaugural Professorial Lecture, Inaugural Chair for Australian Indigenous Studies, University of Melbourne.

[23] John Herron, « Aboriginal Australia at a Crossroads: Victimhood or Empowerment? », à trouver sur www.mrcltd.org.au/uploaded_documents

Situations et ontologie

La généricité en tant qu'inscription de nouveauté
Selon la théorie badiousienne, une multiplicité d'actions politiques liées symboliquement à un événement ne garantit pas en elle-même une transformation structurale ; pour que cette transformation ait lieu ces actions doivent constituer une procédure générique, c'est-à-dire leur nature doit empêcher leur classification par les savoirs établis. Autrement dit, pour chaque classification des genres d'action politique, il faut qu'il y ait au moins une action qui ne correspond pas à cette classification. Le résultat global est que la procédure est structurellement indiscernable de sa situation pour les savoirs établis.

L'indiscernabilité d'une procédure politique ne peut pas être démontrée ; on peut énumérer des exemples d'échecs de sa classification, mais une telle énumération serait infinie. Dans l'absence des preuves définitives, on peut soutenir que la procédure de la politique indigène *est* générique dans la situation de la politique australienne. Pour supporter cette hypothèse j'énumérerai un seul échec de classification, mais un échec significatif qui inscrit réellement la généricité des enquêtes ; l'échec du débat « pain *versus* liberté ».

Le gouvernement du moment prône le côté « pain » du débat ; il donne priorité aux questions « réelles et pratiques » vis-à-vis des affaires indigènes plutôt qu'aux questions symboliques et abstraites de la justice, des droits et de l'autodétermination. La réponse de Patrick Dodson, homme politique indigène, est d'insister sur le pain *et* la liberté, en disant que les questions pratiques sont celles dont n'importe quel citoyen australien attendrait la réponse du gouvernement pour tous ses citoyens.[24] Cependant une telle position n'inscrit pas encore la généricité de la procédure parce que le lien que Dodson établit entre le pain et la liberté réfère – et ici le critère lazarusien d'immanence nous aide – aux mesures *externes* ; celles de la politique parlementaire et des attentes « normales ». Ce qui est beaucoup plus convaincant comme lien *pratique* et *interne* du pain et de la liberté est celui établi par la pensée de Lola McNaughton sur la santé publique des communautés indigènes. Gary Foley la cite :

> Pour exprimer proprement « l'expérience et les instances causatives, et les raisons sociologiques pour le manque de santé actuelle des peuples aborigènes » il fallait créer un nouveau mot « pour définir adéquatement les problèmes sous-jacents (*underlying problems*) qu'il faudrait adresser en n'importe

---

[24] Il dit aussi que séparer la sécurité sociale des droits – le pain de la liberté – dans les aspirations politiques d'un peuple est une nouvelle forme de la vieille stratégie « diviser pour dominer ». Voir P.Dodson, «Beyond the Mourning Gate: Dealing with Unfinished Business», *Wentworth 2000 Lecture*, 4. A trouver sur www.treatynow.org.au

quel dialogue de réconciliation ». Ce mot était « la maladie socio-somatique ».[25]

L'implication de la diagnose de McNaughton est que n'importe quel traitement du problème « réel » de la santé publique en tant qu'un problème simplement pratique échouera. Les seules solutions à long terme de tels problèmes sont celles qui prennent en compte ces « problèmes sous-jacents », c'est-à-dire, les problèmes symboliques et politiques de la dépossession, de l'aliénation et de la soumission des peuples indigènes. De l'autre côté, Noel Pearson critique ce qu'il appelle les « théories de symptômes » quand il s'agit du problème « réel » de la dépendance aux drogues. Il dit que ces théories ne mènent pas directement à un traitement efficace, et qu'elles absolvent l'individu de sa propre responsabilité. Encore une fois, il extériorise un discours politique, mais cette fois en le référant à un registre moral. Bien sûr, on ne peut pas économiser sur le registre moral dans la pratique, mais cela n'efface pas la politique. Autrement dit, la responsabilité individuelle n'est pas exclusive de la responsabilité collective. La diagnose de McNaughton dit qu'il ne s'agit pas simplement du pain ni de la liberté dans la politique indigène ; il s'agit du pain en tant que lié inextricablement à la liberté en tant que lié inextricablement à la communauté et ainsi de suite. Ces liens inextricables forment l'inscription historique de la généricité de la procédure de la politique indigène dans la situation du politique australien. C'est cela qui sabote n'importe quelle tentative de capter la politique indigène dans une catégorie telle que « pain » ou « liberté ».

Une adresse universelle ? Un axiome d'égalité ?
Les dernières caractéristiques structurales identifiées par Badiou en tant que présentes dans les procédures de transformation fondamentales sont leur adresse universelle, et, dans le cas d'une procédure politique, son axiome immanent d'égalité. L'adresse universelle de la politique indigène en Australie se donne en termes de la nécessité des habitants blancs et noirs, peu importe leur génération ou leurs racines ethniques de faire face ensemble à leur histoire commune et de dépasser leurs divisions au moyen des pratiques concrètes de commémoration, du deuil, de l'expiation et de la

---

[25] L. McNaughton's définit ainsi la maladie « socio-somatique »: « ces maladies physiques, désordres corporels, et conditions psychologiques ou mentales qui nuisent à la santé du peuple aborigène, et au bien-être des communautés aborigènes qui résultent directement ou indirectement du désavantage social et/ou économique, le racisme, la législation, la politique et les pratiques intégrationalistes, le chômage, la manque de logement, dépossession, l'aliénation de la terre, la séparation forcée des parents et des enfants, des familles et des communautés, et d'autres traumas, qui affecte et qui ont affecté le peuple aborigène depuis la dépossession ». Extrait d'un discours présenté au Reconciliation Plenary Session de la NSW Health Care Complaints Commission, cité en Foley, « Reconciliation : Fact or Fiction ? », *ibid.*.

reconnaissance. La justice nommée par cette politique concerne tous les « Australiens » car l'Australie elle-même était construite sur l'exclusion injuste des peuples indigènes.

Quand Badiou parle d'un axiome d'égalité, il ne s'intéresse pas à l'égalité devant la loi, qui pourrait bien exister noir sur blanc mais non pas en réalité. Ce qui intéresse Badiou c'est plutôt la base même de l'action politique dans la procédure de fidélité à l'événement. En l'occasion, on trouve une critique de l'inégalité dans les écrits des militants indigènes, mais cela ne suffira pas. S'il était possible d'extérioriser la politique indigène en termes de race, on dirait qu'il ne peut pas y avoir de l'égalité entre les blancs et les noirs dans une telle politique : l'inégalité des rôles étant d'autant plus évidente étant donné l'impératif d'autodétermination dans cette politique indigène : ce sont les aborigènes qui doivent agir. Cette inégalité des rôles, n'exclue-t-elle pas une adresse universelle car, finalement, la direction et l'organisation de cette politique n'a rien à voir avec les blancs ?

Pour répondre à une telle objection il faut donner le maximum de signification politique au terme d'« autodétermination », bien au-delà du registre moral de l'initiative et de la responsabilité individuelle : les habitants blancs de cette terre nommée l'Australie sont eux aussi appelés à re-déterminer se re-déterminer par rapport à leur histoire colonialiste, à prendre leur responsabilité collective en donnant aux peuples indigènes l'espace pour se déterminer politiquement indépendamment de toutes les contraintes supposées de la loi blanche, de l'économie, des problèmes dits réels ; et cela jusqu'à la justice.

Qu'est-ce que cela veut dire en termes concrets ? Quand Gary Foley donne des conseils aux partisans blancs de la politique indigène sur comment aider les organisations indigènes sans paternalisme, il dit simplement qu'il faut savoir *écouter* le discours des militants indigènes et d'en mettre en jeu les conséquences dans les communautés blanches en combattant leur racisme. C'est cette démarche de suivre l'écoute par l'action locale qui ne privilégie personne, et qui donc inscrit l'égalité.

Les tensions entre une histoire singulière et la philosophie
Il semble, au moins dans cet article, que les échos entre la philosophie et la politique ne diminueront jamais ; la philosophie de Badiou répond bel et bien à une politique concrète. Cependant, la relation n'est pas aussi simple ; il y a des écarts, des complications.

D'abord on pourrait objecter le choix de l'événement de la politique indigène. Si, selon la théorie de Badiou, l'événement est une occurrence exceptionnelle et disruptive, alors le choix évident serait l'invasion originelle par les blancs en janvier 1788.[26] Le résultat de cet événement est une transformation radicale de la situation des peuples indigènes. On pourrait même dire que les colonisateurs ont construit leur colonie par une série d'actions fidèles à l'événement de l'atterrissage initial pour autant qu'elles ont toutes assumé la primauté de la loi blanche et l'inexistence politique des indigènes.

Cependant, bien qu'elle soit nouvelle pour les indigènes, la procédure de colonisation n'était aucunement une nouvelle procédure politique dans ce temps-là pour les Anglais qui avaient déjà colonisé l'Inde et les Etats-Unis. Cette procédure était conforme aux savoirs établis du temps. Ce que l'on peut dire tout au plus, c'est qu'en janvier 1788 un événement disruptif a bien eu lieu, mais qu'il n'a pas été suivi par une procédure générique : et d'ailleurs il n'a pas donné lieu à un site événementiel. La théorie de Badiou peut bien rendre compte de ce genre d'événement ; tel est le statut du 11 septembre.[27] Ce que sa théorie ne fournit pas – au moins, jusqu'à maintenant –, c'est une description structurale du genre d'événement qui *génère* les situations historiques avec leurs sites événementiels.

La deuxième complication concerne la nomination de l'événement. Dans le cas du Tent Embassy il semble que l'événement consiste dans sa propre nomination : l'installation d'un parasol et de quelques tentes en face du parlement et un « sit-in » en plein-air ne constituaient pas en eux-mêmes un événement : elle en est devenu un par moyen de sa nomination. Celle-ci n'était pas, alors, postérieure à l'événement en conformité avec la théorie badiousienne de l'intervention. Cependant si on regarde la théorie de près, on voit que l'événement n'existe dans la situation que moyennant l'intervention, et, en tant que telle, il consiste *et* de son propre nom, *et* des éléments de son site. Il est possible, alors, que l'on confonde l'événement avec son nom. Dans le cas du Tent Embassy, c'était la nomination qui faisait événement, mais il y avait quelque chose qui était nommé ; une action politique des militants indigènes, c'est-à-dire, des éléments auparavant inconnus du site événementiel. D'ailleurs, le choix de l'endroit contribuait à l'événement ; en face du parlement national, ancré sur un morceau de terre du gouvernement. On devrait noter, en tout cas, que Badiou lui-même a admis qu'il y a un problème qui concerne la dualité de l'événement ; l'événement lui-même et l'événement de sa nomination.[28]

---

[26] Je dois cette objection à ma collègue Barbara Formis.
[27] Voir Peter Hallward, « Editor's Introduction: Consequences of Abstraction », in Peter Hallward (éd.), *Think Again: Alain Badiou and the Future of Philosophy*, London, Continuum, 2004.
[28] Voir Alain Badiou, « Preface to the English edition » in Alain Badiou, *Ethics*, trad. Peter Hallward, London, Verso, 2001), LVI-LVII.

Situations et ontologie

La troisième complication relève du positionnement chronologique de l'événement et sa relation aux actions qui forment la politique indigène depuis 1972. Je dis que l'événement ne fonctionne pas en tant qu'une fondation absolue pour ces actions, il constitue une condition nécessaire mais insuffisante du surgissement de la revendication de la souveraineté dans la politique indigène. Les autres conditions incluent l'existence du site événementiel et, dans l'intérieur de ce site, l'existence des actions antécédentes.

L'éthique de la philosophie
Voilà ce qui est possible en termes d'un ajustement théorique autour de ces complications. Cependant la seule réponse satisfaisante à une tension entre une théorie philosophique et une procédure politique reste une considération de méthode. Badiou lui-même dit que « l'existence d'une politique d'émancipation n'est pas inférable si l'on se situe à l'extérieur de son procès. Une telle politique se rencontre, elle ne s'observe pas. »[29] Quelle est la différence entre une rencontre et une observation ? Une rencontre induit un changement ; quelque chose change chez celui qui rencontre. En termes de méthode, si, de la philosophie, on observe une politique singulière et on rature toutes les tensions entre les deux, alors on a bien imité les pratiques colonialistes d'assimilation et de l'appropriation de cette politique. Si, cependant, le discours philosophique change – et cet article forme la troisième tentative différente d'écrire sur cette politique – alors on peut rencontrer quelque chose dans la philosophie. Evidemment, la philosophie continuera à faire ce qu'elle a toujours fait, construire des concepts, mais cette construction a lieu sous la condition des vérités singulières qui se déroulent en dehors de la philosophie. Par rapport à la politique le devoir – et la joie – de la philosophie est de penser des pensées locales de la justice.

Quelle relation y a-t-il entre le nom « Australie » et le continent lui-même ? Quelle relation se tient entre l'état né d'une invasion menée par 1 gouverneur, 211 marines et officiers, 21 femmes d'officiers, 32 enfants et 750 bagnards contre une population indigène estimée à 300 000 individus repartis entre 300-500 nations, entre cet état né d'une invasion *et* la terre elle-même ? Seule la procédure de la politique indigène, dans ses rencontres avec la politique australienne, peut répondre à cette question.

---

[29] Alain Badiou, *Conditions*, Paris, Seuil, 1992, p. 236.

Barbara Formis
EVENEMENT ET READY-MADE :
LE RETARD DU SABOTAGE[1]

Les avant-gardes artistiques du début du 20ème siècle naissent, à New York comme à Paris, sur la scène des *Salons Indépendants*. Leur maxime, « ni récompense ni jury », rend manifeste le désir d'en finir avec le pouvoir institutionnel de l'art. Tout le monde est artiste, ou a la chance de le devenir. Cependant, en 1917, il advient un fait étrange : un «monsieur tout le monde» signant «R. Mutt» se voit refuser le droit de devenir «artiste» précisément par un de ces mêmes salons qui défendent l'indépendance de l'art et la liberté d'expression de chacun. Monsieur Mutt avait envoyé à la *Société des Artistes Indépendants* de New York un urinoir intitulé *Fontaine*. Si la maxime « ni récompense ni jury » avait été appliquée à la lettre, cet urinoir aurait dû être accepté comme faisant partie de l'exposition du Salon, cependant il n'en a pas été ainsi. L'urinoir ne fut pas exposé, il fut mis de côté, placé derrière une cloison, oublié et finalement perdu. Son existence fut passée sous silence et l'exposition se déroula tranquillement. Deux mois après le salon, le «cas Richard Mutt» éclata. Le «R.» de la signature reçut un prénom et la nature du monde de l'art fut transfigurée à jamais. Cet épisode anodin se révélait plus tard être un des événements fondateurs de l'art du 20ème siècle : le «ready-made».

L'événementialité du ready-made bouleverse le monde de l'art selon une procédure d'escamotage dont l'effacement et le retardement sont les traits principaux. Cette procédure possède une forte résonance avec la théorie de l'événement d'Alain Badiou. Si l'événement est chez Badiou cet imprésenté qui se présente par la transformation complète d'une situation donnée, le ready-made est l'imprésenté du monde de l'art qui en bouleverse le statut. Le ready-made pourrait ainsi être défini en tant qu'événement, et cela pour quatre raisons principales. Premièrement, il surgit à l'intérieur d'une situation historique en un point spécifique – nommé par Badiou le « site événementiel ». Deuxièmement, l'apparence du ready-made ressemble, comme celle de l'événement, à une disparition : la modalité par laquelle il se montre est celle d'une « inscription en effacement ». Troisièmement, le ready-made possède une structure qui le mène à se faire désigner en tant qu'illégitime : son émergence est sanctionnée par la censure institutionnelle. Enfin, le ready-made dirige la situation vers une transformation majeure

---

[1] Il existe une version anglaise et plus courte de cet essai dans Dominiek Hoens (éd.), « Miracles Do Happen: Essays on Alain Badiou », *Communication & Cognition*, vol. 37, n. 3 et 4, 2004, pp. 247-262.

nécessitant tantôt une reconnaissance rétroactive (la « nomination intervenante » de Badiou) tantôt une activité qui lui soit fidèle (ce que Badiou appelle la « procédure de fidélité »). L'analyse de cette résonance, par ses analogies et par ses divergences, est nécessaire afin de comprendre *à la fois* la pratique artistique du ready-made et la spécificité de l'événementialité selon Badiou. Un tel parallèle mène inexorablement à la découverte de différences fondamentales, qui sont, à elles seules, les éléments les plus riches de l'enquête.

Localisation historique et site événementiel du ready-made
Fontaine désigne non pas la naissance du ready-made mais son point d'inscription historique. Déjà depuis cinq ans, Duchamp s'amusait à composer des objets sans se soucier de leur donner un nom, sans les conserver et sans les rendre publics. Même le premier ready-made, *Roue de Bicyclette* de 1913, a été perdu et sa première copie a dû attendre 1954 pour être exposée.[2] *Fontaine* ne fut donc pas le premier ready-made que Duchamp ait conçu, mais le premier à être « montré », quoi que de manière indirecte. Avant l'épisode de l'urinoir, l'inexistence du ready-made était totale, tandis qu'après 1917, le ready-made vient faire partie des « *imprésentés* » du monde de l'art. La date historique de son émergence correspond ainsi à celle de son effacement : le ready-made fait surface en tant que refusé de l'art. Le refus, ou l'imprésentation du ready-made, se manifestent à partir d'un point historico-géographique bien précis. Badiou nomme une telle localisation le *site événementiel* de l'événement.

Un site événementiel réunit des éléments qui sont présentés dans la situation mais jamais re-présentés par l'état de celle-ci ; ces éléments ne possèdent donc pas une reconnaissance officielle. L'exemple de Badiou est celui d'une famille d'immigrés illégaux, dont les membres sont présentés au niveau de leur voisinage et de la société, mais jamais reconnus par le gouvernement. À l'égard de la situation un site événementiel est dit être « au bord du vide »[3] car ses contenus sont vides pour l'état de la situation. Deux sites événementiels d'ordre majeur peuvent être identifiés par rapport à *Fontaine* : le premier est historique et le deuxième est ontologique. Le premier est le Salon de 1917, le deuxième consiste en une pratique artistique cachée mais fondamentale.

La *Société des Artistes Indépendants* de New York (le premier site événementiel) se place « au bord du vide » par rapport à la situation historique en raison de ses revendications d'indépendance et de démocratie. Comme celle de Paris, la Société de New York revendique une position

---

[2] Les ready-mades antécédents à *Fontaine* sont : *Porte-bouteilles* (Paris, 1914), *In Advance of the broken arm* (New York, 1915), *Peigne* (New York, 1916, le seul ready-made conservé, il se trouve au Musée d'Art Moderne de Philadelphie) et *Housse de voyage*, (New York, 1916). Tous ces ready-mades ont du attendre la seconde moitié du 20ème siècle pour être exposés.
[3] Alain Badiou, *L'être et l'événement*, éd Seuil, Paris, 1988, p. 200.

autonome à l'intérieur du monde de l'art. Son inspiration démocratique, se déclare de manière explicite dans l'article II de son règlement : « tout artiste, citoyen des Etats-Unis ou de tout pays étranger, peut devenir membre de la Société en remplissant un formulaire à cet effet, en payant une cotisation initiale d'un dollar et une cotisation annuelle de cinq dollars, et en participant à l'exposition de la Société dans l'année où il se fait membre ».[4] Autrement dit, quiconque en état de payer six dollars possède *a priori* la possibilité d'exposer au Salon. La «légitimité» de la Société réside ainsi dans l'auto-proclamation de son indifférence vis-à-vis des institutions artistiques déjà établies. Ses valeurs démocratiques se présentent sans être légitimées par un autre corps institutionnel du monde de l'art. Elles sont donc les éléments d'un site événementiel car elles sont présentes sans être représentées par l'état de la situation. Le Salon est ainsi au bord du vide. Néanmoins, l'indépendance du Salon est ambiguë ; un des effets décisifs du ready-made a été d'exposer une telle ambiguïté. La maxime « ni récompense ni jury » est en effet trahie par le cas de Monsieur Mutt. Comme tout événement, le ready-made est capable de dévoiler et d'exploiter les caractères principaux de son site événementiel.

Fontaine montra en effet l'existence cachée d'un jury. Face au cas de l'urinoir, les membres de ce jury se scindèrent en deux parties, un petit nombre de défenseurs de l'œuvre et une grande partie de contempteurs. Peintre célèbre, co-fondateur de la *Société*, et donc membre du jury officieux, Duchamp ne prit pas parti mais, une fois l'urinoir réfuté, il donna sa démission au nom d'un choix qu'il déclara illégitime. Presque personne ne savait en effet que c'était Duchamp lui-même qui se cachait sous le pseudonyme de R. Mutt. Le refus de l'urinoir mit en contradiction le Salon avec ses déclarations démocratiques et révéla la conformité de la Société et l'absence d'une véritable «indépendance» vis-à-vis des institutions artistiques. Une telle conformité est clairement affirmée dans les motifs du refus de l'urinoir :
    1. il ne s'agit pas d'une œuvre originale.
    2. il ne s'agit pas d'un objet produit par l'artiste.[5]

En 1917, un objet devait remplir deux fonctions principales afin d'être accepté en tant qu'œuvre d'art. Il devait d'une part être *fabriqué* par l'artiste (ce critère se base sur le modèle aristotélicien de la *poïésis*, selon lequel le produit artistique doit être extérieur à l'agent) et d'autre part l'objet devait être *original* et non pas la copie de quelque chose qui existe déjà (ce qui signifie qu'un urinoir en craie ou en marbre identique à un vrai urinoir n'aurait pas été accepté non plus). Un urinoir, même signé et daté, reste un objet non fabriqué et multiple, jamais il n'aurait pu être accepté en tant qu'œuvre d'art. Son acceptation aurait abrogé la définition conventionnelle

---

[4] Cité par Thierry De Duve in *Résonances du ready-made, Duchamp entre avant-garde et tradition*, Jacqueline Chambon, Nîmes, 1989, p. 71.
[5] Cf. Thierry De Duve in *Résonances du ready-made, op. cit.*, p. 48.

de l'art. Une telle abrogation sera en effet le résultat du sabotage que le ready-made a pu provoquer par la suite. Toutefois, le pouvoir abrogeant du ready-made n'entame aucunement une procédure nihiliste, tout au contraire. Il réussit à atteindre une dimension ontologique cachée de l'œuvre d'art, dimension qui relève du deuxième site événementiel.

Ce deuxième site est, en tant qu'« événementiel », composé d'éléments qui sont présents mais jamais représentés dans l'ensemble de la procédure artistique ; dans la *praxis* de l'art ces éléments sont des objets ready-mades. Le ready-made est une oeuvre d'art pour une raison très simple : au niveau ontologique, l'art relève toujours en un sens du ready-made. « Il y a toujours quelque chose de « tout fait » dans un tableau – dit Duchamp : vous ne faites pas les brosses, vous ne faites pas les couleurs, vous ne faites pas la toile. Alors, en allant plus loin, en enlevant tout, même la main, n'est-ce pas, on arrive au ready-made. Il n'y a plus rien qui soit fait : tout est « tout fait ». »[6] Peindre et sculpter sont des activités qui requièrent du matériau ready-made, ainsi que danser et chanter requièrent le premier ready-made entre tous, c'est-à-dire le corps.

Duchamp n'a pas inventé *ex nihilo* le ready-made mais il l'a simplement exposé, en montrant du doigt sa « vérité ». Si l'ensemble des objets ready-mades du monde de l'art (pinceaux, tubes de couleurs, toiles etc.) peut être considéré comme un site événementiel, alors le ready-made intervient en tant qu'événement à l'intérieur de ce même site pour une raison structurale identique à celle du premier (le *Salon*). Le ready-made tantôt exploite le potentiel du site, tantôt il révèle son ambiguïté en ouvrant l'accès du monde de l'art non seulement aux objets ready-mades *spécifiques* à l'art, mais aussi à d'autres objets appartenant au monde *générique* (un urinoir, par exemple). C'est dans ce geste d'ouverture que le ready-made est sabotage. Le ready-made révèle une vérité importante : si les œuvres d'art nécessitent des objets ordinaires pour exister, alors l'art se fonde inévitablement sur le non-art.

La découverte de ces deux sites événementiels, historique et ontologique, permet d'établir une relation entre la procédure artistique du ready-made et la théorie de Badiou. Le ready-made, comme l'événement, demande que certains éléments se déplacent du niveau de la présentation – le contenu du site événementiel – à celui de la représentation – le monde de l'art. L'épisode de l'urinoir accomplit la représentation des éléments imprésentés du monde de l'art. Ce déplacement est ce que Badiou appelle le « forçage », car l'événement force la situation institutionnelle à l'accepter. En ce sens, le ready-made force le monde de l'art à accepter un objet ne correspondant pas à la définition officielle d'œuvre d'art (objet fabriqué et original). Une telle acceptation a dû attendre les années soixante pour arriver à son terme ; les

---

[6] Marcel Duchamp, in *Marcel Duchamp parle des ready-mades à Philippe Collin*, L'Echoppe, Paris, 1998, p. 9. Cet entretien a été réalisé à Paris le 21 juin 1967.

pratiques artistiques du pop art, des happenings, des accumulations d'objets sont ainsi le signe d'une fidélité *tardive* à l'événement ready-made.

Inscription en effacement

L'illégitimité, le sabotage et le retardement établissent un lien entre le ready-made et la théorie de l'événement telle que Badiou la conçoit. La procédure de l'événement, comprise comme un passage forcé de la présentation à la représentation, consiste en effet en une opération interdite par l'état de la situation. L'urinoir avait été banni, sans que cette prohibition ait entraîné sa disparition. *Fontaine* n'est qu'un simple urinoir qui fut réfuté, volé, brûlé, peu importe, il ne figura pas dans le catalogue, l'exposition se déroula sans scandales, et tout le monde oublia cet objet insignifiant. Tout le monde sauf Duchamp, bien évidemment, et ses amis collaborateurs (Beatrice Wood et Henri-Pierre Roché) avec lesquels il avait fondé une revue satirique, *The Blind Man*. La première couverture indique déjà l'aveuglement propre aux institutions artistiques prises au piège du *sabotage* du ready-made par le dessin d'un homme aveugle. Sur la couverture du deuxième numéro, sorti *à la fin* de l'exposition avec un tirage minimal, il y a l'image d'une œuvre de Duchamp, *La broyeuse de chocolat* et, à l'intérieur, un article *non signé* (mais derrière lequel se trouve Duchamp lui-même) au titre *The Richard Mutt Case* (Le Cas Richard Mutt). C'est cet article qui révéla le prénom caché derrière le R. de la signature sur l'urinoir. L'article sortit avec la reproduction photographique d'Alfred Stieglitz – qui n'était pas au courant de l'identité de l'artiste – titrée avec une légende *The exhibit refused by the Independents* (L'objet refusé par les Indépendants).[7]

De ce fait, Duchamp trouve un étrange moyen pour 'exposer' le ready-made : la dénonciation de son refus. Après avoir organisé son refus, Duchamp en dénonce l'illégitimité par une procédure d'accrochage négatif, par une inscription en effacement. L'urinoir devient visible par sa propre invisibilité ; comme l'événement chez Badiou, il s'inscrit dans son propre effacement. L'événement est en effet défini par Badiou comme une « altérité » se démarquant de l'état de sa situation historique. Il n'est pas simplement quelque chose qui « arrive », autrement il serait un « fait », un « accident naturel », voire même un « scandale ».[8] Si l'événement établit une « disjonction totale »[9] avec le contexte historique dans lequel il existe, *Fontaine* est un événement car il rompt avec le monde de l'art de 1917. De ce fait, l'événementialité du ready-made devait rester cachée : son mode d'apparence le plus approprié était celui d'une disparition transitoire. Tout ready-made doit d'abord s'effacer pour pouvoir se dire événement. Nous savons que le premier ready-made, *Roue de Bicyclette*, a été perdu et jamais montré.

---

[7] Cf. Thierry De Duve, *Résonances du ready-made, op. cit.* p. 88.
[8] Alain Badiou, *L'être et l'événement, op. cit.*, p. 207.
[9] *Ibid.*

Situations et ontologie

En 1916, l'année précédent le «cas R. Mutt», trois ready-mades non identifiés (probablement *Housse de voyage* et *Pelle à neige*, ou *In Advance of the Broken Arm*) avaient été littéralement accrochés à un portemanteaux des *Bourgeois Galleries* dans le cadre d'une exposition. Personne ne les avait considérés, ils étaient passés comme des éléments faisant partie du mobilier de la galerie. « J'en ai accroché trois au portemanteaux de l'entrée – dit Duchamp – et personne ne s'en est aperçu – ils pensaient qu'il s'agissait d'objets que quelqu'un avait oublié d'emporter. »[10] Ce qui ne signifie pas que personne ne les avait vus, mais tout simplement que personne ne les avait regardés *comme* objets d'art. Ici réside le paradoxe de la visibilité du ready-made en tant qu'événement : c'est une œuvre d'art qui a l'apparence d'un objet ordinaire, il s'efface par rapport au regard du spectateur et il refuse l'autorité de l'artiste.

Dans le cas de l'urinoir, Duchamp utilise la même procédure d'effacement. La visibilité du ready-made en tant qu'œuvre d'art est effacée car sa mise en scène – opérée par la photographie de Stieglitz – ne lui est pas fidèle. La mise en scène photographique fait en effet de l'urinoir un objet esthétique. Sa blancheur, sa lisseur et la pureté de sa forme suivent des canons esthétiques classiques. L'objet reçut d'ailleurs des nominations esthétisantes comme « Madonna of the Bathroom » ou « Buddha ».[11] Or, considérer le ready-made du point de vue de sa belle forme est, selon Duchamp, une « contradiction absolue »[12] tout simplement parce que le ready-made n'est pas une œuvre d'art comme les autres, mais une œuvre d'art qui critique son propre statut. Exposer ou accrocher le ready-made comme une œuvre conventionnelle est en effet contradictoire par rapport à sa nature. Exactement comme l'événement chez Badiou, le ready-made ne s'observe pas mais il se rencontre. Il est le fruit d'une rencontre, ou, comme le dit Duchamp, d'un *rendez-vous*.[13] Le ready-made doit être vu, comme par hasard, « en tournant le regard. »[14] Le ready-made, « ne doit pas être regardé. Il est là, simplement. On prend notion par les yeux qu'il existe.

---

[10] Marcel Duchamp, cité par Jindreich Chalupecky, « Les symboles chez Marcel Duchamp », *Duchamp et Après*, *Opus International*, n°49, Paris, mars 1974, p. 42.

[11] Cf. George Dickie in « Defining Art », *American Philosophical Quarterly*, vol. 6 (1969) : « Pourquoi, demande Dickie, les qualités ordinaires de *Fontaine* – sa surface blanche et brillante, sa profondeur mise en valeur par les reflets des objets environnants, son agréable forme ovale – ne pourraient pas être appréciées ? Elle possède en fait des qualités similaires à certaines œuvres de Brancusi et de Moore, dont beaucoup n'hésitent pas à dire qu'ils les apprécient. ». Cité par Arthur Danto in *La transfiguration du banal*, *une philosophie de l'art*, trad. Claude-Hary Schaeffer, préface Jean-Marie Schaeffer, coll. « Poétique », Seuil, Paris, 1989, p. 156. Titre original *The transfiguration of the Commonplace*, Harvard University Press, 1981.

[12] In *Marcel Duchamp parle des ready-mades à Philippe Collin*, op. cit., p. 14.

[13] Marcel Duchamp in *Marchand du Sel*, écrits de Marcel Duchamp réunis et présentés par Michel Sanouillet, coll. « 391 », Le Terrain Vague, Paris, 1958, p. 45.

[14] In *Marcel Duchamp parle des ready-mades à Philippe Collin*, op. cit., p. 14.

Mais on ne le contemple pas comme on contemple un tableau ».[15] Dans ce cas, « il n'y a plus de question de visualité : le ready-made n'est plus visible, pour ainsi dire ».[16] Un urinoir signé, daté et posé sur un socle ne perd pas son identité d'urinoir, c'est pour cela qu'on ne peut pas le regarder comme une œuvre d'art car il est invisible comme un objet ordinaire. Le ready-made est, comme l'événement, une véritable expérience.

En tant qu'expériences, l'événement et le ready-made ne sont jamais réductibles à des caractéristiques objectives. Si l'événement n'est pas un fait, le ready-made n'est pas un objet. *Fontaine*, par exemple, présente à la fois son unicité d'objet d'art *plus* la multitude d'urinoirs qui lui sont identiques. Il est indiscernable de la masse multiple des urinoirs tout en étant unique dans son genre. Le ready-made est, comme le dit Badiou, *un-multiple*. Tout objet industriel est un multiple, mais le ready-made, de façon explicite, incarne l'unicité esthétique et la multiplicité industrielle. Il incarne *l'*œuvre d'art et *les* objets quotidiens. À cause de sa nature fonctionnelle, il ne peut pas être exposé comme un objet d'art parmi d'autre car le ready-made n'est pas une œuvre à regarder, mais à «vivre». Duchamp soulève une question capitale pour la compréhension de l'art en général, question que l'on pourrait formuler ainsi : « Existe-t-il un art sans le regard ? » ou « La présence d'un public est-elle nécessaire à l'œuvre d'art ? ». La réponse offerte par Duchamp est double : on peut concevoir un événement artistique qui ne soit pas vu au sens où il ne soit pas forcement représenté dans le monde de l'art, mais cet événement doit instaurer un processus de visibilité en *retard*.

Dans ce retard réside le sabotage du ready-made, qui efface non seulement le statut de l'objet et celui spectateur, mais également celui de l'artiste. L'artiste n'est pas le «créateur» du ready-made, car si le ready-made n'est pas un simple objet, d'un autre côté il n'est pas non plus le simple produit d'un sujet. À la question « comment choisissez vous un ready-made ? », Duchamp répond « il vous choisit, pour ainsi dire ».[17] Entre objet et sujet, aucune hiérarchie n'est plus possible et les deux subissent le même processus. Si l'objet est effacé, la même chose se passe pour le sujet, car l'artiste ne *fait* pas ce qu'il est censé faire normalement dans le monde de l'art conventionnel. Le *faire* de l'artiste équivaut à un *non-faire*. De plus, l'artiste semble se dépouiller également de tout pouvoir décisionnel : si d'un côté il ne produit rien, de l'autre côté il n'accomplit pas un choix personnel et rationnel concernant la matière ou la forme du ready-made. L'artiste efface sa propre fonction, il suspend son statut pour devenir, selon le terme de Duchamp, un « anartiste ».

L'effacement du geste de l'artiste n'est pas, pour autant, une procédure liée de manière exclusive au ready-made duchampien. C'est Mallarmé qui a

---

[15] *Ibid.*
[16] *Ibid.*, p. 18.
[17] Marcel Duchamp, in « I propose to strain the law of physics », entretien avec Francis Roberts, *Art News*, vol. 67, n° 8, décembre, 1968, p. 62.

été l'inspirateur principal d'une telle démarche artistique, dans la mesure où il commença à penser au rôle du hasard dans le travail de l'écriture. Son célèbre poème *Un coup de dès n'abolira jamais le hasard* est basé sur l'idée de soumettre l'œuvre d'art au phénomène du hasard. Il est important de remarquer qu'à la fois Badiou et Duchamp se sont intéressés aux innovations poétiques de Mallarmé et aux effets du hasard sur la composition et la création artistiques. Badiou décrit le geste de Mallarmé comme un geste d'hésitation selon lequel « nous ne verrons jamais le maître lancer les dés, car sur la scène de l'action, nous ne pouvons avoir accès qu'à une hésitation tout aussi éternelle que ses circonstances ».[18] Dans ce régime « ce n'est pas au non-geste que nous parvenions, mais à l'équivalence du geste (lancer les dés) et du non-geste (ne pas les lancer) ».[19]

Comme Mallarmé, Duchamp préfère l'inactivité produite par le hasard à l'activité intentionnelle de l'artiste. Le ready-made est marqué par une double absence : celle des critères esthétiques et celle du choix de l'artiste. Cette double absence est nommée par Duchamp la *beauté de l'indifférence*. « Le choix du ready-made a été le grand problème – dit Duchamp. Il fallait arriver à choisir un objet (...) avec l'idée de ne pas être impressionné par cet objet selon une délectation esthétique d'aucun ordre (...) Il fallait que mon goût personnel soit complètement réduit à zéro » et donc « arriver à un état d'*indifférence*, envers cet objet. À ce moment-là, ça devient un ready-made. »[20]

Le sabotage instauré par le ready-made touche au processus artistique dans sa généralité, car il en efface les principes fondamentaux : l'objet, le regard et l'intention. L'objectalité de l'œuvre s'absente parce que le ready-made est un objet manufacturé dont l'exemplaire originel est perdu ; le regard du spectateur s'efface parce que le ready-made se soustrait à la perception esthétique proprement dite, enfin l'activité de l'artiste est suspendue car le ready-made est le fruit du hasard. Une telle procédure est initialement refusée par le monde de l'art, mais ensuite elle est acceptée. À partir des années cinquante, le ready-made, un objet ordinaire, devient l'emblème de l'art. Une telle situation est extrêmement ambiguë. Sans perdre sa nature ordinaire, le ready-made acquiert une valeur artistique ; dans ce sens, il ne peut être considéré ni comme une œuvre d'art ni comme un objet ordinaire, mais comme les deux à la fois.

Si selon Arthur Danto il s'accomplit ici une *transfiguration du banal*[21], au sens où l'objet ordinaire se transforme en artistique, il serait toutefois plus juste d'affirmer l'inverse : le ready-made accomplit une *transfiguration de l'art*. Ce n'est pas l'objet ordinaire qui change mais le monde de l'art. Ce n'est pas l'événement qui s'adapte à l'état de la situation, mais le contraire.

---

[18] *L'être et l'événement, op. cit.*, p. 215.
[19] *Ibid*, p. 219.
[20] In *Marcel Duchamp parle des ready-mades à Philippe Colin, op. cit.*, p. 10.
[21] Cf. Arthur Danto, *La transfiguration du banal, op. cit.*

En ce sens, l'événement ne change pas de statut, et l'urinoir ne perd pas sa nature ordinaire. Si le ready-made est à la fois un objet ordinaire et une œuvre d'art, l'événement est à la fois imprésentable et représenté. Le ready-made est, tout comme l'événement, quelque chose d'essentiellement indécidable.

Le paradoxe de l'indécidabilité
Le ready-made est un objet indécidable car il ne peut être placé nulle part de manière exclusive, ni dans le monde de l'art ni dans le monde du quotidien. Au niveau ontologique, il appartient aux deux, ce qui veut dire qu'il *n'appartient* complètement à aucun d'entre eux. *Fontaine* s'exhibe en tant qu'œuvre d'art et en même temps en tant qu'objet ordinaire. Si on considère le ready-made simplement comme une œuvre d'art, il perd son statut spécifique, son énergie unique d'ouverture vers le monde quotidien. Si on considère le ready-made uniquement comme un objet ordinaire, il ne sera plus en mesure d'exploiter sa potentialité spécifique de transformer la procédure artistique. En 1917, le ready-made était unique dans sa double appartenance, car il était le seul à appartenir aussi au monde ordinaire. Il est ainsi possible de soutenir la thèse selon laquelle le ready-made n'appartient spécifiquement qu'à sa seule catégorie : « le monde du ready-made ».

Cette autonomie d'existence est la troisième caractéristique que le ready-made partage avec le concept de l'événement chez Badiou (à côté de sa localisation historique et de son inscription en effacement). Selon cette indépendance ontologique, la structure du ready-made peut être schématisée en tant qu'un ensemble, ou un multiple, qui, étant donné les catégories de la situation, n'appartient qu'à lui-même. Néanmoins, selon Badiou la structure de l'événement implique nécessairement les éléments du site événementiel: un événement comprend en lui-même son nom *plus* les éléments de son site.[22] Le ready-made possède, comme l'événement, une structure bifaciale, selon laquelle sa double appartenance lui permettrait d'être considéré comme un *intervalle*, comme un élément intermédiaire. Le ready-made se présente comme un intervalle entre son propre nom et les éléments de son site « ontologique » – analysé plus haut comme l'ingérence du monde ordinaire dans le monde artistique. Badiou affirme également que l'événement « considéré, non dans son être-multiple, mais dans sa position, ou sa situation, est un *intervalle* plutôt qu'un terme ».[23] C'est pour cette raison que l'événement ne peut pas être intégré dans l'état de la situation historique. La bifacialité paradoxale – ou la nature d'intervalle – du ready-made est ainsi un obstacle à tout genre de catégorisation, d'où sa prohibition.

Duchamp définit, lui aussi, la fonction d'intervalle du ready-made et cela à travers la notion de '*infra-mince*'. Un objet est infra-mince quand la

---

[22] Cf. A. Badiou, *L'être et l'événement, op. cit.*, p. 228.
[23] *Ibid.*

différence entre les deux aspects principaux de sa nature ne peut pas être établie, les deux aspects étant strictement équivalents. D'où la célèbre expression de Duchamp « quand la fumée de tabac sent aussi de la bouche qui l'exhale, les deux odeurs s'épousent par infra-mince ».[24] D'un côté *Fontaine* ne perd pas sa nature ordinaire simplement parce qu'il est signé et daté, il reste un urinoir ; de l'autre côté, la signature le distingue de tous les autres objets industriels. *Fontaine* présente son unicité en tant qu'œuvre d'art *plus* la multiplicité des urinoirs qui lui sont identiques. Dans ce sens, le ready-made est, pour le dire avec Badiou, *un-multiple*. Au-delà de son unicité esthétique, il désigne la multiplicité industrielle ; cette structure paradoxale définit l'indécidabilité du ready-made en tant qu'événement. Une telle indécidabilité établit une équivalence de valeur et une continuité de nature entre les œuvres d'art et les objets ordinaires : à partir de l'arrivée du ready-made dans le monde de l'art, ce dernier est devenu indiscernable du monde quotidien.

La double appartenance à l'art et à la vie ordinaire change tantôt la définition de l'œuvre d'art tantôt celle d'un objet ordinaire. Il est possible non seulement de regarder les objets ordinaires déjà intégrés dans le monde de l'art *comme* des oeuvres, mais aussi de considérer *n'importe quel* objet ordinaire comme un ready-made, et donc comme œuvre d'art. La procédure du ready-made ouvre un champ d'exploitation potentiellement infini. À partir des années soixante, elle s'élargit soit à n'importe quel objet manufacturé (comme dans le *pop art* et le *Nouveau Réalisme*) soit à des objets naturels (dans l'*Arte Povera*) soit à des *gestes* ordinaires (*Fluxus, Body Art, happenings*, danse post-moderne etc). Tout peut dorénavant être considéré comme ready-made. La formule « tout le monde est un artiste » est ainsi utilisée en tant que critique de la procédure artistique conventionnelle, et en tant que directive utopique vers de nouvelles formes d'art (Joseph Beuys, Allan Kaprow, Robert Filliou, etc.).

Cette potentialité transformatrice, le ready-made la dirige également vers le monde de l'art. En effet, si le ready-made augmente la valeur esthétique des objets et des gestes ordinaires, il diminue également celle de l'œuvre d'art. Si tout objet ordinaire pouvait être compris en tant qu'œuvre d'art, réciproquement toute œuvre d'art pourrait être saisie comme un objet ordinaire. Une fois que le ready-made advient, il est possible de considérer un objet appartenant au monde de l'art *comme* un objet du monde ordinaire. Une telle réversibilité est explicitée par la célèbre formule duchampienne de ready-made réciproque : « utiliser un Rembrandt comme une planche à repasser ».[25] Ici réside la stricte connexion entre l'*indécidabilité* du ready-made et l'*indiscernabilité* des mondes auxquels il appartient. Le ready-made

---

[24] Marcel Duchamp, imprimé en pleine page, en caractères variés, dans *View*, n° spécial sur Marcel Duchamp, New York, série V, n°1, couv. IV.
[25] Marcel Duchamp, *Duchamp Du Signe*, textes réunis et présentés par Michel Sanouillet, Flammarion, Paris, 1975 ; nouvelle édition avec la collaboration de Elmer Peterson, 1994, p. 49.

ne vise pas simplement à ouvrir un passage allant du non-art vers l'art, mais aussi le passage inverse, celui qui, allant de l'art au non-art, mène à une dégradation de valeur de l'œuvre et du monde institutionnel dont elle dépend. Le ready-made permet ce double passage parce qu'il appartient tantôt au monde de l'art tantôt au monde du non-art, au sens – on l'a vu – où il n'appartient véritablement ni à l'un ni à l'autre.

Cependant, le ready-made n'établit pas la même relation avec ces deux mondes qu'il rend indiscernables. Si d'un côté, le monde ordinaire est la *source* du ready-made (l'urinoir est le produit d'une technique industrielle), d'un autre côté, le monde de l'art est sa *finalité* (le ready-made mène à une profonde transformation de la procédure artistique). Le renversement réciproque ne fait donc que revenir aux origines du mouvement de transformation propre au ready-made. De ce fait, ce double mouvement permet l'éclatement d'une vérité : l'art a ses racines dans le non-art. La procédure de sabotage du ready-made et son inscription en effacement finissent par affecter les frontières du monde de l'art en le rendant 'poreux' au monde qui l'environne, le monde ordinaire. Cette capacité de produire l'indiscernabilité, détermine le statut événementiel du ready-made. Toutefois, afin d'atteindre son sabotage, le ready-made se doit d'être reconnu et nommé par le monde de l'art ; ce moment de reconnaissance et de nomination est ce que Badiou appelle « intervention ».

Nomination rétroactive

La quatrième raison corroborant l'idée d'un parallèle entre le ready-made et l'événement chez Badiou est l'existence d'une procédure de nomination qui a été capable d'intervenir sur l'état du ready-made à la suite de sa préalable prohibition. Si l'on suit la théorie de Badiou, il est clair que, pour qu'un événement puisse produire des effets quelconques sur la situation, il doit être nommé en tant qu'élément appartenant à la situation. C'est ce que Badiou appelle la « nomination intervenante. » Ensuite, une fois accomplie la mise en évidence des conséquences de l'événement à l'intérieur de la situation – nommée par Badiou la « procédure de fidélité » – une représentation officielle de l'événement devra avoir lieu. Par conséquent, peu importe qu'il faille quarante ans ou deux jours, la représentation de l'événement doit toujours être rétroactive, et donc en *retard*. Cela ne signifie aucunement que l'événement n'a aucune existence jusqu'au moment de sa représentation, mais que son existence n'est pas encore effective.

Depuis 1917, un nouvel objet a été présenté à l'intérieur du monde de l'art, l'objet ordinaire. En raison de sa prohibition, cet objet ne pouvait pas atteindre le niveau de représentation – c'est-à-dire celui d'une reconnaissance officielle. Néanmoins, il produit une inscription en effacement : le ready-made se présente en tant qu'objet refusé. L'ambiguïté d'une telle présentation a des conséquences sur sa nomination. Si l'objet, le regard du spectateur et l'activité de l'artiste ont été effacés – comme nous avons essayé de montrer – alors son nom doit succomber au même *modus operandi*. Initialement la nomination du ready-made a été effacée en raison du vide et de la redondance du nom. Avant que le ready-made ne soit reconnu comme un nom appartenant au monde de l'art, nommer un objet « ready-made » ne signifie pas lui attribuer une valeur artistique, bien le contraire. Le nom « ready-made » (« déjà fait »), que Duchamp prit du vocabulaire vestimentaire (prêt-à-porter) déclare sa banalité et sa multiplicité. Le ready-made est un objet existant, déjà fait et prêt à être utilisé par n'importe qui. Dans ce sens le nom « ready-made » désigne n'importe quel objet – même un objet d'art – dans la mesure où il est déjà fait. Le nom « ready-made » est, par conséquent, générique, il ne signifie rien de spécifique, il couvre un tel nombre d'objets qu'il finit pour ne plus s'identifier à aucun d'entre eux.

La forme générique de ce nom implique un vide, une inutilité du nom : le nom « ready-made » devient ainsi redondant. Toutefois, c'est précisément à l'intérieur de son vide sémantique et de sa redondance que réside la potentialité esthétique de l'objet. Autrement dit, dans quel autre lieu serait-il possible de nommer un objet déjà fait, « objet déjà fait », sinon dans le lieu où les objets déjà faits ne sont pas normalement représentés, c'est-à-dire dans le lieu artistique ? Dans quel autre lieu si ce n'est le lieu de l'art, de la fabrication originale, serions-nous censés nommer une roue de bicyclette « *Roue de bicyclette* » (1913), un porte-bouteilles « *Porte-bouteilles* » (1914), et un peigne « *Peigne* » (1917) ? Un type de remarque similaire est fait par Thierry De Duve : « Qui penserait à interpréter une pelle à neige ou une pissotière sans d'abord présumer qu'elles signifient autre chose que ce qu'elles sont ? ».[26]

Toutefois, si pour De Duve le sens esthétique du ready-made réside dans une interprétation subjective qui le dissocie de sa nature (il doit signifier autre chose de ce qu'il est), pour nous le sens esthétique du ready-made réside dans le fait qu'il demeure un objet ordinaire. C'est l'étrangement procuré par une telle indiscernabilité qui lui confère une force esthétique. La formule sonne paradoxale : le ready-made est événement artistique quand il garde sa nature ordinaire. Uniquement à cette condition le ready-made est, tout comme l'événement, une altérité par rapport à la situation donnée. C'est donc à travers l'indication nominale de sa nature non-artistique que le ready-made peut ensuite être assimilé à une œuvre d'art. Dans le contexte de l'art, le nom « ready-made », qui est autoréférentiel et redondant dans un cadre non artistique, va acquérir une valeur et un sens artistiques.

Le ready-made commence à exister *via* l'auto-proclamation de son propre vide. Ce mode d'existence est en accord avec la définition de l'événement chez Badiou. Comme le dit le philosophe : « D'une part, l'événement connoterait le vide, d'autre part, il s'interposerait entre le vide

---

[26] *Résonances du ready-made, op. cit.*, p. 14.

et lui-même ».²⁷ Le nom « ready-made » indique le vide (non-art) et s'interpose entre ce vide et soi-même (en tant qu'œuvre d'art). Néanmoins, la redondance du nom n'est pas en mesure, toute seule, de représenter le ready-made en tant qu'œuvre d'art. Pendant la première période, la nomination correspond tout simplement à la présentation du ready-made, et ne mène pas à sa représentation à l'intérieur du monde de l'art. Celle-ci doit s'accomplir à l'aide d'une nomination plus efficace. La première nomination fait *exister* le ready-made en tant que nom « ultra-un-nommant-le-vide », en tant qu'objet à « l'intérieur-extérieur » de la situation historique (appartenant *et* n'appartenant pas au monde de l'art), c'est-à-dire en tant qu'événement. Cette position paradoxalement indécidable n'est pas à interpréter comme une création *ex nihilo*. Ni Duchamp, ni Badiou n'ont le rêve de la *tabula rasa*. Si Duchamp fait la liaison, on l'a vu, entre le ready-made et la pratique artistique en général (celle de la peinture en particulier), de la même manière l'événement, selon Badiou, n'intervient pas à partir du vide, même s'il l'indique. « Nulle intervention n'opère légitimement sous l'idée du premier événement, – dit Badiou – ou du commencement radical » une telle idée est du « *gauchisme spéculatif* ».

Il ne faut pas « ignorer – continue Badiou – que l'événement lui-même n'existe qu'autant qu'il est *soumis*, par une intervention dont la possibilité exige la récurrence à la structure réglée de la situation, et qu'ainsi toute nouveauté est relative, n'étant lisible après coup que comme le hasard d'un ordre. L'événement n'est possible que s'il se conserve. (Il y a une) *discipline* du temps (qui s'appelle) *fidélité* ».²⁸ De la même manière, à cause de son événementialité et de la procédure de fidélité qui s'en suit, le ready-made peut incarner le processus artistique en général, tout en l'excédant, car le ready-made rompt avec l'art traditionnel tout en lui restant *fidèle*. Si le ready-made a été fidèle à l'art précédent, de la même manière l'art postérieur ne pourra qu'être fidèle au ready-made, qui est une œuvre de charnière entre les deux. Si la procédure de fidélité à l'événement se fait selon le « *hasard d'un ordre* », qui selon Badiou doit se « *conserver* », le ready-made sera, de son côté, nommé par Duchamp par une formule étrangement similaire, « *du hasard en conserve* ».²⁹

Points de divergence

À l'intérieur de ce parallèle, des différences essentielles restent à souligner. On peut en remarquer au moins quatre. La première consiste en ce que le ready-made a deux sites événementiels (historico-géographique et ontologique), tandis que l'événement d'habitude en a un seul. Certes, il est

---
²⁷A. Badiou, *L'être et l'événement*, op. cit., p. 204.
²⁸ *Ibid*, p. 232-233. Les italiques sont de Badiou.
²⁹Marcel Duchamp, in *Ingénieur du temps perdu, entretiens avec Pierre Cabane*, Somogy, éd. D'Art, Paris 1995. Cette série d'entretiens a eu lieu d'avril à juin 1966 à Neuilly, au domicile de Marcel Duchamp.

possible de considérer que le site événementiel de la théorie de Badiou comprenne en réalité les deux dimensions en même temps, mais la doublure interne à l'événement-ready-made est le signe corrélatif d'une autre doublure, celle de sa nomination. Il est possible de désigner dans le cas du ready-made deux types de nomination, l'une véridique mais vide et l'autre souvent fausse mais consistante.

Si l'on considère que la nature du ready-made était, selon le vœu de Duchamp, essentiellement rare et que toute cumulation répétitive représentait la 'mort' du ready-made, quel jugement peut-on porter sur les répétitions en série et les reproductions à l'identique du Pop Art (Warhol), et les cumulations du Nouveau Réalisme (Arman), sinon qu'elles sont infidèlement héritières du ready-made ? S'il est impossible d'affirmer que les cumulations d'objets ready-mades sont infidèles au ready-made duchampien, car elles sont formées par des objets « déjà faits », il est également impossible d'affirmer que ces actes exploitent sa vérité, car le ready-made est entendu chez Duchamp comme un objet en nombre limité. Duchamp avait même exprimé le souhait de réduire le nombre de ready-mades à un par an.[30]

On sait que, selon la théorie de Badiou, il y a fidélité à un événement seulement quand sa « vérité » est exploitée par la série des actes qui le suivent. En ce sens, les pratiques artistiques qui sont les plus fidèles au ready-made sont celles qui préservent son unicité, comme certaines actions du mouvement *Fluxus*, des *happenings* et de la danse post-moderne, par exemple. Le principe de création permanente de Robert Filliou est un héritage fidèle de la beauté de l'indifférence, les boîtes de Ben Vautier respectent l'idée du musée en valise de Duchamp, les instructions gestuelles de George Brecht et les *task-like-dances* de Anna Halprin suivent de près le principe esthétique du ready-made.

Il est ainsi possible d'affirmer que parmi les pratiques contemporaines qui exploitent le ready-made, il y en a des fausses et des véridiques. Les pratiques fausses considèrent le ready-made comme un objet, les pratiques véridiques le considèrent comme un geste. Les premières remplissent le vide de son nom en l'objectivant, tandis que les secondes maintiennent sa nature éphémère et son effacement. On comprend que le ready-made est un sabotage retardé non seulement à cause de sa nomination rétroactive mais aussi parce qu'il refonde l'art par sa propre critique. Ce caractère démontre que le sabotage retardé du ready-made implique une réciprocité selon laquelle ce même sabotage peut se

---

[30] In *Duchamp Du Signe* il écrit : « Limiter le nombre de readymades par année (?) », *op. cit.*, p. 50. Le point interrogatif ne permet pas de considérer cette intention comme un impératif mais comme un souhait, cependant Duchamp exprime à plusieurs reprises la volonté de préserver la rareté des ready-mades, notamment in *Marcel Duchamp parle des ready-mades à Philippe Colin*, *op. cit.*, p. 10.

retourner contre l'événement-ready-made lui-même et instaurer un processus de fidélité capable de le fausser.[31]

La deuxième différence qui émerge à l'aide du parallèle entre événement et ready-made concerne la relation avec le site événementiel. Si l'événement instaure une relation d'altérité (de disjonction) uniquement avec l'état de la situation, le ready-made fait de même avec son site événementiel. *Fontaine*, par exemple, est en rupture non seulement avec le monde de l'art en 1917 mais aussi avec ses sites événementiels, c'est-à-dire le *Salon* de New York et les ready-mades ontologiques déjà acceptés par l'art, comme les tubes de couleur en peinture. Le ready-made excède ses sites événementiels, tout en les critiquant en même temps. Si l'urinoir dénonce la fausseté de l'inspiration démocratique du Salon (premier site), il rejette aussi, par le simple fait de les absenter, l'ensemble de tous les instruments ready-made de la fabrication artistique conventionnelle (second site).

Si l'événement se pose, selon Badiou, comme simple addition, ou excroissance, par rapport à son site, le ready-made est une addition négative, car il dévalorise l'ensemble du site. Le ready-made se présente lui-même, *plus* les éléments du site *mais vidés* de leur sens. Cette dévalorisation se fait par une sorte de mise en évidence du fait que certains éléments du site événementiel semblent appartenir à l'état de la situation, comme l'urinoir par rapport au Salon des Indépendants. Une telle procédure n'appartient pas à la nature de l'événement chez Badiou. Selon le philosophe français, l'événement souligne son caractère de rupture vis-à-vis de l'état de la situation, mais jamais vis-à-vis du site événementiel. Serait-on alors conduit à affirmer que le ready-made ne rentre pas dans la catégorie d'événement telle que Badiou la considère ? Ou encore que la théorie de l'événement présente une impasse ? Pas nécessairement. L'analyse du ready-made à l'aune de la théorie de l'événement aide à comprendre, réciproquement, cette même théorie. Le parallèle indique qu'un seul modèle n'est pas suffisant pour décrire l'ensemble des événements, mais que la théorie de Badiou est, à chaque occasion, reformulée et transformée par l'unicité de tout événement. Ainsi, les événements, dans leurs différentes situations s'inscrivent par des procédures divergentes et adaptées à leur nature spécifique.

La troisième différence fondamentale surgissant de cette mise en parallèle concerne la relation que l'événement et le ready-made entretiennent avec l'état de la situation. Le pouvoir critique du ready-made développe – par rapport à l'état de la situation – une double procédure inexistante dans la théorie de l'événement chez Badiou. Cette procédure brouille la distinction entre représentation et présentation parce que son but n'est pas simplement d'introduire le non-art dans le monde de l'art, mais aussi, comme le montre

---

[31] Pris en ce sens, le ready-made en tant qu'événement aurait aussi des caractères en commun avec la définition de l'événement chez Deleuze ou chez Foucault, par exemple.

l'expression de ready-made réciproque, de rabaisser l'art au non-art. Cette possibilité est absente dans l'ontologie de Badiou, laquelle relie le niveau de la représentation et de la présentation de manière unilatérale (uniquement du présenté au représenté, et cela selon le processus de fidélité). Les éléments de l'état de la situation, ceux du niveau de représentation, ne peuvent pas subir une rétrogression.

Aucun brouillage ne semble donc être possible selon Badiou, tandis que ce brouillage fait l'essence spécifiquement indécidable du ready-made. Cette différence est due peut-être à la relation en négatif que le ready-made établit avec son site (comme il l'a été souligné). Elle démontre, en tout cas, que la force de transfiguration de l'événement-ready-made est particulièrement vigoureuse mais qu'elle nécessite une attentive définition du ready-made lui-même. En effet, si le ready-made est considéré comme un objet quelconque, alors n'importe quel objet serait de l'art et cela reviendrait à l'effacement de l'art lui-même. En ce sens, il ne serait plus question d'*inésthétique*, comme le dit Badiou, mais plutôt d'*anesthétique*, et il ne serait plus question de spécificité de l'art, mais de sa disparition dans le monde générique de l'ordinaire. La balance entre art et non-art est donc aussi délicate que celle entre représentation étatique et présentation événementielle.

La quatrième et dernière différence entre la théorie de l'événement et le ready-made consiste dans le rapport à l'histoire. Il y a, pour le ready-made, un *point d'oubli* historique qui va souvent de pair avec le vide sémantique de son nom. Pendant presque cinquante ans, le ready-made a été oublié par l'histoire de l'art. C'est seulement à la fin des années cinquante qu'il a reçu ce que Badiou appellerait sa « nomination intervenante ». Si, comme chez Badiou, l'événement n'existe que par nomination rétroactive, quel est son statut de 1913 à la fin des années cinquante ? Qu'en est-il du ready-made pendant ces années d'oubli ? Cette difficulté interroge les conséquences d'une procédure nominale et de son application à l'histoire. S'il n'y a d'histoire que par une reconnaissance *a posteriori* de l'histoire et si cette reconnaissance ne se fait que par une nomination, comment peut-on encore engager une pratique artistique quelconque, et comment peut-on produire des événements ? Si, comme tout événement historique, l'événement artistique, se projette dans une dimension future, voire utopique, en faisant un saut historique, qu'en est-il de l'événement avant qu'il soit nommé ? Qu'en est-il du ready-made avant que le retard du sabotage soit achevé ?

Si le retard de sa nomination et l'effacement de son émergence sont les seuls moyens pour inscrire un événement dans l'histoire, le risque est que l'événement s'oublie et s'efface lui-même de manière définitive. Si, d'une part, Badiou et Duchamp concordent dans leur vision de l'histoire en tant que dimension se déroulant selon des allers-retours et des oublis, d'autre part, ils semblent diverger sur la valeur et le nombre des nominations capables de reconstituer les parties oubliées de l'histoire. Le double processus nominatif instauré par le ready-made semblerait, en effet, rompre l'exigence d'unicité et de rareté propre à l'événement. La question est de savoir si compte tenu des deux nominations, une authentique mais vide (celle donnée par Duchamp à partir de 1917) et l'autre fausse mais intervenante (celle du *Pop* et du *Nouveau Réalisme*), le ready-made peut encore se dire événement au sens que Badiou confère à ce terme.

Le cas du ready-made interroge ainsi le strict nominalisme de Badiou : deux nominations et deux localisations historiques sont-elles possibles pour l'événement? Et une nomination peut-elle contredire l'événement lui-même ? Le pouvoir événementiel du ready-made se voit, par exemple, en ce qu'il transfigure à la fois son site événementiel et l'état de la situation dans laquelle il surgit, mais en cette transfiguration il risque de se transfigurer lui-même et de perdre sa nature véridique. Le ready-made entendu en tant qu'événement interroge non seulement l'événement en général mais aussi l'événementialité qui lui est spécifique. L'événementialité du ready-made pourrait finir par s'effacer elle-même, une fois que le ready-made est associé à l'un de ces deux mondes entre lesquels il est indécidable. Rabattre le monde de l'art sur le monde ready-made devrait mener à un vide nominaliste de l'art en général, mais le risque consiste en ce que ce vide se transfigure en plein et que l'indécidabilité du ready-made soit décidée. Trancher entre ready-made comme œuvre d'art et ready-made comme objet ordinaire signifie soit perdre son événementialité, soit perdre l'art en général. Autrement dit, trancher entre événement comme représentation et événement comme fait accidentel signifie soit soumettre l'événement à sa reconnaissance étatique, soit perdre toute histoire subjective intervenante.

À côté de la question, ainsi formulée par Duchamp : « Peut-on faire des oeuvres qui ne soient pas de l'art ? », on en juxtaposerait volontiers une autre : « y a-t-il des événements sans nominations ? ». La réponse à ces deux questions est, rétroactivement, négative. L'histoire de l'art a démontré que les objets ready-mades, initialement refusés, finissaient, avec retard, non seulement par faire partie du monde de l'art, mais surtout par en renommer l'essence, et à en transformer le vocabulaire. Dorénavant un objet ne doit pas être nécessairement une pièce originale fabriquée par l'artiste pour se nommer « œuvre d'art ». Cette nouvelle nomination n'est pas le résultat de la force de l'état de la situation, capable d'englober un élément qui lui est hétérogène, mais plutôt de celle de l'événement lui-même. L'événement force l'histoire à le représenter non pas parce que l'histoire aurait une quelconque légitimité sur l'événement, mais parce que ce dernier a été *déjà* présenté de manière autonome et fondatrice. La représentation de l'événement de la part de l'état de la situation historique n'est qu'une réaction inévitable face à sa préalable présentation à partir de son site. L'effet nécessaire du sabotage retardé est d'opérer une lente transfiguration

Situations et ontologie

de la situation afin qu'elle puisse représenter un événement sans en destituer la nature.[32]

---

[32] Je tiens à remercier ici Laurence Corbel et Barbara Stiegler pour leurs relectures si précieuses.

Dominiek Hoens
DE L'AMOUR SELON ALAIN BADIOU

Un

Pour Alain Badiou toute philosophie, incapable de produire de la vérité par elle-même, est conditionnée par quatre domaines – la science, la politique, l'art et l'amour –, dans lesquels des vérités sont produites. En ce texte, je traiterai de l'amour en tant que condition de la philosophie. Or, il est remarquable que l'amour soit identifié au processus d'une vérité chez Badiou. Certes, l'amour peut être compris comme une condition nécessaire et inhérente à toute philosophie – comme le dit Jean-Luc Nancy, *penser c'est aimer* – mais Badiou fait un pas de plus, en disant que l'amour est un des quatre sites où une procédure de vérité est possible, et qu'en tant que tel l'amour se situe hors de la philosophie. Comment comprendre cette double localisation de l'amour, comment comprendre que l'amour est inscrit dans le mot « philosophie », et qu'il est en même temps situé hors de la philosophie dans un domaine de vérité ? On pourrait être tenté de qualifier l'amour comme *extime, comme extériorité intime,* à toute philosophie, point autour duquel elle gravite, et qu'elle doit trouver hors d'elle.

C'est Alenka Zupancic qui nous ouvre la voie à une articulation de ce problème.[1] Selon elle, la psychanalyse est cette cinquième condition qui garantit que la philosophie se distingue et continue à se distinguer de chacune de ses conditions. La psychanalyse permet à la philosophie de ne pas se suturer à ses conditions, parce que sa théorie du signifiant nous permet de concevoir le domaine de la représentation comme toujours en excès sur lui-même. La définition du signifiant – un signifiant est ce qui représente le sujet auprès d'un autre signifiant[2] – implique que le signifiant est toujours « deux » et ne peut pas être réduit ou subsumé sous la catégorie de l'Un. Par exemple, la philosophie, en tant qu'elle se rapporte à la politique, n'est pas une « philosophie politique ». La philosophie entre dans le domaine de la politique, mais sans s'y inclure. La politique – « en tant que

---

[1] Alenka Zupancic, « The fifth condition », *in* Peter Hallward (éd.), *Think again. Alain Badiou and the future of philosophy*, London and New York, Continuum, 2004, pp. 191-201.
[2] Pour la première fois formulé en ces termes par Jacques Lacan dans son Séminaire sur L'identification (1961-1962) (inédit), leçon de 6 décembre 1961.

modification pensable de l'espace publique »³ – est excessive par rapport à la « politique de l'état », c'est-à-dire la gestion accompagnée d'un certain savoir : si la politique a alors comme terrain propre l'excès produit par la représentation (l'état), on dira que la philosophie est ce domaine où s'inscrit l'excès de la politique comme procédure générique.

Zupancic dit bien que c'est « la psychanalyse » qui fonctionne comme condition sans laquelle la philosophie risque le danger de se suturer à ses conditions. Ce qui nous intéresse ici n'est pas d'élaborer la question difficile concernant le rapport entre la philosophie et ses conditions, mais de signaler que Alenka Zupancic suggère que le rapport entre la philosophie et ses conditions est un rapport amoureux, et que ce rapport, cet amour, n'est pensé que par la psychanalyse.[4] On le voit, l'amour comme procédure générique et la pensée psychanalytique sont presque identifiés l'un à l'autre ; ce qui confirme le statut spécial de l'amour dans la philosophie d'Alain Badiou : dans ses textes et dans les textes sur ces textes, il est difficile de séparer le domaine de l'amour et la pensée qui s'y déploie, notamment la psychanalyse lacanienne.

Ceci pourrait éclairer pourquoi Badiou peut qualifier, d'une façon surprenante, la question de l'amour comme « une question très neuve ».[5] Evidemment on a toujours fait, expérimenté et parlé de l'amour ; mais, en ce qui concerne l'amour comme *condition de la philosophie*, ce serait grâce à la psychanalyse que l'amour peut être de nouveau identifié comme une des quatre conditions.

Alors, selon Badiou, l'amour en tant que processus, qui concerne le « deux », et se développe autour de la différence entre vérité et savoir, serait une sorte de domaine contingent, qui se configure comme quelque chose de nouveau dans la pensée récente. Si on se demande d'où vient ce nouveau domaine ou plutôt comment peut-il fonctionner comme un domaine où peut se déployer une procédure générique, on ne peut que se référer, selon Badiou, à l'émergence de la psychanalyse. Est-ce que cela veut dire que c'est la psychanalyse qui nous donne la vérité de l'amour, ou que l'amour est à identifier à la psychanalyse ? Certainement pas, mais en consultant les textes de Badiou, on est tenté d'identifier amour et psychanalyse. Dans *Manifeste pour la philosophie*, Badiou semble rejeter l'idée que la

---

[3] Alain Badiou, *Abrégé de métapolitique*, Paris, Seuil, 1998, p. 22.
[4] On peut en outre mentionner la suggestion intrigante, selon laquelle la définition du signifiant (mentionné ci-dessus) serait en même temps une définition de l'amour !
[5] Alain Badiou, L'entretien de Bruxelles, *Les Temps Modernes*, n. 526, Paris, Gallimard, 1990, pp. 1-26 (ici p. 15).

psychanalyse serait une cinquième condition de la philosophie, ce qui ne l'empêche pas de considérer la psychanalyse comme un événement pour la philosophie et, plus particulièrement, de considérer « l'anti-philosophe Lacan » comme condition de la renaissance de la philosophie. La psychanalyse, loin d'être une cinquième condition de la philosophie, donne néanmoins à la philosophie un accès au domaine de l'amour.[6] Or, cela ne pourrait pas nous étonner. En premier lieu parce que la psychanalyse lacanienne est pour Badiou une des références majeures, qui l'aident à élaborer son ontologie, son éthique du sujet fidèle à un événement et sa conception de la vérité comme ce qui fait « trou dans le savoir ». Deuxièmement, parce qu'il est nécessaire que la psychanalyse ait une théorie de l'amour, étant donné que la psychanalyse se fonde sur l'amour de transfert. Un des deux textes que Badiou a consacré à la question de l'amour, « La scène du Deux », semble se référer implicitement à la scène analytique.[7] Mais que la psychanalyse ait une théorie de l'amour ne suffit pas à la considérer comme une procédure générique. Beaucoup d'autres domaines, issus de la psychologie évolutionnaire, de la philosophie de l'esprit, de la sociologie, etc., développent en effet des théories de l'amour. Ce qui semble intéressant pour Badiou c'est que la psychanalyse traite d'un amour qui se fonde sur un événement, et où la vérité joue un rôle.

Deux

C'est Freud qui compare la psychanalyse à une « scène ». Il écrit dans ses *Observations sur l'amour de transfert*, qu'à partir du moment qu'il y a du transfert « la scène a entièrement changé, tout se passe comme si un jeu avait été remplacé par une réalité faisant soudain effraction, un peu comme lorsque l'alerte au feu éclate pendant une représentation théâtrale ».[8] A cette réalité faisant effraction, néanmoins, il ne faut pas croire. Selon Freud, il ne s'agit de rien de plus qu'une fausse liaison (*falsche Verknüpfung*): la personne de l'analyste est prise comme un écran sur lequel l'analysant projette d'autres liaisons, des liaisons plus vieilles et donc – dans la pensée

---

[6] Dire que la psychanalyse n'est pas une cinquième condition laisse ouverte la question concernant le statut spécial qu'elle a dans la théorie de Badiou. La thèse de Zupancic, notamment que la psychanalyse est la condition nécessaire d'un rapport désuturé entre la philosophie et ses conditions (science, politique, art et amour) reste en tout cas parfaitement tenable.
[7] Alain Badiou, « La scène du Deux », in L'Ecole de la Cause freudienne (éd.), *De l'amour*, Paris, Flammarion, 1999, pp. 177-190. L'autre texte, « Qu'est-ce que l'amour ? » se trouve dans Alain Badiou, *Conditions*, Paris, Seuil, 1992, pp. 253-273.
[8] Sigmund Freud, « Observations sur l'amour de transfert » (1915), *La technique psychanalytique*, Paris, Presses Universitaires de France, 1972, p. 119.

freudienne – plus véridiques. C'est à l'analyste de ne pas prétendre qu'il ou elle est vraiment aimé, mais d'être sûr qu'il s'agit d'une autre personne. L'analyste doit accepter le transfert comme un moyen, un moyen pour découvrir les vraies personnes auxquelles sont adressés les sentiments d'amour. Pour un analysant l'amour de transfert est une forme de résistance, pendant que pour l'analyste c'est un moyen de vaincre les résistances : comme Freud le formule à la fin de *La dynamique du transfert* : « N'oublions pas que ce sont justement ces phénomènes-là qui nous rendent le service le plus précieux, en nous permettant de mettre en lumière les émois amoureux secrets et oubliés des patients et en conférant à ces émois un caractère d'actualité. Enfin rappelons-nous que nul ne peut être tué *in absentia* ou *in effigie*. »[9]

Badiou pourrait répondre que c'est justement cette conception de l'amour comme phénomène individuel et psychologique qui voile le caractère événementiel de l'amour. Et une lecture attentive des textes de Freud pourrait rendre clair que, d'une part, Freud est bien conscient du fait que dans l'amour (transférentiel) il s'agit de quelque chose de différent d'une simple répétition de complexes infantiles non résolus et que, d'autre part, Freud a toujours traité le transfert comme ce qui fait obstacle au travail analytique : c'est d'ailleurs pour cette raison qu'il évite de se baser exclusivement sur les dynamiques transférentielles, qui restent néanmoins, de manière paradoxale, au fondement de toute analyse. Si Lacan était convaincu d'une chose, c'était du fait que « au commencement était l'amour. ».[10] Badiou ne s'intéressera donc pas en premier lieu à la psychanalyse comme *théorie* de l'amour, mais comme *praxis* où l'amour est compris comme se situant au commencement.[11]

C'est dans le champ du narcissisme que Lacan situera l'amour. Sa première théorie de la subjectivation montre comment cette dernière aboutit

---

[9] Sigmund Freud, « La dynamique du transfert » (1912), *ibid.*, p. 62.
[10] Cf. les premières pages du séminaire sur le transfert: *Le Séminaire, Livre VIII. Le transfert* (1960-1961), texte établi par Jacques-Alain Miller, Paris, Seuil, 2001. On peut identifier ce «commencement» avec la rencontre entre Joseph Breuer et Anna O. (cf. *Etudes sur l'hystérie*), mais aussi avec le «principe» de toute cure analytique.
[11] Badiou affirme que 1. son projet philosophique doit beaucoup à la pensée lacanienne et 2. sa contribution à la psychanalyse est minimale, parce qu'il ne s'est pas engagé dans la pratique psychanalytique. En même temps il s'est exprimé plusieurs fois sur ce qu'est, selon lui, la psychanalyse et sa raison. Cf. Alain Badiou, Conférence du 24 mars 1995 à la Faculté de Philosophie de Strasbourg, *Apertura*, vol. 12, Paris, Michalon, 1995, pp. 111-122 et le chapitre 4 dans Oliver Feltham et Justin Clemens (éd.), *Infinite thought. Truth and the return of philosophy*, London and New York, Continuum, pp. 79-90.

à une impasse pour le sujet. Le « moi » n'est pas donné mais se gagne en s'identifiant à une image. Le tour de passe-passe que le moi doit effectuer consiste à s'identifier à une image ou à un autre, tout en installant une certaine distance sans laquelle on risque d'être englouti par l'image ou l'autre. Mais tout ce que je suis et tout ce que j'aime vient d'ailleurs, du dehors. Ou on aime d'une façon narcissique et on reconnaît dans l'autre une image de soi-même plus parfaite, ou on aime un objet par l'intermédiaire d'un autre. Dans les deux cas on entre dans une logique fatale : ou on est capté par une image, mais dans ce cas il y a le danger de disparaître dans l'image (et ici l'agression est un moyen de se défendre contre cette disparition) ou on désire ce que l'autre désire mais dans ce cas on entre dans un conflit de rivalité. Ou je perds le jeu et je suis triste, ou l'autre s'en va, et je suis triste aussi parce que l'objet a perdu sa qualité spéciale, qui consiste dans le fait d'être désiré par l'autre.

A cette logique fatale Lacan trouvera une solution : il y a une différence entre l'amour et le désir. L'amour est de nature narcissique, mais le sujet a une solution à sa disposition, celle de devenir ce qu'il est, c'est-à-dire de se situer comme sujet désirant. Dans la genèse du sujet l'amour est premier. Comme enfant, je m'identifie à l'image supposée désirée par l'autre, *in casu* la mère. Ce qui manque à ma mère, ce n'est pas ceci ou cela, c'est moi. Et ce qui manque à moi, c'est la présence de la mère qui me garantit que je suis toujours cet objet privilégié. A partir du moment où la mère n'apparaît plus comme mère mais se divise en deux, c'est-à-dire est à la fois mère aimante et femme désirante, l'enfant perd sa place. Plus grave encore, l'enfant disparaît complètement, dès qu'il est défini comme réponse à la demande de la mère. A partir du moment où elle apparaît comme désirante, l'enfant n'a plus de réponse et plus d'identité. C'est l'intervention de la loi symbolique, celle du père, qui apportera une solution en interdisant ce qui est impossible et qui permettra à l'enfant de se situer comme sujet à une place attendue par l'ordre symbolique. Ayant méconnu le désir de la mère, l'ayant compris comme amour, à partir de maintenant l'enfant ne peut plus se situer dans un rapport de demande, il devient ce qu'il était déjà mais ce qu'il avait méconnu jusqu'à ce moment -là.

Sans rentrer dans tous les détails – la castration, la loi et le manque comme principe de l'ordre symbolique – on peut dire, suivant Lacan, que l'enfant doit arrêter de se présenter comme « moi » aimé ou haï, et doit se situer comme sujet. On doit prendre ici le mot « sujet » dans sa signification philosophique classique : le sujet est *hypokeimenon*, est support. Bien sûr

Situations et ontologie

l'enfant continue à se comprendre et se présenter comme un « moi » mais le point à partir duquel cette présentation est possible n'est plus le « moi », mais le sujet d'un ordre symbolique.

Ceci implique une idée claire de la finalité de la cure analytique. Mes symptômes, mes problèmes sont causés par une méconnaissance de la dimension du désir. Tout sujet possède toujours des nœuds narcissiques qui peuvent être dénoués dans la cure afin de laisser apparaître le désir méconnu. Ce sujet névrotique est un sujet qui se situe dans une logique de la demande. Comme l'enfant, l'analysant veut donner ce qui manque à l'Autre. Don impossible parce que l'Autre comme désirant *est* manque structural. Pour éclaircir ce point, suivons Lacan dans son commentaire de trois tragédies *Hamlet*, *Antigone* et *L'Otage*.

Qu'est ce qui est en jeu dans les analyses que Lacan en fait ? Commençons avec *Hamlet*. Lacan, comme beaucoup d'autres avant lui, essaie de comprendre ce qui, pour Hamlet, fait obstacle à l'action, et notamment à la vengeance de son père. Lacan montre d'une façon méticuleuse comment Hamlet finit par devenir capable d'agir : le tournant est à situer au moment où il est confronté à l'objet de son désir, Ophélie morte. Dans la scène du cimetière, Hamlet et le frère d'Ophélie se battent dans un jeu de rivalité qui a commencé avec la question de qui aima Ophélie le plus. A ce moment Hamlet est toujours en train de s'identifier d'une façon imaginaire. Ce n'est qu'au moment où lui est présenté un objet auquel il ne peut pas s'identifier, qu'il devient capable de désirer et de passer à l'acte.

Dans son séminaire sur l'éthique de la psychanalyse, Lacan essaie de dire plus sur cet objet du désir. Cet objet est à situer en dehors de l'ordre symbolique. Le désir est d'essence métonymique, dans le sens qu'il a à se réaliser dans l'ordre flottant du signifiant. Son point de visée, néanmoins, est quelque chose qui se situe hors-signifiant, quelque chose de réel : La Chose. C'est ce qu'*Antigone* nous montre : notre désir est transgressif et vise la jouissance, c'est-à-dire la mort du sujet.

Dans le séminaire suivant, dédié au transfert, Lacan continue à analyser l'amour comme se situant sur la ligne qui sépare le symbolique et l'imaginaire. L'important est que l'amour doit être compris comme se fondant sur un désir plus originaire, plus « vrai ». La tâche de l'analyste, qui est aimé par l'analysant, est de faire des interprétations qui visent le désir et qui, donc, décentrent, déstabilisent cet amour. L'analyste se débarrasse de cet amour, et l'analysant a à apprendre que la solution n'est pas d'être désiré ou aimé mais de confronter la dimension du désir. Les deux désirs en jeu, celui de l'analyste et celui de l'analysant n'ont rien en commun et c'est la tâche de l'analyste de faire ressortir cette disjonction afin de permettre à l'analysant de faire face à « son » désir. Pour cette raison l'analyste ne se positionne pas comme destinataire de la demande de l'analysant mais comme objet *a* de son désir. Comme Ophélie morte pouvait laisser apparaître pour Hamlet la dimension du désir, l'analyste joue au mort.

Ces idées sur le transfert sont suivies d'une analyse de *L'Otage*, première partie d'une trilogie de Paul Claudel. Georges de Coûfontaine est par la Révolution dérobé de tout, des biens familiaux, de sa femme et de ses enfants. A sa cousine Sygne de Coûfontaine il dit : « Nous sommes cela seul à qui rien ne peut plus être enlevé. ». C'est à cette Sygne qu'un sacrifice est demandé. Pour sauver le pape, on lui demande d'épouser Turelure, l'ennemi de la famille.

Lacan appelle celle-ci une tragédie moderne. Pourquoi ? A la différence d'Antigone qui pouvait se référer à des lois divines en transgressant la loi de Créon, Sygne est dépourvue d'un tel recours. Tout est déjà perdu et pour cette cause perdue elle est amenée à tout sacrifier. Lacan le formule ainsi : « [...] elle a bu le calice sans rien y rencontrer d'autre que ce qu'il est, la déréliction absolue, l'abandon même, éprouvé, des puissances divines, la délibération de pousser jusqu'à son terme ce qui à ce degré ne mérite plus qu'à peine le nom de sacrifice. ».[12]

Ce qui reste de Sygne de Coûfontaine à la fin de la première partie de la trilogie n'est rien d'autre qu'un signe. A la fin de sa vie, sur son lit de mort elle répond aux questions de son époux Turelure par un signe, par un non, une grimace obscène sur son visage, un *signe-que-non*.

Est-ce ici, à cette place inattendue, que l'amour apparaît comme non-imaginaire ? Je pense que cela pourrait être démontré à partir du texte lacanien, mais que cela ne soit pas possible sans prendre aussi en compte la suggestion de Lacan, selon laquelle cet amour, cet amour chrétien, est l'apothéose du sadisme.

Avant de confronter Lacan et Badiou quant à la question de l'amour, il nous faut esquisser les thèses de Badiou. Badiou soutient que « L'événement

---

[12] Jacques Lacan, *Le Séminaire, Livre VIII, Le transfert* (1960-1961), texte établi par J.-A. Miller, Paris, Seuil, 2001, p. 328.

où l'amour s'origine est la rencontre. ».[13] Dans la théorie psychanalytique c'est le phallus qui divise toute rencontre possible en deux places, deux places qui sont déterminées par deux choix : avoir ou ne pas avoir le phallus et être ou ne pas être le phallus. C'est depuis cette situation qu'une femme et un homme peuvent se rencontrer. La fonction phallique garantit qu'il y ait deux places et que l'amour soit une façon de régler, de suppléer au, non-rapport entre ces deux places (ou même de l'escamoter).

La thèse d'Alain Badiou sur l'amour, se fondant sur la théorie du dernier Lacan, soutient exactement le contraire. Le Deux des deux positions n'est pas donné d'avance mais est introduit dans une situation par l'événement d'une rencontre et, plus précisément, par l'événement d'une déclaration d'amour.[14] L'amour n'est pas méconnaissance d'un non-rapport, l'élaboration « d'une faille soudaine dans la logique de l'univers. » (M. Duras) Il s'agit d'un Deux qui ne fait jamais deux. Il ne s'agit d'un couple qu'à partir d'un point de vue extérieur, ce couple, ces deux termes, étant tout à fait extérieurs au Deux de la disjonction.

L'originalité de Badiou par rapport à la théorie lacanienne est de souligner que le non-rapport sexuel n'existe pas avant la rencontre amoureuse. Que l'amour soit « suppléant » au défaut de rapport sexuel, doit être compris au sens que l'amour est supplément, est ce qui se trouve en excès à une situation antérieure et installe ce non-rapport, et non pas au sens qu'il serait une illusion qui nous voile un non-rapport pré-existant. L'amour est ce qui fait vérité du non-rapport sexuel, et c'est à partir de l'amour qu'on peut repérer deux positions distinctes.

Badiou essaie de distinguer cet amour de trois autres formes, à savoir l'amour fusionnel (qui réduit le deux à un), l'amour oblatif (se fondant sur l'altérité irréductible de l'autre) et l'amour compris comme illusion, semblant ornemental.[15] Badiou affirme de manière explicite qu'on pourrait situer Lacan parmi ces penseurs qui ne voient dans l'amour que d'illusion. Et d'ailleurs, Lacan n'est-il pas penseur du désir ?[16]

---

[13] Alain Badiou, *Beckett. L'increvable désir*, Paris, Hachette, 1995, p. 55.
[14] L'événement en tant que tel n'*est* pas et n'existe qu'après coup, ça veut dire qu'après la nomination de l'événement, ici la déclaration de l'amour comme dans «Je t'aime».
[15] Alain Badiou, « Qu'est-ce que l'amour ? », *op. cit.*, pp. 255-256.
[16] Andrew Lewis posait cette question pendant une interview à Melbourne (8 septembre 1999) et Badiou affirmait bien la validité de cette question, tout en se référant aux «hypothèses lacaniennes sur l'amour qui sont très complexes et très neuves.». Alain Badiou, *Infinite Thought, op. cit.*, pp. 190-191. C'est dommage que Badiou n'explicite jamais ces hypothèses et ne précise pas où elles se trouvent dans l'œuvre de Lacan. Néanmoins, il y a une exception à ce défaut, sc. le texte «Sujet et infini» inclus dans le recueil *Conditions, op.*

La tradition psychanalytique la plus récente fait de l'amour une stratégie de méconnaître le désir. Alain Badiou n'est pas insensible à la dimension du désir mais, s'agissant de l'amour, elle y reste extérieure. Dans « Qu'est-ce que l'amour ? » il parle d'un dé-rapport obligé entre le désir et l'amour. L'amour n'est pas une comédie d'erreurs entre deux sujets désirants, mais une procédure de vérité qui a pour point de départ le paradoxe selon lequel on est dans le Deux sans être deux. « La passe de l'amour dans le désir, dit-il, se dira aussi : faire passer l'hétérosexuel de l'amour dans l'homosexuel du désir. »[17]

Ce n'est pas sans problèmes que Badiou se réfère à Lacan pour élaborer une théorie de l'amour qui n'aboutit pas à une réduction de l'amour au désir. Mais la vraie difficulté réside plutôt dans la question suivante : pourquoi Lacan reste-t-il critique à l'égard de l'amour, même s'il n'est pas réductible à un jeu des – ou avec les – désirs ? Lacan a ses réserves à l'égard de l'amour en tant que concept chrétien, en tant qu'exploitation possible de ce domaine *hors la loi*.[18] Donc, ce n'est pas la troisième conception de l'amour qui serait problématique, mais en premier lieu la deuxième, à savoir l'amour comme oblativité.

Pour poursuivre, il peut être intéressant de se pencher sur un passage obscur, tiré de la conclusion de l'essai « Qu'est-ce que l'amour ? ». On peut y lire : « Le résultat le plus clair de ce que je viens de dire est que la fonction d'humanité ne coïncide pas avec la fonction phallique. Au regard de la fonction d'humanité, c'est en effet la position femme qui soutient la totalité universelle… L'amour est ce qui, scindant fonction d'humanité de fonction phallique, ramène aux « femmes », dans l'étendue entière des procédures de vérité, le quantificateur universel. ».[19]

Badiou maintient que « la position femme est singulièrement porteuse du rapport de l'amour à l'humanité. ». Ceci parce que la position femme est telle que la *soustraction* de l'amour l'affecte d'inhumanité en elle-même. Ou encore, il maintient que la fonction d'humanité n'est susceptible d'avoir une valeur que pour autant que la procédure générique amoureuse est effectivement déployée.

---

cit., pp. 287-305.
[17] *Ibid.*, p. 265.
[18] C'est exactement sur ce point qu'on pourrait critiquer le livre de Badiou sur Saint Paul.
[19] *Ibid.*, p. 273.

Situations et ontologie

Concernant le problème de l'universalité Badiou donne priorité à la position féminine. Pour la position femme la valeur d'humanité est dépendante de l'amour, et cette position exige pour l'humanité un garant d'universalité. L'amour, me semble-t-il, surtout quand il s'agit de la position féminine dont parle Badiou, ressemble à l'amour chrétien, c'est-à-dire l'*agapé* qui reste quand quelqu'un est réduit à une position-sujet pure. L'expérience d'être sujet d'un événement chez Badiou est exemplifiée de façon claire dans le cas de l'amour : on ne peut pas se situer directement comme sujet de l'événement amoureux. On ne peut pas être le sujet de celle-ci, parce que le sujet se situe dans l'entre-deux du non-rapport. Ce sujet de l'amour, que Badiou appelle l'atome commun u, est le seul point qui unit homme et femme dans l'expérience amoureuse. Est-ce que cela ne ressemble pas à l'amour chrétien qui, comme Kierkegaard a bien vu, exclut l'amitié et l'amour conjugal ? Le fait qu'il n'y ait pas de rapport sexuel veut dire que là où il y a amour, il ne peut y avoir aucun rapport. Et en effet, un sujet amoureux se définit précisément comme n'entretenant aucun lien. C'est Sygne de Coûfontaine qui nous en donne l'image : une héroïne à qui rien ne peut plus être enlevé.[20]

Alain Badiou peut-il fonder ses thèses sur l'amour sur l'œuvre de Lacan ? L'œuvre de Lacan est dominée par la logique du désir, désir veut dire un sujet en relation à un objet, qu'il soit une image, l'*autre*, la *Chose* ou l'objet a. Ce n'est que dans les marges du séminaire *Le transfert* ou dans les marges de l'œuvre dans sa totalité, c'est-à-dire à partir du vingtième séminaire, *Encore*, qu'on peut trouver une autre logique, celle de l'amour. Même si on peut reprocher à Badiou d'ignorer ou de minimiser la dimension du désir, je pense qu'il s'agit d'un choix délibéré ; peut-être parce qu'il a trouvé ce que Lacan ne peut penser qu'à la fin de sa vie : un sujet sans objet.

Badiou et Lacan pointent dans la même direction : le rapport de l'amour à l'humanité est un rapport symptomatique. L'Humanité selon Badiou est la composition virtuelle des quatre types de vérités, et pour la position femme, le type « amour » noue les trois autres. Dans le Séminaire *Le symptôme* Lacan ajoute au nœud borroméen une quatrième dimension.[21] Cette quatrième dimension est obtenue en clivant le symbolique en deux, en signe et en symbole ; et c'est le signe qui est identifié au symptôme. La fonction

---

[20] Ce qui rappelle le lien que Freud voit entre tomber amoureux et le suicide. Cf. *Inhibition, symptôme et angoisse*.
[21] Jacques Lacan, *Le Séminaire, Livre XXIII. Le symptôme* (1975-1976), texte établi par J.-A. Miller, Paris, Seuil, 2005.

du symptôme, comme l'amour selon la femme, est de tenir ensemble les autres trois, c'est-à-dire le réel, l'imaginaire, le symbolique.

Qu'est-ce qu'un symptôme ? Un Symptôme différemment de l'objet *a*, ne se situe pas hors du symbolique, mais est ce qui est en excès dans le symbolique. N'est-ce pas aussi la fonction de l'amour d'introduire du Deux irréductible ?

Ainsi on peut comprendre pourquoi Lacan appelle l'amour un signe. L'amour n'est pas un signifiant mais un signe qui résiste au compte dans l'univers symbolique. On pourrait aussi ajouter que le symptôme est une lettre, une lettre d'amour, comme le dit Lacan. Cette lettre d'amour résiste à l'interprétation et ne peut qu'être aimée. La version lacanienne du « Aimer son prochain comme soi-même » est « Aimer son symptôme comme soi-même ». Ce qui me garantit la possibilité d'être sujet est précisément cette jouissance aphallique rencontrée dans l'amour. Cette jouissance n'appartient strictement à personne et donc à tout le monde. Mais on a comme l'impression que de ce symptôme la femme est responsable. Impression sur laquelle, pour terminer, il faudra s'arrêter.

On peut établir un parallélisme entre Saint Paul et la position féminine dans l'amour. Dans les lettres de Saint Paul on peut trouver cette remarque abyssale : « Je dis la vérité dans le Christ, je ne mens point, ma conscience m'en rend témoignage dans l'Esprit Saint : j'éprouve une grande tristesse et une douleur incessante en mon cœur. Car je souhaiterais d'être moi-même anathème séparé du Christ... » (Rom. 9,1-2)[22]. Du point de vue badiousien, cela peut nous étonner, car, à la rigueur, celui qui, comme Paul, est engagé dans une procédure de vérité, devrait plutôt être saisi par un affect plutôt positif, de courage et d'enthousiasme.

Que penser de tout cela ? Or, selon Badiou c'est à cause du Christ que le monde est devenu une place dans laquelle un événement est possible : il faut alors penser le statut de ce Christ et de sa mort. Par le Christ, l'événement n'est plus une intervention divine dans l'ordre des choses, mais précisément quelque chose d'insaisissable, qui a lieu car quelqu'un, qui est dans une situation, s'est sacrifié.[23]

---

[22] Cité dans Jacques Lebrun, *Le pur amour de Platon à Lacan*, Paris, Seuil, 2002, p. 50.
[23] C'est une façon de lire l'aphorisme beckettien de Badiou : «L'amour, c'est quand nous pouvons dire que nous avons le ciel, et que le ciel n'a rien.», *Beckett. L'increvable désir, op. cit.*, p. 60.

Situations et ontologie

Y a-t-il un geste suicidaire au cœur de l'amour ? Je ne sais pas. On dit que dans les moments cruciaux d'une psychanalyse, les moments de destitution subjective, les moments de désêtre, les affects se divisent en deux places. Les affects de dépression se révèlent dans la scène analytique, les affects d'enthousiasme et de courage étonnant sont impliqués dans des actes au dehors de la cure. La question est la suivante : Est-ce qu'on peut parvenir à cette séparation des affects sans l'intervention psychanalytique ? Si l'infini est devenu immanent avec la mort de Dieu, on doit aussi se demander si la jouissance dépressive ne réside pas dans la répétition du sacrifice nécessaire à l'incarnation ou à l'immanence de l'infini. Un sacrifice encore plus cruel, parce qu'inutile et sans cause. Comme si toujours quelqu'un avait à mourir. Les exemples d'Ophélie et de Sygne de Coûfontaine nous le montrent. A nous de ne pas les prendre comme exemple à suivre mais comme exemple à penser.

LES AUTEURS

Edoardo Acotto est doctorant en philosophie à l'Université Paris 8, où il achève une thèse sur le concept de « style philosophique », à partir de Dan Sperber e Deirdre Wilson. Il est également traducteur du Français et de l'Anglais vers l'Italien. Il s'occupe de philosophie cognitive et analytique, bouddhisme, nonviolence et anarchisme. Il a publié « Senza violenza », supplément du quotidien italien L'Unità, en 2004.

Fabio Agostini, enseignant et écrivain, est l'auteur de *Deleuze, evento e immanenza*, Milano, Mimesis, 2003, et de *Dispositivi e affetti : le passioni tristi fra etica e pedagogia* (avec Stefano Marchesoni), Milano, Mimesis, 2005.

Lenin Bandres, doctorant auprès du département de philosophie de Paris 8, a écrit différents articles sur le rapport entre l'atomisme ancien et la philosophie contemporaine, en particulier dans des revues d'Amérique Latine. Il a également traduit René Schérer.

Jason Barker est écrivain. Il est l'auteur de *Alain Badiou, a critical introduction*, Londres, Pluto Press, 2002. Il est aussi le traducteur en anglais de l'*Abrégé de Métapolitique* de Badiou.

Bruno Besana, chercheur auprès de la Jan van Eyck Academie de Maastricht, est l'auteur de différents articles sur l'ontologie contemporaine, ainsi que sur la pensée de Gilles Deleuze et de Jacques Rancière. Il est aussi traducteur de philosophie vers l'Italien, entre autres de *La fable cinématographique* de Jacques Rancière. Il achève actuellement sa thèse sur les limites de l'ontologie du multiple à l'Université de Paris 8, où il a enseigné pour quatre ans.

Ray Brassier est docteur en Philosophie (Warwick). Chercheur associé au Centre for Research in Modern European Philosophy à la Middlesex University, Londres. Auteur de Nihil Unbound: From Enlightenment to Extinction (à paraître) ; co-éditeur et co-traducteur (avec Alberto Toscano) du recueil *Theoretical Writings* d'Alain Badiou, Londres et New York, Continuum, 2004. Il a traduit en anglais du *Saint Paul* d'Alain Badiou.

Oliver Feltham enseigne la littérature comparée et la philosophie à l'American University of Paris. Il a écrit une thèse sur la différence ontologique entre praxis et travail, et a écrit différents articles sur la philosophie contemporaine et ses relations avec la politique et la psychanalyse. Il a édité, avec Justin Clemens, *Infinite Thought*, un recueil de textes d'Alain Badiou. Il est aussi le traducteur en anglais de *L'être et l'événement*.

Barbara Formis achève actuellement une thèse sur l'esthétique des gestes ordinaires au Département de Philosophie de l'Université Paris I, où elle a enseigné pendant cinq ans. Elle est Chercheuse au Département de Théorie de la Jan van Eyck Académie de Maastricht et Directrice de Séminaire au Collège International de Philosophie.

Sam Gillespie était doctorant auprès du département de philosophie de la Warwick University, qui lui a attribué son Doctorat ès Philosophie à titre posthume en août 2004. Il a été un des fondateurs de la revue philosophique Umbr(a). Il a écrit différents articles sur la philosophie contemporaine.

Sophie Gosselin, philosophe, est membre d'APO33, laboratoire artistique, technologique et théorique basé à Nantes, dans lequel elle met en place et coordonne des projets de recherche croisant art, science et technologie et organise des conférences et séminaires (www.apo33.org). Elle travaille sur les rapports entre pouvoir et technologie à travers des analyses articulant les mutations urbaines et environnementales, le média-activisme et le mouvement du libre. Elle a créé en 2005 l'espace de recherche en ligne "Constellations" (www.noiser.org/constellatio).

Dominiek Hoens, chercheur à la Jan van Eyck Académie de Maastricht, a publié différents articles sur la psychanalyse lacanienne, sur Badiou et sur Marguerite Duras

Dariush Moaven Doust est docteur en philosophie et psychanalyste. Il est directeur de recherche au sein de la faculté des arts à l'université de Goteborg, Suède. Il a publié différents articles sur Lacan et la philosophie de l'après-guerre ainsi que sur le cinéma et les arts plastiques. Sa dernière publication est une sélection des textes d'Alain Badiou, avec une introduction en Suédois sous le titre *Alain Badiou, une introduction*.

656175 - Mai 2016
Achevé d'imprimer par